ZHONGGUO NONGCUN ZHAIJIDI ZHIDU YANJIU

中国农村宅基地制度研究

刁其怀◎著

法律出版社
LAW PRESS·CHINA
北京

图书在版编目(CIP)数据

中国农村宅基地制度研究 / 刁其怀著. -- 北京 : 法律出版社, 2024
ISBN 978 - 7 - 5197 - 8933 - 6

Ⅰ. ①中… Ⅱ. ①刁… Ⅲ. ①农村-住宅建设-土地制度-研究-中国 Ⅳ. ①F321.1

中国国家版本馆 CIP 数据核字(2024)第 054399 号

中国农村宅基地制度研究
ZHONGGUO NONGCUN ZHAIJIDI
ZHIDU YANJIU

刁其怀 著

责任编辑 黄倩倩 杨悦芊
装帧设计 臧晓飞

出版发行 法律出版社
编辑统筹 学术·对外出版分社
责任校对 晁明慧
责任印制 胡晓雅 宋万春
经 销 新华书店

开本 710 毫米×1000 毫米 1/16
印张 18 字数 241 千
版本 2024 年 5 月第 1 版
印次 2024 年 5 月第 1 次印刷
印刷 唐山玺诚印务有限公司

地址:北京市丰台区莲花池西里 7 号(100073)
网址:www.lawpress.com.cn
投稿邮箱:info@lawpress.com.cn
举报盗版邮箱:jbwq@lawpress.com.cn

销售电话:010-83938349
客服电话:010-83938350
咨询电话:010-63939796

书号:ISBN 978-7-5197-8933-6
定价:79.00 元

作 者 简 介

刁其怀，法经济学博士（民商制度方向），四川省社会科学院房地产研究中心副研究员，曾在房地产主管部门工作多年，兼职律师，重庆、成都仲裁委仲裁员。主要从事物权法、担保法、土地法及不动产登记法方面的研究，主持国家社科基金重大项目子课题、省部级规划课题及横向课题十余项，在《民商法论丛》、《西南民族大学学报》、《云南社会科学》、《农村经济》、《中国不动产法研究》及《中国土地》等核心期刊发表十数篇文章。

前　　言

中国农村宅基地制度改革正在如火如荼进行,大量学者从法学和经济学角度进行了有意义的探讨,通过对既有研究的梳理,逐渐分化为两大阵营,一大阵营是侧重宅基地的保障功能,主要观点有无偿使用、限制流转等,另一大阵营偏重宅基地的资本功能,主要观点有管住规划、放开产权等。但能够同时兼顾宅基地的保障功能与资本功能的研究却较少。宅基地作为土地之一种,除其本身具有自然属性外,还具有社会属性与经济属性。基于社会属性,需要公法调控,宅基地要承担重要的社会职能,比如保障农民的居住;基于经济属性,需要体现其私法上的财产属性,发挥其流通及资本功能。宅基地兼具保障功能与资本功能,呈现出公法与私法的混合属性,因此,中国农村宅基地制度改革,必须从公法和私法两方面完善宅基地条款,构建公法与私法平衡的宅基地制度设计。

本书立足于中国现状,综合运用经济学和法学的基本理论,采用规范与实证、历史与比较的等方法对中国农村宅基地制度进行了系统研究。

本书除第一章“导论”和第二章“研究的理论基础”外,主要包括以下三个部分:

第一部分,研究了中国从古至今的宅(基)地制度变迁,指出中国农村宅(基)地制度变迁可归因于技术进步等外部条件发生变化导致外部利润的形成,而该外部利润在现有的宅(基)地制度安排下又无法实现,于是人们为了获取这种外部利润,打破现有的宅(基)地制度安排产生一种新的制度,以便将外部利润予以内在化。通过宅地制度国际比较分析可知,基于宅地的稀缺性和重要的社会性,宅地的制度设计一直在国家的公法管制之下,服从于国家的管理。居住权具有人权的性质,古今中外,宅(基)地制度设计的基本目标是要保障人们居住权的实现。但是,西方社会的宅地公法控制与我国的宅基地公法控制在制度设计上有本质的不同。

第二部分,首先,从宏观层面研究了当前农村宅基地管理制度和产权制度。在公法方面,提出要加强宅基地规划管理、宅基地用途管制,大力推进宅基地的节约和集约化水平。在私法方面,特别从现有立法规定入手,区分宅基地使用权的单独流转和在宅基地上建有房屋后房屋处分导致的宅基地使用权流转,通过引入租赁权制度,重构了农房交易房地异主问题。该部分还指出农村宅基地制度研究不能只重视使用权能研究,也要重视宅基地归属所有权主体研究,提出以农村社区法人取代农民集体所有。宅基地使用权自由交易虽有助于效率的提高,但考虑土地的特殊性,仍需考虑市场机制在宅基地使用权流转中的限度。其次,从微观层面研究了改革试验区成都在宅基地制度改革方面的做法,分析了成都宅基地在确权、退出、流转中的利弊,研究了成都出台的宅基地"三权分置"相关文件及实践,介绍了成都在宅基地使用权市场化方面从渐进到激进的改革实践和其在促进宅基地市场化方面的配套措施,分析了其改革的特点并进行了述评。

第三部分,指出了基于宅基地使用权公法与私法的属性,宅基地的保障功能与资本功能必须并重,将土地空间权理论引入宅基地使用权研究,提出了宅基地使用权分层设立的构想,通过区分保障性宅基地使用权和资产性宅基地使用权来分别实现宅基地公法上的保障功能和私法上的资本功能,并对此两种宅基地使用权的取得、转让、变更及消灭进行了研究。保障性宅基地使用权的取得仍有身份限制,实行无偿取得,限制流转,让其继续承担公法上的住房保障功能,而资产性宅基地使用权的取得无身份限制,实行有偿取得,上市流转,发挥其私法上的资本功能。该部分研究了宅基地使用权分层设立的权利登记和客体登记,以实现物权的公示。仍可通过相邻权与地役权来规制宅基地使用权分层设立中的权利冲突。宅基地使用权分层设立兼顾了宅基地的保障功能与资本功能,实现了宅基地使用权公法与私法的属性平衡,具有普遍的适用性,同时还有助于节约集约用地和避免耕地流失,也为城乡合作建房和解决城市居民购买农房提供了一种思路。

目　录

第一章　导　　论

第一节　研究背景及意义

一、研究背景

宅基地是我国城乡二元结构下特有的产物，宅基地制度是国家为了保障农民基本生活居住需要而实施的一种特殊制度安排。宅基地是我国农村几亿农民的安身立命场所，宅基地上的房屋是广大农民的基本财产，宅基地制度可以说与万千农民的利益息息相关，重要性自不待言，而且对城乡土地资源的合理利用、国民经济的可持续发展、农民收入增长、农村的社会稳定与社会的公平正义等都有着重大影响。因此，宅基地问题历来受到我国政府的重视，政府也一直采取谨慎稳妥的态度。

我国城市房屋建设有严格的规划管理，而农村房屋建设的规划管理却相对粗放。数据显示，2016 年全国农村人口比 2009 年减少了 9965 万人，而村庄建设用地却比 2009 年增加 347. 4 万亩，[①]2020 年全国农村人口比 1990 年减少约 3. 31 亿人，但全国农村住宅建

---

① 参见魏莉华等：《新〈土地管理法〉学习读本》，中国大地出版社 2019 年版，第 186 页。

筑面积却比1990年增加了107亿平方米。[①] 农村建设用地利用效率普遍较低。据统计,从1980年到1996年,我国耕地共减少6051万亩,其中农村新建房占用411.4万亩,这成为耕地流失加剧的一个重要原因。[②] 2009年至2019年,我国耕地年均净减少超过1100万亩,其中违法占用耕地建房是一个重要因素。因此,我国必须加强宅基地管理,节约集约利用宅基地。

2015年,我国启动农村土地制度改革试点,其中全国59个试点地区开展了农村住房及宅基地使用权抵押贷款试点工作,并取得积极成效。截至2018年9月,试点地区农村住房及宅基地使用权抵押贷款余额292亿元,同比增长48.9%,累计发放贷款516亿元,在一定程度缓解了农民融资难问题,盘活了农村资源,农民收入明显增加。[③]

2020年实施的《中华人民共和国土地管理法》(以下简称《土地管理法》)以及2021年实施的《中华人民共和国民法典》(以下简称《民法典》)在宅基地条款设计上,基本上采用了原《土地管理法》及原《中华人民共和国物权法》的规定。近年来,我国在政策层面,出台了一系列宅基地改革文件,并积极进行试点,2015年,全国人大授权国务院在全国33个县(市、区)开展了农村宅基地制度改革试点工作。2018年中央一号文件提出宅基地"三权分置",宅基地产权制度从单一的宅基地所有权到所有权与使用权的"两权分置"再到宅基地所有权、资格权、使用权的"三权分置",宅基地"三权分置"的提出,标志着我国宅基地产权制度改革进入新阶段。2020年,中共中央办公厅、国务院办公厅印发《深化农村宅基地制度改革试点方案》,启动新一轮农村宅基地制度改革工作。中国农村宅基地制度究竟应该走向何方呢?

---

① 参见苏红键:《中国城镇化改革红利:一个量化空间分析》,载《中国农村经济》2022年第11期。

② 参见韩康:《宅基地制度存在三大矛盾》,载《人民论坛》2008年第14期。

③ 参见《国务院关于全国农村承包土地的经营权和农民住房财产权抵押贷款试点情况的总结报告——2018年12月23日在第十三届全国人民代表大会常务委员会第七次会议上》。

二、研究意义

(一)理论意义

1. 构建公法与私法平衡的宅基地制度设计

我国现行农村宅基地制度形成于计划经济体制时代,是当时优先发展工业战略的需要,是计划经济体制的产物。国家实行宅基地无偿分配的福利制度,实现了农民"居者有其屋"的梦想。同时,出于农村社会稳定,农民生存权之需,立法又禁止宅基地使用权流转,让宅基地承担起了农村社会保障功能,在制度构建上强调的是公法控制。但是,随着我国战略发展的调整以及社会主义市场经济体制的建立和逐步完善,打破城乡二元结构,实现城乡统筹发展已是大势所趋。实践中,宅基地使用权凸显其私法属性,宅基地的制度供给已不能满足人们的需求。但是,也应当看到,宅基地作为一种土地,在一定程度上虽然可以资本化,但其与市场上一般商品有所区别,毕竟宅基地还承担了其他的社会功能。因此,在总体上如何把握好宅基地保障性与财产性的度,如何调和宅基地的限制与自由,既能保障农民的生存权利,又能实现宅基地的财产属性,变得日益重要。

2. 完善国内中国农村宅基地制度研究的不足,扩展研究的角度,提升研究的系统性

以往的宅基地制度研究主要集中在法学与经济学两方面,法学界的探讨,往往是在一个先验的概念体系内进行探讨,呈现出一种逻辑自足的论证,忽视了社会生活现实;经济学界的探讨以追求效率最大化为目的,可能忽视了其中的伦理性。本研究将经济学与法学等学科有机结合起来,从多维视角出发,特别是把空间权引入农村宅基地制度研究,大大扩展了我国农村宅基地制度的研究视角。随着农村承包地"三权分置"的入法,宅基地"三权分置"政策也被明确提出。近年来,有关宅基地的研究逐渐增多,但研究的系统性还不够,往往是对宅基地制度的某一个方面进行研究,研究比较零星,全面剖析中国农村宅基地制度的博士论文相对较少。本书将提升对中国农村宅基地

制度研究的系统性。

（二）现实意义

1. 盘活闲置农村宅基地，提高土地利用率，减少耕地占用量，增加农民收益，推动乡村振兴和城市化进程

我国正处于城镇化、工业化快速发展阶段，预计到2035年，我国城镇化率将达到70%。[①] 城镇建设用地需求量将在相当长时期内保持较高水平，推进城乡统筹和区域一体化发展，将拉动区域性基础设施用地的进一步增长，推动乡村全面振兴，也需要一定规模的建设用地作为支撑。但是，随着耕地保护和生态建设力度的加大，我国可用作新增建设用地的土地资源十分有限，各项建设用地的供给面临前所未有的压力。要妥善解决建设用地缺口问题，除了节约集约使用现有建设用地，将一些低山和丘陵开辟为建设用地外，一个重要的途径就是统筹配置城乡建设用地。原国土资源部于2005年开始推行"城镇建设用地增加与农村建设用地减少相挂钩"的试点工作，宅基地作为存量建设用地，特别是那些闲置的宅基地，可以增加为用于发展的城镇建设用地，另外，宅基地退出转化成集体建设用地，也为乡村振兴提供了用地支撑。资本下乡与宅基地的盘活，有助于增加农民收入，助推新农村建设。

2. 系统总结改革试验区成都在宅基地制度创新方面的经验，为统筹城乡发展提供实践支撑

城乡土地制度方面的差异是当前制约城乡统筹发展的主要阻力，农村土地产权制度改革已成为推进城乡一体化和统筹城乡发展的突破点。成都正是以农村土地制度变革为抓手，深入推进城乡统筹发展。早在2003年，成都就提出了"三个集中"来统筹城乡发展，即"工业向集中发展区集中、农民向城镇和新型社区集中、土地向适度规模经营集中"。2007年6月，成都获批全国统筹城乡综合配套改革试验区。2015年，全国人大授权开展农村"三块地"改革，成都市郫都区被国务

① 参见韩长赋：《中国农村土地制度改革》，载《农业经济问题》2019年第1期；叶兴庆：《迈向2035年的中国乡村：愿景、挑战与策略》，载《管理世界》2021年第4期。

院确定为全国33个农村土地制度改革的试点区域之一。本着先行先试的原则,成都在宅基地制度方面进行了大量探索,提出“确权是基础,流转是核心,制度是保障”的改革措施,在宅基地管理制度方面进行了城乡规划、集中居住、确权颁证、宅基地退出的实践,推动了新农村建设;在宅基地产权制度方面,进行了联建、租赁、抵押、农房上市交易、宅基地“三权分置”等方面的有益探索,通过宅基地“入市”撬动城市资本,城市资本反哺农村;在配套制度方面进了户籍制度改革、农村住房保障体系建设、耕地保护制度创新、建立农村产权交易平台等方面的实践,助推农村产权制度改革的进行。成都作为一个大城市带动大农村的典型,其在消除城乡二元结构、统筹城乡发展方面进行的宅基地制度创新在一定程度上具有普遍意义,系统总结成都在宅基地制度创新方面的经验及问题,可为其他地区统筹城乡发展提供借鉴。

3. 避免激进性的立法变革,为我国宅基地改革提供理论支撑

众所周知,中国渐进式的改革取得了巨大的成功,这种改革模式仍会持续下去。同样,中国农村制度变迁也是一个渐进的制度变迁过程,保守和激进都不可取。中国农村的宅基地问题,不仅是一个纯学术研究的范畴,它还具有极强的现实意义,部分农民工并没有在城市长久稳定下来,随时都有返回农村的可能,假如农民失去了住房,又无其他社会保障,这种情况将造成严重的后果。因此,无视农民房屋融资需求,无视当前农村部分宅基地闲置的现实,显然不是明智之举。本研究将为宅基地的科学立法提供理论支撑。

第二节 相关概念

一、农村宅基地/宅地

按照宅基地所处位置不同,宅基地可分为城市宅基地与农村宅基地。城市宅基地由国家所有,城镇居民享有使用权,随着城中村改造和

城市化进程的加快,城镇宅基地使用权逐渐被国有建设用地使用权取代,城市宅基地已是很少一部分了。本书研究的范围严格限定为农村宅基地,文中所述的宅基地也特指农村宅基地。农村宅基地是指农村集体经济组织为满足本集体经济组织内成员的生活需要和从事家庭副业生产的需要而分配给其家庭使用的住宅用地及附属用地。[①] 宅基地包括建了房屋的土地、建过房屋但已无地上覆盖物而不能居住的土地以及准备建设房屋的规划地三种类型。在实际生活中,农村宅基地主要就是一家一户起居生活的庭院用地等,一部分表现为修建主房(比如住房)和附房(比如厨房、厕所、牲畜房、仓储房等)的居住生活用地,一部分表现为种栽花草竹林的绿化用地,还有一部分表现为修建水井、沼气池等生活配套设施用地。

宅基地是中华人民共和国成立后才使用的概念,宅基地一词带有浓厚的民族特色,为我国法律所独有,[②]在我国之前历史上及国外并无此概念,而一般称为宅地,因此本书在用语表述上保持一致,而且国外的宅地概念不单指农村住宅用地,还包括城市住宅用地。

二、土地制度

土地制度分为管理制度和产权制度两个方面,土地管理制度以国家职权为基础,以行政为动力,土地产权制度以财产权为基础,以市场为动力。[③] 土地的征收征用、规划布局等都可纳入土地管理制度,而土地所有权和使用权的转让等应纳入土地产权制度。相应地,农村宅基地制度也分为农村宅基地管理制度和农村宅基地产权制度两个方面。不过,在很多情形下,一项制度既包含公法属性也包含私法属性,呈现出公私交融的特点。

---

① 何为"住宅",原国家土地管理局政策法规司 1992 年 5 月 28 日《关于对农村居民"建住宅"含义理解问题的答复》指出,"《中华人民共和国土地管理法》第四十五条所指的'建住宅',应当理解为农村居民所建住房以及与住房的居住生活有关的其他建筑物和设施"。

② 参见陈小君、蒋省三:《宅基地使用权制度:规范解析、实践挑战及其立法回应》,载《管理世界》2010 年第 10 期。

③ 参见刘俊:《中国土地法理论研究》,法律出版社 2006 年版,第 24 页。

三、农村宅基地管理制度

农村宅基地管理制度是指国家政府以“社会代表”的身份，对全国（或某一区域）的宅基地，在宏观上进行管理、监督和调控的制度、机构和手段等形成的完整体系，宅基地管理主要由中央政府和地方政府来实施，体现对宅基地的公法控制。

四、农村宅基地产权制度

农村宅基地产权制度主要包括所有权制度和使用权制度，农村宅基地所有权是指农民集体在法律限制范围内，对于宅基地所支配的物权。按照《中华人民共和国国家标准土地基本术语》（GB/T19231－2003）对农村宅基地使用权定义，农村宅基地使用权是指经依法审批，由农村集体经济组织分配给其成员用于建筑住宅及其他有关附着物的、无使用期限限制的集体土地建设用地使用权。而按照《民法典》的定义，[①]宅基地使用权作为一种用益物权，是指本集体经济组织成员依法对集体所有的土地享有占有和使用的权利，以及依法利用该土地建造住房及附属设施等的权利。

本书主要研究宅基地产权制度，着重研究在私法方面的完善和创新，具体包括宅基地所有权制度和宅基地使用权制度，重点研究宅基地使用权制度。农村宅基地所有权主体为农民集体，而宅基地使用权的主体为本集体经济组织成员。

根据《土地管理法》的内容，对宅基地规定于“建设用地”一章，说明宅基地属于农村集体建设用地，相应的，宅基地使用权也属于农村集体建设用地使用权。《确定土地所有权和使用权规定》第 50 条规定，“农村专业户宅基地以外的非农业建设用地与宅基地分别确定集体土地建设用地使用权”，这表明宅基地与一般农村集体建设用地是有所区

---

① 《民法典》第 362 条规定：“宅基地使用权人依法对集体所有的土地享有占有和使用的权利，有权依法利用该土地建造住宅及其附属设施。”

别的,宅基地使用权与一般农村集体建设用地使用权有如下区别:

一是权利主体不同。宅基地使用权的主体具有特定性,原则上只有本集体经济组织成员才能享有,一般为自然人,而且以户为单位申请。集体建设用地使用权的主体可以是自然人、法人或非法人组织。

二是权利内容不同。宅基地使用权原则上只能用于修建住宅及其附属设施,一般用于自用。而集体建设用地使用权包括集体公益性建设用地使用权和集体经营性建设用地使用权,集体公益性建设用地使用权一般用于乡村公共设施、公益事业等非农建设,集体经营性建设用地使用权可用于工业、商业等经营性用途。

三是流转限制不同。宅基地使用权只能在本集体经济组织内部流转,且受让方原则上也须满足"一户一宅"的要求。而集体建设用地使用权,特别是集体经营性建设用地使用权流动性要强一些。①

四是取得对价不同。宅基地使用权的取得一般是无偿的。而集体建设用地使用权在有条件放开流转的大背景下,其取得一般是有偿的。

五、农村宅基地产权取得

农村宅基地产权取得包括宅基地所有权的取得和宅基地使用权的取得。农村宅基地所有权属农民集体所有,其取得来源于法律的明文规定;农村宅基地使用权的取得指哪些人在满足哪些条件下可取得宅基地使用权。

六、农村宅基地产权流转

我国没有土地所有权市场,只有土地使用权市场。因此,农村宅基

---

① 《土地管理法》第63条规定:"土地利用总体规划、城乡规划确定为工业、商业等经营性用途,并经依法登记的集体经营性建设用地,土地所有权人可以通过出让、出租等方式交由单位或者个人使用,并应当签订书面合同,载明土地界址、面积、动工期限、使用期限、土地用途、规划条件和双方其他权利义务。前款规定的集体经营性建设用地出让、出租等,应当经本集体经济组织成员的村民会议三分之二以上成员或者三分之二以上村民代表的同意。通过出让等方式取得的集体经营性建设用地使用权可以转让、互换、出资、赠与或者抵押,但法律、行政法规另有规定或者土地所有权人、土地使用权人签订的书面合同另有约定的除外。集体经营性建设用地的出租,集体建设用地使用权的出让及其最高年限、转让、互换、出资、赠与、抵押等,参照同类用途的国有建设用地执行。具体办法由国务院制定。"

地产权流转主要指农村宅基地使用权流转,包括出租、转让(买卖、赠与、继承)、抵押、置换、入股、联建等形式。当然征收也会导致农村宅基地所有权人的变更。

第三节 国内研究文献综述

一、我国研究现状

(一)宅基地管理制度

如何管理宅基地一直是我国土地制度中的难题,不单是学者们对此问题关注较多,实务界对此问题的探讨也是多有着力。

目前,关于宅基地管理制度方面的研究主要集中在宅基地规划、宅基地面积超标、宅基地审批、宅基地收储、宅基地整理、宅基地退出、宅基地有偿使用、宅基地登记发证等方面。

1. 宅基地规划

应当加强农村宅基地规划管理,有计划推进农民集中居住,合理优化布局农村居民点,严格控制村庄建设用地规模。[①]

2. 宅基地面积超标

对于符合土地利用规划、历史既成、合法继承等方式造成宅基地面积超标的,可采取有偿使用,实行差别化阶梯式收费等方式,而对于不符合土地利用规划非法超占导致宅基地面积超标的,则采取集体经济组织收回、限期拆除宅基地上建筑物恢复原状、予以罚款等手段。[②]

---

① 参见魏西云、唐健:《新形势下的农村宅基地管理》,载《中国土地》2006 年第 4 期;龙花楼:《论土地整治与乡村空间重构》,载《地理学报》2013 年第 8 期;韩松:《论乡村振兴背景下农民户有所居的住房保障》,载《法律科学(西北政法大学学报)》2022 年第 2 期。

② 参见朱建波:《建立农村宅基地腾退机制——重庆市垫江县农村集体建设用地调查》,载《中国国土资源报》2008 年 12 月 8 日;曲颂、仲鹭勍、郭君平:《宅基地制度改革的关键问题:实践解析与理论探释》,载《中国农村经济》2022 年第 12 期。

3. 宅基地审批

应当改革现行的宅基地审批制度，为避免城镇建设占用农村宅基地，省（市、区）对县（市）农村宅基地占用农用地年度计划指标实行单独核算，单独下发，而对于在宅基地上翻建房屋的，在符合相关规划的条件下，取消审批。①

4. 宅基地闲置

农村宅基地闲置，而现行法又禁止其自由流转。有论者提出应当建立宅基地收储制度，通过建立农村宅基地收储中心，收购农民空闲的宅基地及房屋，并对农民按一定标准进行补偿，这样就把空闲的宅基地储备起来，以备将来有计划地将农村宅基地进行出租、置换、分配、复耕、发展产业等，促进闲置宅基地的再利用。②

5. 宅基地整理

有论者基于经济学的成本收益分析指出，对农村闲置宅基地整理的收益不高，而成本却很大，农民自身及村集体都无整理的动力，但是闲置宅基地的整理具有较好的外部性，有助乡村环境改观，提升农村城镇化速度和促进人口集中，由于闲置宅基地的整理主要体现了社会公益，应当在政府主导下进行。③ 闲置宅基地整理，有助于城镇建设用地增加与农村建设用地减少相挂钩工作的开展，宅基地节余指标的收益应用于农村建设和土地整治，可以化解土地整治和农村建设中的资金短缺问题。④

6. 宅基地退出

有论者指出，当前，宅基地退出补偿资金缺口大、退出激励机制有待健全、长效机制有待完善，农民退出宅基地积极性并不高，现实中鲜有农民主动退出宅基地的情形，这样使农村宅基地一直处于增量供应，

---

① 参见魏西云、唐健：《新形势下的农村宅基地管理》，载《中国土地》2006 年第 4 期。

② 参见吕月珍、吴宇哲：《农村宅基地储备制度初探》，载《西北农林科技大学学报（社会科学版）》2008 年第 6 期；史卫民、曹姣：《论农村闲置宅基地与农房收储的制度构建》，载《经济纵横》2021 年第 10 期。

③ 参见杨亚楠：《农村宅基地闲置状况研究综述》，载《现代农业科技》2008 年第 14 期。

④ 参见魏西云、唐健：《新形势下的农村宅基地管理》，载《中国土地》2006 年第 4 期。

而宅基地的存量盘活率极其低下的态势。因此,要建立农村宅基地退出补偿机制,给予主动退出宅基地的农民合理补偿,同时要加大农村社会保障配套制度建设,助推宅基地退出。①

7. 宅基地有偿使用

宅基地无偿使用可能引发农民多占宅基地的冲动。应当废止宅基地无偿使用制度,实行宅基地有偿使用。宅基地有偿使用有利于农村土地资源的优化配置,显示宅基地的财产属性,同时也是宅基地的所有者代表集体经济组织在经济上收益权能的实现。② 宅基地有偿使用,增加了保有闲置宅基地的成本,当保有宅基地的边际成本大于边际效益时,农民自会主动退出多占的宅基地,从而达到运用经济杠杆解决农村宅基地闲置,通过经济手段实现宅基地优化配置的目的。③ 一些学者指出,宅基地有偿使用,应渐进改革,分步实施,先在经济发达地区实行,等条件成熟后,再逐步推广,从而构建宅基地有偿使用的渐进市场化路径。④ 另有学者指出,应区分不同情况实行宅基地的有偿使用制度,对于新增的农村宅基地实行有偿使用,并可流转,对于存量的农村宅基地仍保持无偿使用,不得进入市场流转,如果存量宅基地要进入市场交易,应先行补交宅基地使用费。⑤

---

① 参见欧阳安蛟、蔡锋铭、陈立定:《农村宅基地退出机制建立探讨》,载《中国土地科学》2009 年第 10 期;余永和:《农村宅基地退出试点改革:模式、困境与对策》,载《求实》2019 年第 4 期。

② 参见艾琴、梁丹辉、张光宏:《建设新农村视角下宅基地使用权制度研究》,载《理论与改革》2008 年第 6 期;赵之枫:《城市化背景下农村宅基地有偿使用和转让制度初探》,载《农业经济问题》2001 年第 1 期;张待水:《农民宅基地使用权流转法律制度探析》,载《江西社会科学》2004 年第 3 期;岳永兵、刘向敏:《宅基地有偿使用改革的探索与思考》,载《中国土地》2017 年第 12 期。

③ 参见韩立达、李谱:《四川省农村宅基地问题调查与思考》,载《农村经济》2009 年第 8 期;杨雅婷:《我国宅基地有偿使用制度探索与构建》,载《南开学报(哲学社会科学版)》2016 年第 4 期。

④ 参见魏西云、唐健:《新形势下的农村宅基地管理》,载《中国土地》2006 年第 4 期;王艳西:《农村宅基地有偿使用渐进市场化路径构建》,载《西北农林科技大学学报(社会科学版)》2022 年第 3 期。

⑤ 参见杨继瑞:《中国农村集体土地制度的创新》,载《学术月刊》2010 年第 2 期;张清、杜辉、仲济香:《农村宅基地制度:变迁、绩效与改革——基于权利开放与封闭的视角》,载《农业经济问题》2021 年第 4 期。

8. 宅基地登记发证

不动产统一登记前，我国宅基地登记发证率较低，缺乏宅基地登记发证强制制度，[①]在农房买卖场合容易引发矛盾，在农房交易完后，受让方虽已支付了农房的对价，但宅基地及农房的权属登记可能仍在出卖方名下，或者出卖方本就没有完成权属登记，仅有建房申请相关批准文件等，当面临征地拆迁时，交易双方对征地拆迁补偿款的归属容易产生争议。[②] 宅基地登记发证制度，有利于明确物权归属，保护宅基地权利人合法权益。[③] 有学者还研究了宅基地使用权登记发证的具体问题，如农村村民宅基地超面积、一户多宅、退休返乡人员、农村空房宅基地、继承取得宅基地使用权等情况下宅基地登记发证问题。[④]

(二)宅基地产权制度

1. 宅基地所有权制度

农村宅基地所有权是依附于农村集体土地所有权的一种制度安排。因此，对农村集体土地所有权制度的分析同样适用于农村宅基地所有权制度。

(1)宅基地所有权主体

按照《民法典》第261条和《土地管理法》第11条的规定，宅基地应属农民集体所有，但农民集体的法律地位究竟何为，学界对此仍未达成一致。共同共有说认为集体土地所有权属当地全体居民共同所有，所有权的行使主体由所有人选定的机关依法行使。[⑤] 法人说认为集体一词的法律含义欠缺民法基础，民法上的权利主体，要么是自然人，要么

---

① 《民法典》第363条规定，“宅基地使用权的取得、行使和转让，适用土地管理的法律和国家有关规定”；第365条规定，“已经登记的宅基地使用权转让或者消灭的，应当及时办理变更登记或者注销登记”。现行法上并没有规定宅基地使用权的首次取得需以登记为要件。

② 参见张奇：《农村宅基地法律问题探析》，载《财贸研究》2005年第2期。

③ 参见高圣平：《宅基地制度改革与民法典物权编编纂——兼评〈民法典物权编(草案二次审议稿)〉》，载《法学评论》2019年第4期。

④ 参见蔡卫化：《土地登记实务精解》，中国法制出版社2010年版，第118~124页。

⑤ 参见中国民法典草案建议稿课题组负责人梁慧星主编：《中国民法典草案建议稿附理由：物权编》，法律出版社2013年版，第156页。

是法人,要么是非法人团体,而“集体”既不是自然人,也不是法人,更不是非法人团体,应赋予集体经济组织以社团法人地位。[①] 总有说认为所谓总有,是指不具有法律人格的团体,以团体资格对标的物享有所有权的一种共同所有,总有是指村、村民小组、乡等社区范围的居民全体为实现共同利益对属于集体所有的财产,共同为全民支配的权利。[②]

我国农村土地实行三级所有,那么宅基地所有权到底确定在哪一级呢?如果主体不明确,可能导致土地权能和土地收益分配的不明确,造成土地乱征滥用、征地补偿分配不合理等现象。[③]

(2)宅基地所有权国有化

有学者认为应当取消集体土地所有权制度,而代之以集体土地国有化,同时分析了集体土地国有化的必然性,比如国家作为土地所有权主体时,其行为的理性决定了其较单个的分散的集体土地所有权主体,更能有利于资源的充分利用和优化配置,有利于形成统一的全国性土地大市场,有利于破解征地补偿难题。[④] 在集体土地国有化后,应当实行农民对承包地的永包权和对宅基地的永用权,集体土地国有化的实行,将扫清宅基地使用权流转的制度障碍,宅基地使用权再无身份限制,自可自由上市流转。[⑤]

(3)维持集体土地所有制的基础上对土地制度进行改良

基于中国国情考虑,当前集体土地所有制的改革重点是明晰集体土地所有权的行使主体,[⑥]农村土地制度改革是在坚持农村土地集体所

---

① 参见孙宪忠:《争议与思考——物权立法笔记》,中国人民大学出版社 2006 年版,第 493、542 页。

② 参见韩松、姜战军、张翔:《物权法所有权编》,中国人民大学出版社 2007 年版,第 105 页;王利明、周友军:《论我国农村土地权利制度的完善》,载《中国法学》2012 年第 1 期;黄延信:《发展农村集体经济的几个问题》,载《农业经济问题》2015 年第 7 期。

③ 参见孙宪忠:《争议与思考——物权立法笔记》,中国人民大学出版社 2006 年版,第 495 页。

④ 参见刘俊:《中国土地法理论研究》,法律出版社 2006 年版,第 138 ~ 156 页;刘云生:《农村土地所有权国有化的必要性与可能性探析》,载《河北法学》2006 年第 5 期。

⑤ 参见宋旭明:《我国农村集体土地所有权制度之积弊及其改革》,载《江西社会科学》2009 年第 5 期。

⑥ 参见杨继瑞:《中国农村集体土地制度的创新》,载《学术月刊》2010 年第 2 期。

有前提下对现有集体土地所有制的完善,[①]在坚持并完善农村土地集体所有制的基础上,扩大农民和农民集体土地权。[②]

2. 宅基地使用权制度

(1)宅基地使用权性质

①地上权说

地上权说认为我国物权法应规定地上权概念,并适用统一的地上权规则,进而通过分层地上权来达到更高效率的利用。我国土地地上权的体系由三类权利组成:一类是国有土地设立的地上权;二类是集体土地设立的地上权(包括乡村建设用地使用权和宅基地使用权);三类是分层地上权。[③]

②人役权说

人役权说认为农村集体经济组织的成员对集体土地的使用权也是一种人役权,是为广大农民的生存利益而设定的。[④]

③我国特有的有益物权说

有益物权说认为大陆法系国家实行地上权,土地所有权是土地市场的主要权利载体,发挥着实现土地民事流转的作用,故地上权一般不具有实现土地民事流转的功能。在我国,土地所有权不能进入市场,土地使用权是地产市场的唯一权利载体,具有实现土地民事流转的功能。总之,我国的土地使用权是我国社会主义土地制度发展和改革的产物,它不是在引进、消化、改造大陆法系的地上权基础上形成的权利设计,更不是大陆法系的地上权制度在中国推行的结果。[⑤] 宅基地使用权与地上权在主体、客体、用途及取得和流转方式方面都不同,比如前者仅限于集体经济组织成员的自然人,是在集体所有土地上设立,一般只能

---

① 参见韩松:《坚持农村土地集体所有权》,载《法学家》2014 年第 2 期。

② 参见李昌平:《扩大农民地权及其制度建设》,载《中国图书评论》2009 年第 1 期。

③ 参见杨立新:《关于完善物权法用益物权体系的若干意见》,载杨立新主编:《民商法理论争议问题——用益物权》,中国人民大学出版社 2007 年版,第 10 ~ 11 页。

④ 参见关涛:《大陆法系民法中的人役权——兼论民法典中的用益物权体系》,载《法学论坛》2003 年第 6 期。

⑤ 参见王卫国:《中国土地权利研究》,中国政法大学出版社 1997 年版,第 145 ~ 146 页。

用于建造住宅,取得大多无偿,流转受限等,而后者的主体包括自然人、法人等,主体资格无严格限制,是在土地私有制基础上产生的,可以修造任何用途的建筑物,而不限住宅,取得一般是有偿的,可以转让。[①]

(2)宅基地使用权的取得主体及法律结构

①宅基地使用权取得主体

按照《土地管理法》第 62 条的规定,以户为单位申请宅基地使用权,但现行法并未明确"户"的具体内涵,何为"户"呢?有学者认为,农户也是原《民法通则》规定的民事主体,为农村承包经营户的简称。[②]另有学者认为,户只是因血缘婚姻等关系联络而共同居住一处生活的自然人团体,不作为单独的民事主体。[③] 还有学者认为,这里的"户"并非承包经营户,因为承包经营户是需要承担一定经济职能的社会组织,此处的"户"仅仅是自然人联合起来组成的农村家庭,是为了方便国家管理需要而认可的单位。[④] 按照《土地管理法》"一户一宅"原则的规定,子女与父母共同生活为一户,不得再行申请宅基地,但在农村现实是,为了结婚需要子女在未分户之前即取得宅基地使用权,故应扩大对户的理解,或是规定一些"一户一宅"的例外情形。[⑤]

②宅基地使用权取得的法律结构

宅基地使用权派生于宅基地所有权,宅基地所有权人农民集体才是宅基地使用权的设定人,宅基地使用权的取得需村民的申请和集体经济组织的同意,没有双方的合意,是不能发生宅基地使用权取得的法律后果的,[⑥]现行法将宅基地使用权的设定交由政府审批,纳入行政许

---

① 参见王利明:《物权法研究》(修订版,下卷),中国人民大学出版社 2007 年版,第 193 ~ 194 页。

② 参见白呈明:《"农户"内部关系解析》,载《法学论坛》2003 年第 5 期。

③ 参见王建平主编:《民法学》(上),四川大学出版社 1994 年版,第 121 页。

④ 参见高圣平、刘守英:《宅基地使用权初始取得制度研究》,载《中国土地科学》2007 年第 2 期。

⑤ 参见周洪亮、陈晓筠:《从"一户一宅"的视角探讨农村宅基地使用权取得》,载《中国农业大学学报(社会科学版)》2007 年第 1 期。

⑥ 参见蔡立东:《宅基地使用权取得的法律结构》,载《吉林大学社会科学学报》2007 年第 3 期;高圣平:《宅基地制度改革与民法典物权编编纂——兼评〈民法典物权编(草案二次审议稿)〉》,载《法学评论》2019 年第 4 期。

可范畴,有违物权法法理。①

(3)宅基地使用权流转

①禁止流转说

理由有:第一,宅基地流转,资本将进入农村进行地皮炒作,损害农民的利益;第二,现阶段宅基地具有生存保障功能,宅基地流转将使农民失去社会保障,从而影响社会稳定;第三,农民是弱势群体,在信息不对称情况下,放开流转可能损害农民利益;第四,农村宅基地自由交易会破坏村庄伦理,加剧村庄内部的不平等。②

②完全放开流转说

理由为:第一,"平等"为民法基本原则,对于物权同样应当实行"同地同权";第二,禁止流转会影响我国农村城市化的进程;第三,在城乡接合部,已存在宅基地的转让这一现象,禁止流转落后于社会现实;第四,加强宅基地的用途管制,放开其产权流转。③

③有条件流转说

理由是:第一,应当在保持农村社会稳定的前提下,农村宅基地方可流转;第二,宅基地在农村承担了基本保障功能,在农村社会保障体系尚不健全的情形下,宅基地自由流转为时尚早;第三,在农村社会保障尚不健全、耕地紧缺的情形下,不宜允许自由流转,但是一概禁止城乡居民之间的流转也不符合客观需要,因此有条件允许宅基地使用权在城乡居民之间流转是目前的最佳选择,④应对农村宅基地使用权的上市流转设定准入条件,比如,流转的宅基地使用权已确权颁证、超过当

① 参见解玉娟:《农村宅基地使用权取得制度的研究》,载《安徽农业科学》2008年第7期。

② 参见孟勤国:《物权法开禁农村宅基地交易之辩》,载《法学评论》2005年第4期;陈柏峰:《农村宅基地限制交易的正当性》,载《中国土地科学》2007年第4期;桂华、贺雪峰:《宅基地管理与物权法的适用限度》,载《法学研究》2014年第4期。

③ 参见袁铖:《城乡统筹发展背景下农村宅基地使用权流转问题》,载《贵州财经学院学报》2009年第1期;韩康:《宅基地制度存在三大矛盾》,载《人民论坛》2008年第14期;邱道持、赵亚萍、胡蓉:《农村宅基地产权制度建设探讨》,载《中国发展》2008年第4期;周其仁:《城乡中国》(修订版),中信出版集团股份有限公司2017年版,第478~479、502页。

④ 参见朱岩:《"宅基地使用权"评释　评〈物权法草案〉第十三章》,载《中外法学》2006年第1期。

地农民宅基地住宅最低面积的剩余产权面积才能上市流转,必须另有稳定的住所等。[①]

(4)宅基地使用权流转的具体制度设计

针对农村房屋流转与宅基地使用权不得随便流转的矛盾,有学者引入法定租赁权概念,即宅基地使用权人可以将建造的住房转让给他人,其宅基地使用权却不一并转让,也不丧失,但不得对抗住房买受人,在住房买受人与集体经济组织之间,推定在房屋的使用期限内有租赁关系。[②] 有学者从宅基地产权属于共有的总有性质出发,引入优先购买权制度,在集体经济组织成员转让属于自己的宅基地时,在同等条件下(指交易价格),本集体经济组织成员享有优先购买权,这样,既有利于农民财产流通,又可以防止稀缺土地资源的不当流失。[③] 另有学者认为,农民转让房屋及所在的宅基地时,农民集体同等条件享有第一顺位的优先购买权,其他符合宅基地申请条件的成员同等条件享有第二顺位的优先购买权。[④] 针对当前农村融资困难的局面,一些学者主张应放开农村宅基地抵押,当债权人因实现抵押权而拍卖房屋时,确实有可能导致农民无家可归。因此,在具体制度设计上,可规定农民对原房屋享有优先承租权。[⑤] 就现阶段而言,宅基地使用权完全进入市场的条件还不具备,宅基地使用权只有和房屋结合才能成为抵押的标的物。[⑥] 有学者认为可部分放开农村闲置房屋的出租权,打破目前合同法 20 年的出租限制,延长到 30 年或 50 年。[⑦]

---

① 参见杨继瑞:《中国农村集体土地制度的创新》,载《学术月刊》2010 年第 2 期;宋志红:《宅基地使用权流转的困境与出路》,载《中国土地科学》2016 年第 5 期。

② 参见韩世远:《宅基地的立法问题——兼析物权法草案第十三章"宅基地使用权"》,载《政治与法律》2005 年第 5 期。

③ 参见孙宇、冯向辉:《宅基地优先购买权初探》,载《中国农村观察》2007 年第 5 期。

④ 参见宋志红:《宅基地使用权流转的困境与出路》,载《中国土地科学》2016 年第 5 期。

⑤ 参见杨遂全:《比较民商法》(修订版),法律出版社 2007 年版,第 150 页。

⑥ 参见沈永敏:《农村宅基地使用权抵押问题探讨》,载《东南大学学报(哲学社会科学版)》2008 年第 S2 期。

⑦ 参见杨遂全:《比较民商法》(修订版),法律出版社 2007 年版,第 150 页。

3. 宅基地“三权分置”

对于中央文件提出的宅基地“三权分置”,学术界基本上持肯定态度,并由此产生了大量文献。宅基地所有权是明确的法律概念,目前学术界主要争议在于何为宅基地资格权和放活的宅基地使用权。

(1)宅基地资格权

①成员权说

宅基地资格权是一种成员权,[①]它是农户申请取得宅基地使用权的资格前提,即便拥有宅基地资格权,也不代表其就享有宅基地使用权。农户通过行使宅基地资格权,足额分配取得宅基地使用权后,农户的宅基地资格权即消亡,宅基地资格权明显具有集体经济组织成员的身份属性,宅基地资格权不具备财产属性。

②宅基地使用权说

宅基地资格权就是现行法上的宅基地使用权。[②]

③类所有权说

宅基地资格权类似于宅基地所有权,宅基地资格权有类似于所有权的全部用益物权权能,其流转的范围大于土地承包经营权,其权能内涵也大于法律规定的宅基地使用权,可将其归之为“类所有权”。[③]

④设立了次级使用权后的宅基地使用权说

宅基地资格权既包含了农户享有宅基地使用权的前提资格,也包含了农户实实在在享有的宅基地使用权,宅基地资格权就是现行法上的具有成员身份的宅基地使用权。但是,宅基地资格权与我国立法上的宅基地使用权还是有明显的不同之处,“三权分置”中的宅基地资格权是设立了次级使用权后的宅基地使用权。[④]

---

① 参见陈小君:《宅基地使用权的制度困局与破解之维》,载《法学研究》2019 年第 3 期。

② 参见席志国:《民法典编纂视域中宅基地“三权分置”探究》,载《行政管理改革》2018 年第 4 期。

③ 参见杨遂全:《论宅基地资格权确权及其法理依据——以财产属性为视角》,载《中国土地科学》2020 年第 6 期。

④ 参见刘国栋:《论宅基地三权分置政策中农户资格权的法律表达》,载《法律科学(西北政法大学学报)》2019 年第 1 期。

(2)放活的宅基地使用权

何为放活的宅基地使用权,其应当定位于是从宅基地资格权分解出来的新权利,是宅基地资格权的次级权利,可以自由流转,没有身份限制。对于此种权利的命名,有宅基地地上权、[①]宅基地经营权、[②]集体建设用地使用权[③]等观点与做法。对于此种新权利的性质,多数观点认为是物权,也有观点认为,此种新权利的性质取决于宅基地资格权人采取何种方式流转其宅基地使用权,它可能是债权,比如出租方式流转,也可能是物权,比如宅基地资格权人为他人设定次级用益物权。[④] 还有观点认为,此种新权利是现行法上剥离了身份属性的宅基地使用权,相当于把现行立法规定的宅基地使用权分解成具有身份属性的宅基地资格权和不具有身份属性的宅基地使用权两种权利。[⑤]

宅基地"三权分置"可以参照承包地"三权分置"的法律表达,根据受让对象不同实行不同的交易规则,受让人为本集体经济组织成员的,其在取得宅基地使用权后,转让人失去宅基地使用权,受让人为非本集体经济组织成员的,仅能取得宅基地使用权的租赁权,转让人仍保留宅基地使用权。宅基地使用权具有身份属性,不能市场化,而派生于宅基地使用权的宅基地租赁权或利用权,则可以市场化。[⑥] 目前,多数学者还是持这种观点,即放活的宅基地使用权是农户在其宅基地使用权上为他人设定的次级用益物权。

---

① 参见席志国:《民法典编纂视域中宅基地"三权分置"探究》,载《行政管理改革》2018 年第 4 期。

② 参见宋志红:《宅基地"三权分置"的法律内涵和制度设计》,载《法学评论》2018 年第 4 期。

③ 泸县在试点宅基地"三权分置"中,对于社会主体取得的宅基地权利定位为集体建设用地使用权。

④ 参见宋志红:《宅基地"三权分置"的法律内涵和制度设计》,载《法学评论》2018 年第 4 期。

⑤ 参见孙建伟:《宅基地"三权分置"中资格权、使用权定性辨析——兼与席志国副教授商榷》,载《政治与法律》2019 年第 1 期。

⑥ 参见高圣平:《〈民法典〉与农村土地权利体系:从归属到利用》,载《北京大学学报(哲学社会科学版)》2020 年第 6 期。

(三)"小产权房"研究

1. 小产权房的概念

有学者认为,"小产权房"是指农民在自家宅基地上修建的房屋,只能自住,不得入市流转,即便私下流转了,也不能取得房地产行政主管部门颁发的权属证明,故称之为"小产权房"。[①] "小产权房"是指农民在其宅基地等村集体所有的建设用地上建设的房屋,这些房屋的修建不符合城市规划,未缴相关税费,购买群体为城镇居民,不能取得房地产行政主管部门颁发的权属证明,但能取得乡镇或村委会颁发的权属证明。[②]

2. 小产权房产生原因

小产权房产生的原因与地方政府的土地财政、集体土地征收补偿费、城市房价以及政府部门监管等因素有关。[③]

3. 小产权房解决路径

结合集体经营性建设用地平等入市的政策,应该直接承认小产权房为集体土地上的商品房,不用补缴土地出让金,在缴纳必要的税费后直接登记颁证。[④] 对于符合保障性住房要求的小产权房,可以将其转化为保障性住房。[⑤]

二、研究发展趋势

我国学者在宅基地产权主体和流转方面分歧很大,有的侧重公法限制,有的主张私法自由,至今莫衷一是。对中国农村宅基地制度的研究,已不局限于从单一学科出发进行探讨,而是跨学科的综合性研究,

---

① 参见喻中:《"小产权"为什么"小"》,载《读书》2009 年第 4 期。

② 参见郭平卓、蔡继明:《农地制度安排与村民集体行动——小产权房问题探析》,载《财经研究》2009 年第 5 期。

③ 参见于毅:《标本兼治:论小产权房问题的解决路径》,载《农村经济》2009 年第 12 期。

④ 参见马俊驹、王彦:《解决小产权房问题的理论突破和法律路径——结合集体经营性建设用地平等入市进行研究》,载《法学评论》2014 年第 2 期。

⑤ 参见苏勇、黄志勇:《小产权房转化为保障性住房的路径选择》,载《现代经济探讨》2011 年第 2 期;潘磊、葛幼松:《"小产权房"的产生原因、影响以及解决方法探讨——基于保障性住房体系的视角》,载《现代城市研究》2014 年第 4 期。

经济学与法学仍是研究的重要手段。一些学者也尝试从伦理学、社会学、政治学等角度进行研究。在研究态度上,激进与保守都不可取,在尊重中国国情的前提下,在维护集体土地所有制的基础之上,立足于宅基地的保障功能和资本功能,如何构建公法与私法平衡的宅基地制度设计将是未来研究的发展趋势。

第四节 研究内容方法及框架

一、研究内容

本书以"中国农村宅基地制度"为研究对象,以宅基地管理制度和产权制度为重点,选取成都市为主要调研点,研究的主要内容包括:

第一章,导论。本章主要涉及研究背景及意义,并界定了农村宅基地、土地制度、农村宅基地管理制度、农村宅基地产权制度、农村宅基地产权取得、农村宅基地产权流转等概念,明确了研究内容及研究方法,提出了本书研究的创新之处和研究的不足。

第二章,研究的理论基础。本章主要介绍了用于分析中国农村宅基地制度的物权理论及新制度经济学理论。其中物权理论重点分析了物权法的性质、物权法的功能、物权法的基本原则及物权法的发展趋势。新制度经济理论主要介绍了产权理论、制度与制度变迁理论和法经济学理论。

第三章,中国农村宅基地制度的历史变迁及其分析。本章主要研究了原始社会的宅地制度、奴隶社会的宅地制度、封建社会的宅地制度、新中国成立后的宅基地制度,并对中国农村宅基地制度的历史变迁进行了经济学分析,指出中国农村宅基地制度变迁可归因于技术进步等外部条件发生变化导致外部利润的形成,而该外部利润在现有的宅基地制度安排下无法实现,人们为了获取这种外部利润,就会打破现有的宅基地制度安排,建立一种更有效的宅基地制度,从而将外部利润予以内在化。

第四章,宅地制度国际比较与经验借鉴。本章首先对西方土地财产权进行了一个法学史的考察,指出不动产产权的自由与限制是任何一个社会都会面临的课题,土地制度的设计就在于自由与限制之间的平衡。接着本章又分析了美国、韩国等国家的宅地制度,指出这些国家即便主要实行土地的私有制,但基于宅地的稀缺性和社会性,宅地的制度设计也一直在国家的管控之下,服从于国家的管理,居住权具有人权的性质,宅地制度设计的基本目标是要保障人们居住权的实现,同时在进行宅地制度设计时要加大乡村规划,体现乡村规划的特点,并指出西方社会的宅地公法控制与我国的宅基地公法控制在制度设计上有本质的不同。

第五章,当前农村宅基地制度安排及其法与经济学分析。本章研究了我国现行宅基地管理制度和产权制度的主要问题,在管理制度方面,从宏观上分析了宅基地存在多头管理、管理权限模糊等问题,从微观上分析了宅基地管理中的弊端,比如村庄缺乏规划、宅基地闲置等问题,并提出要加强宅基地规划管理、宅基地用途管制,大力推进宅基地的节约集约化利用水平。在宅基地所有权制度方面,指出现行宅基地所有权主体不够清晰,提出以农村社区法人取代农民集体所有。在宅基地使用权制度方面,指出需要在法理的范围内重构我国农村宅基地使用权的具体制度,特别是区分宅基地使用权的单独流转和宅基地上建有房屋后因房屋处分导致的宅基地使用权流转,引入租赁权制度,重构了农房交易房地异主问题。对现行农村宅基地制度进行了法学和经济学分析,认为不要本末倒置,只重宅基地利用,而轻宅基地的归属,指出了明晰宅基地所有权主体的重要性,根据法经济学理论,法律制度的设计目标首先是效率,公平可通过其他方式予以实现,公法不应过多限制宅基地使用权的流转。宅基地使用权自由交易虽有助于效率的提高,但考虑中国农村社会保障尚不健全以及土地的特殊性,仍需考虑市场机制在宅基地使用权流转中的限度。

第六章,宅基地制度改革与宅基地市场发育:成都实践。本章系统分析了成都宅基地制度改革的实践,在宅基地管理制度方面,主要研究了城乡规划、集中居住、确权颁证、宅基地退出等做法,分析了这些做法存在的利弊,并提出了相应的改革建议。在宅基地产权制度方面,重点介绍了成都在农村宅基地产权流转方面的实践,比如宅基地联建、农房租赁、农房抵押、农房买卖、宅基地"三权分置"等;介绍了成都促进宅基地市场化的配套措施,比如户籍制度改革、农村住房保障体系建设、耕保基金发放以及农村宅基地产权流转有形市场建立等,通过相关配套制度建设,逐步取消基于公法目的对宅基地使用权流转的限制。成都宅基地制度改革的特点为:公法方面管住规划,推进集中,私法方面放开产权,上市流转。本章最后对成都农村宅基地制度改革进行了述评。

第七章,宅基地使用权分层设立:公法与私法平衡的制度设计。基于宅基地使用权公法与私法属性,宅基地的保障功能与资本功能必须并重,将土地空间权理论引入宅基地使用权,提出了宅基地使用权分层设立的构想,通过区分保障性宅基地使用权和资产性宅基地使用权来分别实现宅基地公法上的保障功能和私法上的资本功能,并对此两种宅基地使用权的取得、转让、变更及消灭进行了研究,其中保障性宅基地使用权的取得仍有身份限制,实行无偿取得,限制流转,让其继续承担公法上的住房保障功能,而资产性宅基地使用权取得无身份限制,实行有偿取得,上市流转,发挥其私法上的资本功能。本章研究了宅基地使用权分层设立中的权利登记和客体登记,以实现物权的公示,指出仍可通过相邻权与地役权来规制宅基地使用权分层设立中的权利冲突。宅基地使用权分层设立兼顾了宅基地的保障功能与资本功能,实现了宅基地使用权公法与私法属性的平衡,具有普遍的适用性,同时还有助于节约集约用地和避免耕地流失,也为城乡合作建房和解决城市居民购买农房提供了一种思路。

第八章,农村宅基地产权取得及流转的实证分析。本章选取成都的都江堰、温江、金堂进行实地调研,发放问卷,从农民的角度了解当前农村宅基地管理及产权流转现状,检验并完善本论文的前期理论论证。

第九章,研究结论与立法建议。中国现阶段的国情决定了宅基地制度改革应坚持渐进式道路,以此为背景并结合本书的研究,得出了本书的相关研究结论,提出有关宅基地的立法建议,并代拟了相关条文。

二、研究方法

(一)规范分析

规范分析作为一种"应然"的分析,它强调的是价值判断,解决的是"应该是什么"的问题。规范分析需要提出一些价值标准,进而研究怎样才能符合这些标准,把它应用于中国农村宅基地制度研究,旨在检讨我国农村宅基地制度的价值取向,在进行批判分析的基础上进行制度创新。

(二)实证分析

实证分析是一种"实然"的分析,它不进行价值判断,是对经济事物的客观分析,解决的是"是什么"的问题。结合本研究,这就要求通过实地调研,了解具有代表性的不同区域之间宅基地产权制度的实际运作及农民的流转意愿等情况,整理调研相关数据,进行处理和分析并得出相关结论。

(三)成本与收益分析

不同的制度安排,会带来不同的成本与收益,制度的取舍应以成本和收益为依据。微观经济学所使用的成本与收益分析方法引入了制度变迁理论,制度变迁的因素很多,但最终要受制度变迁成本—收益的制约。制度变迁存在着报酬递增和自我强化的机制,这种机制使制度一旦走上了某一路径,它的既定方向会在以后的发展过程中得到自我强化。这为研究中国农村的宅基地制度的形成、变革及发展提供了视角。

(四)文化与历史分析

宅基地制度作为具有中国特色的一种制度,不可能独立存在,必然受制于具体的文化、历史、政治、习俗、传统等因素影响。因此,分析中国的宅基地制度,必须进行多角度考量,而不能一味强调其经济理性。

(五)比较分析

比较分析主要在于考察不同制度间的差异及特点,从而有助于本国在制度变革上博采众长,吸纳不同制度间的优越之处,为制度创新提供参考。

三、研究框架

本书研究框架如图 1 所示。

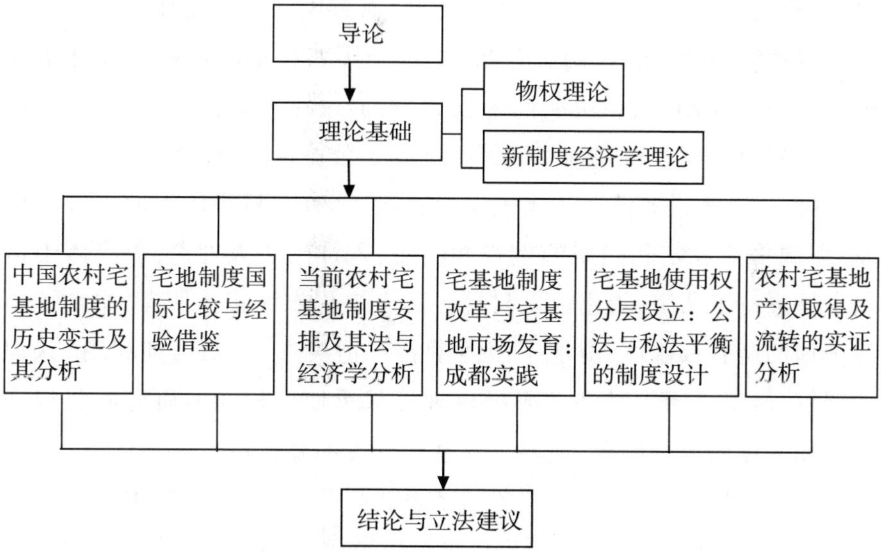

图 1　本书研究框架

第五节　研究创新与不足

一、研究创新

第一,将宅基地制度分为管理制度和产权制度两个方面,分别对其进行研究,在逻辑体系上有所创新。以前的宅基地研究,往往将宅基地管理制度和产权制度搅在一起,互相混淆。宅基地方面的问题有的归因于管理,有的产生于产权制度设计,因此必须区别对待,对症下药。宅基地管理制度和产权制度既相辅相成,又互有区别,管理制度体现公法控制,产权制度重在私法属性,宅基地制度兼具公法与私法属性,宅基地制度设计在于体现两者的平衡。

第二,纵向研究了我国原始社会、奴隶社会、封建社会及中华人民共和国成立后的宅基地制度,同时也比较分析了发达国家的宅地制度设计,改变了以往仅立足于国内研究中华人民共和国成立后宅基地制度的做法,大大提升了中国农村宅基地制度研究的系统性。从本质上看,宅基地就是农民住房所占用的土地,而农民的居住是任何一个社会都会遇到的问题。通过历史分析,指出中国农村宅基地制度设计重在国家的公法控制,其私法属性未受关注,通过比较分析,指出国外发达国家的宅地制度是在强调私法保护下基于公益目的公法控制。

第三,以渐进式改革为出发点,从维护现有农村集体土地所有制出发,强调物权界定和归属的重要性,并引入社团法人理论,对集体土地的主体进行了研究,提出以农村社区法人取代农民集体所有,明晰了集体土地的所有权主体,澄清了国内学者对物权法"从归属到利用"认识的误解,修正了国内经济学界产权理论只重使用权能的研究而忽视产权归属主体研究的倾向,完善了宅基地制度的私法设计。

第四,提出应将中央文件中的宅基地"三权分置"政策术语转化成法律术语,宅基地"三权分置"下的土地利用结构为"土地所有权—土地使用权—次级土地使用权",对应的"三权"为"宅基地所有权、宅基地使用权和宅基地地上权"。"宅基地资格权"作为在设立了次级宅基地使用权后权能受限的现行法上的宅基地使用权,不应单列宅基地资格权。"放活的宅基地使用权"不具有成员身份属性,它派生于具有成员身份的农户宅基地使用权,可以将其命名为"宅基地地上权"。认为宅基地"两权分置"仍是常态,宅基地"三权分置"针对的是农户已建有房屋,因房屋的流转而产生的宅基地权利分置。

第五,本书从现实需求出发,应用科学的物权法理论,将空间权引入农村宅基地研究,大大拓展了农村宅基地研究视角,在国内学术界首次提出了农村宅基地使用权分层设立的构想,附着地表上下四至范围的宅基地使用权,实行身份限制,限制流转,让其承担公法上的住房保障功能,而对于这之外的宅基地使用权,实行身份不限,自由流通,发挥其私法上的资本功能。农村宅基地使用权分层设立兼顾了宅基地的保障功能和资本功能，实现了宅基地使用权制度设计的公法与私法平衡。

二、研究不足

第一，目前国内对中国农村的宅基地制度进行系统研究的文献还不是很多，而且农村的宅基地制度是中国独具特色的一种制度，国外并无这一规定。因此，本研究在资料上受到一定限制。

第二，目前，我国有的地方在对农村宅基地产权取得、流转等方面进行创新，进行了一些有益的探索，但囿于经济、时间等多方面的条件，笔者不可能都进行实地调研。因此，本研究在总结实践经验上可能存有一些不足。同时，研究的结论的普遍适用性也可能打一些折扣。

第三，将宅基地制度分为管理制度和产权制度两个方面进行研究，研究较为宽泛，深度略显不足，特别表现在宅基地管理制度方面。

第二章　研究的理论基础

第一节　物权理论

物权理论是研究中国农村宅基地制度的主要法学理论，宅基地制度本身就是我国《民法典》物权编土地制度设计中的一部分，物权法以私法属性为主，兼具公法特征，从物权法角度研究中国农村宅基地，有助于宅基地制度的私法完善，构建公私法平衡的宅基地制度设计。

一、物权法的性质及功能

(一)物权法的性质

1. 物权法为私法

最早提出公法与私法划分的是罗马法学家乌尔披亚努斯，他认为规定国家公务的为公法，规定个人利益的为私法，公法规范具有强制性，当事人必须无条件遵守，个人不得协议更改，而私法规范则是任意性的，可由当事人意志而更改。[①] 近世以来，公、私法的划分仅具相对意义，私法与公法往往互为包含，只是各自的比重有所区分，只可大体说某一法律为私法或公法，而绝

---

① 参见周枏:《罗马法原论》(上册)，商务印书馆2014年版，第99页。

不能把它绝对化,物权法主要为私法。[①] 物权法从总体来说属于私法范畴,个人自由成分重一些,比如所有权人可在一定范围内对物任意处置,当然物权法也包含了很多公法内容,比如不动产登记制度方面等。

2. 物权法为强行法

物权法中的很多内容关涉当事人以外的第三人利益、国家和社会利益,因此物权法中的多数规则不允许当事人更改,比如,当事人间不得自行约定不办理房屋抵押登记,债权人仍享有房屋的优先受偿权,因为这样可能对其他债权人不公。物权关系本质上虽然是一种私法关系,但它关涉交易安全,关涉国家的立法政策对财产关系调整目标,关涉社会资源的合理分配等。因此,物权法中大多内容必须强行适用。

3. 物权法具有固有法性质

各国物权法因国家、民族、历史、习俗、意识形态的不同,各国在制定物权相关规则时必须结合本国的实际情况,使得相应的物权法内容具有固有法性质。中国法治建设必须扎根于中国本土现实,注重从中国本土资源中吸取营养,唯有如此制定出来的法才会获得大众的认可,进行有效的运作。[②]

(二)物权法的功能

1. 明晰产权,定分止争

即通过物权法明晰物权的主体,形成物权秩序,降低人们的交易成本,保护交易安全。

2. 合法财产,平等保护

物权法属于民法,民法的一项重要原则是对权利人的权利实行平等保护。[③] 在社会主义市场经济条件下,各种市场主体都处于平等地

---

① 参见郑玉波:《民法物权》(修订版),台北,三民书局1992年版,第4页。

② 参见苏力:《法治及其本土资源》(修订版),中国政法大学出版社2004年版,第16页。

③ 《民法典》第207条规定:“国家、集体、私人的物权和其他权利人的物权受法律平等保护,任何组织或者个人不得侵犯。”

位,享有相同权利,遵守相同规则,承担相同责任。在财产归属依法确定的前提下,作为物权主体,无论是国家、集体,还是私人,对他们的物权也都应当给予平等保护。[①]

3. 物尽其用,促进交易

要发挥物的最大效用,促进交易,避免物的闲置浪费。

二、物权法的基本原则

(一)物权法定原则

所谓物权法定原则,是指物权的种类、内容、效力、变动要件、保护方法等均由法律明确规定的原则。物权法定原则为世界大多数国家立法所采用。[②]

(二)一物一权原则

一物一权,指一个标的物上只能有一个所有权,共有仅是所有权量的分割,而非质的分割,但所有权和其他物权可同时存在于一物之上。

(三)公示公信原则

公示公信原则,指物权的变动需要公示,其中动产以占有(交付)为公示手段,不动产以登记为公示手段,经法定公示的物权具有公信力,人们可以相信其是正确的。

三、物权法的发展趋势

(一)所有权的社会化

所有权负有义务,指所有权人在行使所有权的同时应当承担相应的社会义务。私权神圣是早期资本主义民法的三大基本原则之一,依此原则,财产所有人可依己意志任意处分财产,而不受干涉。但是,随

---

① 参见黄薇主编:《中华人民共和国民法典物权编解读》,中国法制出版社2020年版,第10页。

② 我国《民法典》第116条规定:"物权的种类和内容,由法律规定。"《日本民法典》第175条规定:"物权,除本法及其他法律所定者,不得创设。"

着资本主义的发展,这种不受干涉、不受限制的个人权利在社会生活中的弊端越来越严重。基于社会法学思想,出现了所有权的社会化,即所有权人行使权利时负有一定义务,要受社会公益限制。① 所有权社会化是对土地等不动产物权进行限制的重要理由。

(二)从归属到利用

物权法既调整财产的归属关系,也调整财产的利用关系。在欧洲罗马法时代,物权法强调以所有权为中心,提倡“个人本位”。与此相反,后继的日耳曼法则强调以利用为中心,倡导“团体本位”。在自由资本主义时期,罗马法提倡的“私权神圣”及“个人本位”思想迎合了自由资本主义时期强调个人创造、增进财产的利用价值等观念,并继而对大陆法系国家民法典的制定产生重要影响。② 但是随着资本主义的发展,罗马法倡导的“私权神圣”及“个人本位”思想导致资源滥用或闲置,为维护社会整体存在,日耳曼法的“团体本位”和以利用为中心的思想受到重视。现代物权法出现了从强调归属到强调利用的转变,深刻影响了各国不动产产权的制度设计。

(三)物权法定出现缓和

社会生活变动不居,丰富多彩,囿于人的认识能力,理性的非至上性,立法者不可能制定出十全十美的物权类型,而且世易时移,以前制定的物权形态可能与现在的社会生活脱节,严采物权法定,会扼杀了人们根据实际需要创设物权的私法自治空间。为此,学界出现了物权法定无视说、物权法定缓和说、习惯法包含说、习惯法物权有限承认说等诸多观点,试图通过引入习惯法等法律渊源来缓和物权法定的僵化,认为物权法定原则不应当是僵化的,如果确实基于习惯产

① 比如德国1919年《魏玛宪法》第153条规定:“所有权伴有义务,对其行使应同时顾及公共的福祉”。

② 比如《法国民法典》第544条规定:“所有权神圣不可侵犯。”

生了某种物权，且能依一定公示方法予以公示者，法律应予承认。[①]物权法定出现缓和有利于进行不动产制度的创新。[②]

（四）用益物权发展，物权种类增加

现代物权法通过加强对利用权能（即使用和收益权能）的保护，以“利用”或“利用的必要性”来代替“支配性”，使物资利用权（用益权）优于所有权，同时“社会性的利用”优于“私人性的利用”，鼓励人们对物的利用，充分发挥物的效用，从而促进经济发展。现代西方社会为贯彻物尽其用原则，物权权能与所有权分离现象日趋复杂，新型用益物权种类增加。特别是在土地法方面，土地所有的私人独占性与土地公共的社会性质之间矛盾激发，要求土地利用在尊重个人权利的行使前提下，也要关乎社会整体福祉，注重团体本位。随着社会的发展，人口的增加，土地资源的供给日益紧张，而土地的立体利用可以弥补土地平行利用所造成的土地资源稀缺的不足。于是，一种新的用益物权空间权应运而生，为传统地上权的发展提供了崭新的空间，加剧了土地从平面利用到立体利用的进程，土地的利用效率更加高效，也丰富了用益物权的体系。[③]

---

① 参见王泽鉴：《民法物权》（第2版），北京大学出版社2010年版，第36页；谢在全：《担保物权制度的成长与蜕变》，载《法学家》2019年第1期；申卫星：《物权法定与意思自治——解读我国〈物权法〉的两把钥匙》，载《法制与社会发展》2013年第5期；杨立新：《民法分则物权编应当规定物权法定缓和原则》，载《清华法学》2017年第2期。《民法典》第10条规定：“处理民事纠纷，应当依照法律；法律没有规定的，可以适用习惯，但是不得违背公序良俗。”该条认可了习惯的民法法源地位，为物权法定原则缓和提供了解释空间。

② 《民法典》第388条规定：“设立担保物权，应当依照本法和其他法律的规定订立担保合同。担保合同包括抵押合同、质押合同和其他具有担保功能的合同。担保合同是主债权债务合同的从合同。主债权债务合同无效的，担保合同无效，但是法律另有规定的除外。担保合同被确认无效后，债务人、担保人、债权人有过错的，应当根据其过错各自承担相应的民事责任。”

③ 参见陈华彬：《民法典与民法物权》，法律出版社2009年版，第292～294页；陈华彬：《我国民法典物权编立法研究》，载《政法论坛》2017年第5期。

第二节 新制度经济学理论

新制度经济学理论兴起于20世纪60年代,其中的产权理论、制度与制度变迁理论及法经济学理论是分析土地制度的重要方法,通过这些理论,有助于认识宅基地制度安排的重要性、宅基地制度设计的目标,有助于发现中国农村宅基地制度变迁的原因、路径等,从而为设计符合中国国情的宅基地制度提供理论支撑。

一、产权理论

(一)产权的概念及特征

产权,即财产权(Property Right)。产权是一组权利构成的权利束,包括所有权、使用权、用益权、转让权等,这些权利描述了一个人对其所有的资源可以做些什么,不可以做些什么。① 它是人与人之间由于稀缺物品的存在而引起的、与其使用相关的关系,②产权的本质是人与人之间的关系。③

产权具有排他性、可让渡性和可分性。④ 产权是否具有排他性和可

---

① 参见[美]罗伯特·考特、托马斯·尤伦:《法和经济学》,张军译,上海三联书店、上海人民出版社1994年版,第125页。

② [南]斯韦托扎尔·平乔维奇:《产权经济学——一种关于比较体制的理论》,蒋琳琦译,经济科学出版社1999年版,第29页。

③ 关于此问题的探讨,还可参见[美]E. G. 菲吕博腾、S. 配杰威齐:《产权与经济理论:近期文献的一个综述》,载[美]R. 科斯、A. 阿尔钦、D. 诺斯等:《财产权利与制度变迁——产权学派与新制度学派译文集》,刘守英等译,上海人民出版社1994年版,第204页。他们认为:"产权不是指人与物之间的关系,而是指由物的存在及关于它们的使用所引起的人们之间相互认可的行为关系,产权安排确定了每个人相应于物时的行为规范,每个人都必须遵守他与其他人之间的相互关系,或承担不遵守这种关系的成本,因此,它是一系列用来确定每个人相对于稀缺资源使用时的地位的经济和社会关系。"

④ 参见[南]斯韦托扎尔·平乔维奇:《产权经济学——一种关于比较体制的理论》,蒋琳琦译,经济科学出版社1999年版,第31页;[美]阿曼·阿尔奇安:《产权经济学》,载盛洪主编:《现代制度经济学》(上卷),高增祺译,北京大学出版社2003年版,第71页。

让渡性是衡量一个产权权能是否完整的标志，如果这些方面的权能受到限制，是为产权的残缺。产权不仅是一组权利，而且各项权利可分属于不同的主体，并在不同主体之间发生转移，从而形成产权的分割。

（二）产权的经济意义

新制度经济学中的产权理论主要致力于探讨各种可能的产权安排对收益—报酬制度的影响，产权与经济选择间的关系以及产权的构成如何影响资源的配置和使用。①

在分析产权制度与资源配置效率的关系时，就不得不提到科斯定理。只要交易费用为零，无论产权如何界定都可以通过市场交易达到有效的资源配置，此为科斯定理一；在交易费用为正的情况下，不同的权利界定，会带来不同效率的资源配置，此为科斯定理二。② 根据科斯定理一，只要产权界定清晰，如果交易费用为零，产权的配置与资源配置的效率无关。根据科斯定理二，当存在正的交易费用时，产权的初始配置会影响到资源配置的效率。因此，产权制度的安排应有利于增加社会整体福利水平的产权配置。产权界定是产权交易的前提，产权界定清晰，有利于将生产活动中的外部性问题内部化，产权的完整界定可以减少交易中的不确定性，促进资源优化配置，提高资源配置效率。③

不同的产权安排具有不同资源配置后果。同时，产权界定是有成本的，一个社会产权结构的安排还受意识形态、执政党的政治偏好、社会大众的接受程度、风俗习惯等各方面影响，在很多情况下产权并不能清晰地界定。美国经济学家阿尔钦认为，产权制度提供了资源稀缺社

---

① 参见［美］E. G. 菲吕博腾、S. 配杰威齐：《产权与经济理论：近期文献的一个综述》，载［美］R. 科斯、A. 阿尔钦、D. 诺斯等：《财产权利与制度变迁——产权学派与新制度学派译文集》，刘守英等译，上海人民出版社 1994 年版，第 202 ~ 204 页。

② 参见方绍伟：《科斯定理对吗？》，载盛洪主编：《现代制度经济学》（下卷），北京大学出版社 2007 年版，第 4 ~ 6 页。

③ 比如 H. 登姆塞茨认为："产权是一种社会工具，其重要性就在于事实上它们能帮助一个人形成他与其他人进行交易时的合理预期。……产权的一个主要功能是导引人们实现将外部性较大地内在化的激励。"参见［美］H. 登姆塞茨：《关于产权的理论》，载［美］R. 科斯、A. 阿尔钦、D. 诺斯等：《财产权利与制度变迁——产权学派与新制度学派译文集》，刘守英等译，上海人民出版社 1994 年版，第 97 ~ 98 页。

会中的竞争规则。[①] 不同的国家根据本国不同的政治体制、历史传统、文化习俗、宗教信仰等情况作出不同的产权制度安排，而这些不同的制度安排带来不同的激励结构，影响着社会经济的发展。产权理论的一个主要应用领域就是对土地制度的分析。

二、制度与制度变迁理论

（一）制度与制度变迁的概念与原因

制度就是一系列被制定出来的规则，这些规则涉及社会、政治及经济各个方面，建构了一个社会的基本秩序，[②]包括正式制度（比如法律）和非正式制度（比如习惯）。[③]

制度变迁是指旧制度被打破，新制度创新的过程，是一种制度安排对另一种制度安排的替代。新制度安排之所以会出现，是因为有许多外部事件导致利润的形成，而在现有制度安排下，这些潜在的外部利润无法实现，而一些个人或团体希望获得这些在旧有的安排下不可能得到的利润，为克服这些障碍，一种将这些外部利润内部化的新制度安排产生了。如果预期的净收益超过预期的成本，一项制度安排就会被创新。[④] 历史上有许多可以获得的潜在利润，但只有满足以下两个条件才会发生制度的创新：一是创新改变了潜在的利润；二是

---

① 参见张五常：《经济解释卷四：制度的选择》（神州增订版），中信出版社 2014 年版，第 149 页。

② 参见［美］T. W. 舒尔茨：《制度与人的经济价值的不断提高》，载［美］R. 科斯、A. 阿尔钦、D. 诺斯等：《财产权利与制度变迁——产权学派与新制度学派译文集》，刘守英等译，上海人民出版社 1994 年版，第 253 页；［美］道格拉斯·C. 诺思：《经济史中的结构与变迁》，陈郁、罗华平等译，上海三联书店、上海人民出版社 1991 年版，第 225～226 页。

③ 参见［美］L. E. 戴维斯、D. 诺斯：《制度变迁的理论：概念与原因》，载［美］R. 科斯、A. 阿尔钦、D. 诺斯等：《财产权利与制度变迁——产权学派与新制度学派译文集》，刘守英等译，上海人民出版社 1994 年版，第 271 页；林毅夫：《关于制度变迁的经济学理论：诱致性变迁与强制性变迁》，载［美］R. 科斯、A. 阿尔钦、D. 诺斯等：《财产权利与制度变迁——产权学派与新制度学派译文集》，刘守英等译，上海人民出版社 1994 年版，第 377～378 页。

④ 参见［美］L. E. 戴维斯、D. 诺斯：《制度变迁的理论：概念与原因》，载［美］R. 科斯、A. 阿尔钦、D. 诺斯等：《财产权利与制度变迁——产权学派与新制度学派译文集》，刘守英等译，上海人民出版社 1994 年版，第 274 页。

创新成本的降低使制度安排的变迁更加合算。①

(二)制度变迁的方式

1. 渐进式制度变迁和激进式制度变迁

渐进式制度变迁是指在制度变迁过程中相对平衡,新旧制度之间衔接的轨迹平滑,未引起大的社会震荡的变迁方式。其特点为:改革是先试点后推广,是一种增量改革,即在保留、改革旧体制的同时,不断引入新的体制。激进式制度变迁,又称为"休克疗法"或"震荡疗法",是一种大爆炸式的跳跃性的制度变迁方式,其特点是:在较短时间内完成大规模的整体性制度变革,迅速废除和破坏旧制度,制定和实施新制度。②

2. 诱制性制度变迁与强制性制度变迁

诱制性制度变迁是指因在既有制度安排下无法获利,由个体或群体为获取该部分利润而自发组织实行的制度创新的过程。诱制性制度变迁采取自下而上的方式进行,变迁的主体在基层。强制性制度变迁由政府命令、法律引入和实行,强制性制度变迁的主体为政府,采取自上而下的方式进行。③

(三)制度变迁的路径依赖

制度变迁的路径依赖简单地说就是"人们过去作出的选择决定了其现在可能的选择","必须强调历史的重要性"。④ 诺斯认为,报酬递增和自我强化机制同样存在于制度变迁之中,这种机制使得制度变迁一旦走上某条道路,它就会在这条道路上按照既定的方向自我强化,从

---

① 参见[美]R. 科斯、A. 阿尔钦、D. 诺斯等:《财产权利与制度变迁——产权学派与新制度学派译文集》,刘守英等译,上海人民出版社 1994 年版,第 15 页。

② 参见杨德才主编:《新制度经济学》(第 2 版),中国人民大学出版社 2015 年版,第 253 页。

③ 参见林毅夫:《关于制度变迁的经济学理论:诱致性变迁与强制性变迁》,载[美]R. 科斯、A. 阿尔钦、D. 诺斯等:《财产权利与制度变迁——产权学派与新制度学派译文集》,刘守英等译,上海人民出版社 1994 年版,第 384 页。

④ [美]道格拉斯·C. 诺思:《经济史中的结构与变迁》,陈郁、罗华平等译,上海三联书店、上海人民出版社 1991 年版,第 1 页。

而形成对制度变迁轨迹的路径依赖。[①]

（四）制度需求与制度供给

当一个新的盈利机会在现有制度安排下无法实现时，就产生了新制度的潜在需求及潜在供给，人们为了获取此盈利，就会打破旧的制度安排去选择一种新的有效的制度安排，制度需求和制度供给是制度非均衡的结果。[②] 制度需求由制度的净收益决定，制度供给由制度决定者提供，它是在制度变革的成本和效益比较分析基础上决定的。[③]

（五）制度绩效

诺斯认为，制度在社会中具有基础性作用，是决定经济增长的根本因素，制度构成了人们在社会生产活动中的激励结构，这种激励结构能降低交易费用，有利于经济增长，因此有效率的制度是经济增长的关键因素。[④]

三、法经济学理论

传统的法律家对法学的分析带有法条主义色彩，注重在法学自闭体系里从概念到概念的论证，使法学失去了外在的视角。波斯纳指出，"这种研究法律的方式，从一开始就单刀直入，将法律制度的结构和法律主要规则视为理所当然"。因此，法学研究陷入故步自封，而经济学理论引入法学研究，使法学研究获得了生机，也促使一门新学科法经济学的诞生。1973 年，波斯纳《法律的经济分析》的发表奠定了法经济学的理论基础和分析框架。

法律经济学以"个人理性"及相应的方法论的个人主义作为其研究

---

① 参见杨德才主编：《新制度经济学》（第 2 版），中国人民大学出版社 2015 年版，第 216 页。

② 参见张曙光：《论制度均衡和制度变革》，载盛洪主编：《现代制度经济学》（下卷），北京大学出版社 2003 年版，第 245 页。

③ 参见杨德才主编：《新制度经济学》（第 2 版），中国人民大学出版社 2015 年版，第 246 页。

④ 参见［美］道格拉斯·C. 诺思：《制度、制度变迁与经济绩效》，杭行译，上海人民出版社 2008 年版，第 147～154 页。

方法基础,以经济学的"效率"作为核心衡量标准,以"成本—收益"及最大化方法作为基本分析工具来进行法律研究。①

法经济学理论有如下几个特点:

一是理性行为假设。人是理性最大化者,作为理性行为的个人是其自身行为的最佳判断者,法律规则下的个人行为也遵循成本收益的核算。

二是斯密定理。自愿交换对个人是互利的,允许自愿交换,那么资源总是趋于最有价值的用途,它们得到了有效的利用。

三是交易费用理论。当交易费用为零时,法律不影响资源配置的效率,而当交易费用为正时,法律就不应是中立的,它应该起到效率作用,能使交易成本最小化的法律就是最适当的法律。

四是波斯纳定理。如果市场交易成本过高抑制交易,那么权利应赋予那些最珍视它们的人,法律应当通过清晰界定权利而降低交易成本。②

五是效率即正义。对法律制定及实施的评价以效率为标准,正义带有很强的主观性,难以去客观衡量,主张用"效率"取代"正义",效率最大化即体现正义。同时在效率标准上,主张用"卡尔多—希克斯效率"取代"帕累托效率",即在社会资源配置过程中,如果增加的利益足以补偿损失,那么这种资源配置就是有效率的。③

---

① 参见史晋川:《法律经济学评述》,载《经济社会体制比较》2003 年第 2 期。

② 参见[美]理查德·波斯纳:《法律的经济分析》(第 7 版),蒋兆康译,法律出版社 2012 年版,第 51 ~ 52 页。

③ 参见[美]理查德·波斯纳:《法律的经济分析》(第 7 版),蒋兆康译,法律出版社 2012 年版,第 17 页。

第三章　中国农村宅基地制度的历史变迁及其分析

第一节　中国农村宅基地制度的历史变迁

我国古代并无宅基地这个概念，一般称为宅地。孟子说，“有恒产者有恒心”，说明古代还是很重视拥有财产对激发个人奋斗、促进社会经济发展的重要作用。

一、原始社会宅地制度

从中国猿人开始到公元前21世纪夏朝建立为止，中国处于原始社会时期，原始社会是人类最初的社会形态，由于生产力水平低下，人们只能联合起来共同劳作，才能维持生存。共同劳作决定了生产资料的共同占有和产品的平均分配，土地作为人们赖以生存的条件，只能实行土地公有制。但是马克思在研究农村公社土地的性质时，认为农村公社的土地兼具公私两重性，“在农业公社中，房屋及其附属物——园地，是农民私有的，……耕地是不准转卖的公共财产，定期在农业公社社员之间进行重分，……农业公社这种两重性也可能逐渐成为公社解体的萌芽。……土地私有制已经通过房屋及农作园地的私有渗入公社内部，这就可能变为从那里准备对公社土地进攻的堡垒”。[①] 我国也有学者指出，农村公社有三种土地所有关系：一是农村公社公有地，包括荒山野林和部分较差的可耕地；二是“考公”地，集体开垦耕种的村社土地，属于公成员集体所有；三是个体家庭私有地，包括住宅、园圃等，但不占主导地位。[②] 可见，即便是在原始社会实行土地公有制的情形下，供人们起居的宅地，其私的成分也相对浓厚。

二、奴隶社会宅地制度

从公元前 21 世纪起到公元前 771 年为止，为中国的奴隶社会时期，历经夏、商、西周三个朝代。先秦奴隶社会时期，在土地所有制度问题上仍有争议，但多数观点主张实行的是土地国有制。[③] “中国古代实行过井田式的土地公有制，大概是确有其事，先秦古代文献中记载此事者不止一处”。[④] 土地国有即王有，即奴隶主国家土地所有制，奴隶主是国家最高统治者，同时也是全国土地的最高所有者，所谓“普天之下，莫非王土；率土之滨，莫非王臣”即是这个意思。通过分封制，王将土地配授给臣属们，臣属们只有使用权，而无所有权。就宅地而言，在此时期，曾实行“五亩之宅”制度，《孟子 · 尽心章句上》上记载“五亩之宅，树墙下以桑，匹妇蚕之，则老者足以衣帛矣”，《荀子 · 大略篇》上记载“五亩宅，百亩田，务其业，而勿夺其时，所以富之也”。[⑤] 据此，学者认为，“宅地分配，见于周礼，而孟子、荀子亦间接得窥其略。至其授地面积，据孟、荀所传，则有五亩。窃谓周代授民田百亩之外，复授以宅地五亩，殆勿容疑。且此与授田异，许民永业，是其特征”。[⑥] 即与耕地相比，宅地

---

① 《马克思恩格斯全集》(第 19 卷)，人民出版社 1963 年版，第 449～450 页。

② 参见许鸿宝：《云南少数民族父系家庭公社的考察》，载《史学月刊》1964 年第 11 期；柴荣：《中国古代物权法研究——以土地关系为研究视角》，中国检察出版社 2007 年版，第 46 页。

③ 参见柴荣：《中国古代物权法研究——以土地关系为研究视角》，中国检察出版社 2007 年版，第 43 页。

④ 赵冈、陈钟毅：《中国土地制度史》，新星出版社 2006 年版，第 1 页。

⑤ 张群：《居有其屋——中国住房权历史研究》，社会科学文献出版社 2009 年版，第 41 页。

⑥ 黎世衡：《中国古代公产制度考》，世界书局 1922 年版，第 11 页。转引自张群：《居有其屋——中国住房权历史研究》，社会科学文献出版社 2009 年版，第 41 页。

可以长久使用，虽然土地总体上属于国有，但相较于耕地而言，宅地的使用人权利更大一些，已近似所有权。①

三、封建社会宅地制度

春秋战国时期，奴隶社会向封建社会过渡，土地私有制逐渐萌芽，到了秦孝公统治时期，实行商鞅变法，“废井田，开阡陌”，私有土地合法化，私人正式取得了政府认可的土地所有权。从此以后，私有土地就成为中国历史上最主要的土地所有权制度。虽然各朝代也有各种形式的公有土地，但是数量都远不及私有土地多。②

就宅地而言，战国秦汉时期，各国为了鼓励将士英勇作战，制定了按军功赏田制度。商鞅变法根据军功“明尊卑爵秩等级各以差次，名田宅臣妾衣服以家次”，“名田宅”实际上就是把该部分土地归于私人名下，而且受赏赐的将领往往要求这些田宅可以传与子孙。③

魏晋南北朝时期实行了均田法，土地国有化加强。隋唐时期，田宅实行“计口授田”，按人口多少分配，例如《魏书·食货志》记载，“诸民有新居者，三口给地一亩，以为居室；奴婢五口给一亩”。④《隋书·食货志》记载，普通百姓“园宅，率三口给一亩，奴婢则五口一亩”。《唐六典·尚书户部》也有类似规定，“凡天下百姓给园宅地者，良口三人以上给一亩，三口加一亩；贱口五人给一亩，五口加一亩”。⑤ 唐中叶以后，均田制度破产，全国又恢复了私有土地的主流制度，但仍有宅地分配制度，以保障人们的居住。

关于宅地的买卖，自秦汉开始即是公开而合法的，《史记》卷五三，

---

① 参见张群：《居有其屋——中国住房权历史研究》，社会科学文献出版社 2009 年版，第 41 页。

② 参见赵冈、陈钟毅：《中国土地制度史》，新星出版社 2006 年版，第 15 页。

③ 参见柴荣：《中国古代物权法研究——以土地关系为研究视角》，中国检察出版社 2007 年版，第 83 页；杨振红：《秦汉“名田宅制”说——从张家山汉简看战国秦汉的土地制度》，载《中国史研究》2003 年第 3 期。

④ 参见赵冈、陈钟毅：《中国土地制度史》，新星出版社 2006 年版，第 28 页。

⑤ 参见柴荣：《中国古代物权法研究——以土地关系为研究视角》，中国检察出版社 2007 年版，第 97 页；赵云旗：《论唐代均田制下的土地买卖》，载《社会科学战线》1998 年第 2 期。

《萧相国世家》记载,“相国强贱买民田宅”;卷一一七,《司马相如传》记载,“买田宅,为富人”;《汉书》卷五八,《卜式传》记载,“式入山牧十余年,羊致千余头,买田宅”。[①] 田宅遗赠,也是从秦汉开始就有记载,《史记·白起王翦列传》曾记载王翦向秦始皇要求“请田宅为子孙业”,《汉书·卜式传》说,“以田畜为事,有少弟壮,式脱身出,独取畜羊百余,田宅财物尽与弟”。[②] 隋唐时期,法律虽然禁止买卖土地,但园宅具有私人属性,无须返还国家,后代有权继承,[③]也可自由买卖。[④] 唐中期以后,由于宅地进入市场进行买卖,国家无力保障每个人均能占有一定数量的宅地,弱势群体不能依靠市场获得住宅,这样就催生了中国古代对弱势群体保护的住房保障制度的建立。[⑤] 在清代,出于保护旗人的考虑,曾实行住宅由清政府免费提供,按照官职高低分配的制度,住房在旗人之间可自由流动,但禁止租典给汉人,也禁止旗人到汉人居住区买房和居住。不过从康熙时期就开始出现和汉人的秘密交易,到乾隆时正式放开旗民交产禁令,市场化已是大势所趋。[⑥]

在古代中国,宗法观念影响至深,把变卖田宅及房屋之人视为“不肖子孙”“败家子”,为众人所不齿。但寻常百姓总有急需资金之时,于是宅地典制应运而生。宅地典制,即出典人既不转让宅地的所有权,又能获得急需的资金,典期届至时可回赎取回典物,这样就避免了为融通资金而变卖祖产的危险。唐初期出现了宅地典权的萌芽,宋明清时,宅

① 参见赵冈、陈钟毅:《中国土地制度史》,新星出版社 2006 年版,第 16 页。

② 参见赵冈、陈钟毅:《中国土地制度史》,新星出版社 2006 年版,第 16 ~ 17 页。

③ 参见柴荣:《中国古代物权法研究——以土地关系为研究视角》,中国检察出版社 2007 年版,第 96 ~ 97 页。

④ 参见赵云旗:《论唐代均田制下的土地买卖》,载《社会科学战线》1998 年第 2 期。

⑤ 参见张群:《居有其屋——中国住房权历史研究》,社会科学文献出版社 2009 年版,第 78 页。

⑥ 参见张群:《居有其屋——中国住房权历史研究》,社会科学文献出版社 2009 年版,第 65 页;刘小萌:《清前期北京旗人满文房契研究》,载《民族研究》2001 年第 4 期。

地典制逐渐成熟。[①]

在宅地买卖上，实行公示要件主义，比如要求订立书面文契，官府认可，缴纳税钱等。同时，官府对私人拥有的宅地保护也比较严格。[②]

四、中华人民共和国成立后宅基地制度[③]

(一)宅基地管理制度

1. 1949—1962年：宅基地管理制度萌芽阶段

中华人民共和国成立之初，我国在宅地管理方面还比较单一，当时也并无宅基地这个概念，但有对农民居住的房屋及其拥有的住地管理的法律及相关政策。

按照1950年中央人民政府委员会《土地改革法》的规定，[④]要把地主的土地及房屋等财产没收并免费分配给农民。当时，农民大多无建房需求，因此也无宅基地申请、规划等相关规定。1950年底，中央人民政府内务部公布《关于填发土地房产所有证的指示》，[⑤]第一次明确了土地证以户为单位填发，土地证必须记载该户全体成员，这种填发模式

---

① 比如北宋颁布的《宋刑统》对“典”的规定已相当全面，包括出典人资格、典权客体范围等；《大明律》第一次将典卖田宅纳入正式律文，确定了典卖的基本内容，同时对“典”和“卖”作了区分，《户律·田宅门》规定，“盖以田宅质人而取其财曰典，以田宅与人而取其财曰卖，典可赎也，而卖不可赎也”。参见柴荣：《中国古代物权法研究——以土地关系为研究视角》，中国检察出版社2007年版，第211～222页。

② 比如东汉时期，国家实行“田宅逾制”和“名田他县”制度。“田宅逾制”指违法占有田宅。“名田他县”，“名田”指占田，就是向官府登记户口，领受田宅；他县，指诸侯封地之外的县。因此，“名田他县”指诸侯逾越制度非法多占土地。凡是有“田宅逾制”和“名田他县”情形的，都在监察之列，严加处罚。《大明律》和《大清律例》也有关于“盗卖田宅”的规定，对于盗卖、侵占他人田宅的，也严加惩罚。参见柴荣：《中国古代物权法研究——以土地关系为研究视角》，中国检察出版社2007年版，第123～124页。

③ 参见刁其怀：《新中国成立后农村房屋与宅基地制度的历史变迁》，载《中国房地产》2012年第6期。

④ 1950年《土地改革法》规定，“没收地主的土地、……及其在农村中多余的房屋……公平合理地分配给无地少地及缺乏其他生活资料的贫苦农民所有”，“土地改革完成后，由人民政府发给土地所有证”。

⑤ 1950年《关于填发土地房产所有证的指示》规定，“土地证以户为单位填发，……但应将该户全体成员的姓名开列在土地证上，不能只记户主一人姓名，以表明此项土地房产，为该户成员(男女老幼)所共有”。

延续至今。同年底，华东军政委员会发布《土地房产所有证暂行办法》，[①]暂行办法规定在土地房产交易时，需要换发证书，并对土地共有情形下证书管理作出了规定。1952 年，最高人民法院给河北、山东两省人民法院的法(办)字第 3582 函强调了一户不能两地参加"土改"，不能在两地都得到土地房产，更不允许卖掉分得的一份后再到异地分得第二份"土改"果实，即使原家庭为中农成分，不进不出，也不允许分得双份。[②] 该复函强调一户只能分得一处"土改"果实，后来执行的"一户一宅"在此已初见端倪。1955 年，国务院《关于农村土地的转移及契税工作的通知》规定，[③]土地买卖虽不禁止，但国家对于农民的出卖和出典等行为会加以审查，查明原因，以防土地出卖后导致生产生活困难。同时，土地转移需缴纳契税。这些规定表明了国家基于对土地保障功能的认识，从而干预私人之间土地买卖及典当，体现了国家的一定公法管制。1956 年全国人大通过的《高级农业生产合作社示范章程》规定社员新建房屋需重新申请地基，但对取得程序并未规定。[④]

综上所述，该时期农村宅地管理的特点主要是：没收地主在农村的土地及多余房屋，并免费分配给农民；确立了土地房产登记发证制度，无论是分配所得还是继受取得的土地及房产都需要登记发证，初步建立不动产物权变动公示制度；确立了土地证以户为单位的填发制度等。总之，该阶段宅基地管理制度还不系统，处于萌芽阶段。

---

① 1950 年《土地房产所有证暂行办法》规定，"土地证颁发后，如有子、女结婚、分家、或买卖赠送等情事，而转移土地房产所有权时，均须向县(市)人民政府换领土地证"，"数户共有之土地房产，只共同发给土地证一份，但须载明共有业主之姓名，并共同议定土地证保管人，于备考栏内注明之"。

② 参见纪敏编著：《中国房地产政策法规与实践》，学苑出版社 1991 年版，第 9 页。

③ 1955 年国务院《关于农村土地的转移及契税工作的通知》规定，"对农村土地的买卖在法律上虽不禁止，但在实际工作中应防止农民不必要的出卖和出典土地。因此，今后农村土地买卖、典当及其他转移，均应首先报请乡人民委员会审核，……始得办理契税手续。上列各机关对于申请开具土地买卖、典当及其他移转介绍信的事项，必须查明其原因，分别处理：对于农民因生产、生活困难而出卖、出典土地者，应帮助他们解决困难，以免他们出卖、出典土地；……对于以出租土地进行剥削为目的而购买土地者，以及对于无正当职业、不事生产而出卖、出典土地维持生活者，则不应开给介绍信"。

④ 1956 年《高级农业生产合作社示范章程》规定，"社员新修建房屋需用的地基……，由合作社统筹解决，在必要的时候，合作社可以申请乡人民委员会协助解决"。

2. 1963—1985 年:宅基地管理制度逐步建立

这个时期比较重要的规定有:1962 年中共八届十中全会通过的《农村人民公社工作条例修正草案》(简称《人民公社六十条》),第一次使用了"宅基地"概念,而且宣布宅基地归生产队集体所有,社员仅有使用权,逐步加强了对宅基地的管理。各地对《人民公社六十条》的理解也不一致,为消除这些分歧,1963 年中共中央发布了《关于对社员宅基地问题作一些补充规定的通知》,①该通知明确了宅基地申请程序,即由本户申请,经社员大会讨论同意,要求建房需统一规划,同时提到了对耕地的保护,明确宅基地无偿取得,宅基地的福利性初步体现。可以说,这些规定初步奠定了我国现有的宅基地管理制度,后来颁布的很多宅基地管理方面的法规政策可能在某些方面与此有些许不同,但大多重申了这些内容,并予以了细化。20 世纪 80 年代初,随着农村人口的增加,农村经济的发展,农村建房行为越发普遍,农民建房侵占耕地的情形时有发生。为此,国家加强了建房规划和村镇规划的管理,1981 年国务院发布了《关于制止农村建房侵占耕地的紧急通知》,②1982 年国家建委、国家农委发布的《关于印发村镇规划原则的通知》是第一次系统涉及村镇规划的文件,说明了国家对村镇规划的重视。③ 1982 年国务院颁布的《村镇建房用地管理条例》是我国第一次以行政法规的形式系统规定了村镇建房的用地管理,规定了宅基地面积标准控制,明确了宅基地使用权的取得需要经过政府的审批程序,而非以前的经社员大会讨论同意即可,集镇内非农业户也可通过申请、审批程序取得宅基地

---

① 1963 年《关于对社员宅基地问题作一些补充规定的通知》指出,"社员需建新房又没有宅基地时,由本户申请,经社员大会讨论同意,由生产队统一规划,帮助解决,但尽可能利用一些闲散地,不占用耕地。必须占用耕地时,应根据'六十条'规定,报县人民委员会批准,社员新建住宅占地无论是否耕地一律不收地价","社员不能借口修建房屋,随便扩大墙院,扩大宅基地来侵占集体耕地,已经扩大侵占的必须退出"。

② 1981 年国务院《关于制止农村建房侵占耕地的紧急通知》规定,"农村建房用地,必须统一规划,合理布局,节约用地。……确实需要动用耕地建房时,要经过批准"。

③ 1982 年《关于印发村镇规划原则的通知》规定,"村镇建设规划,是在总体规划的指导下,……安排各项建设用地","住宅建筑用地必须选择在自然环境良好,……符合居住卫生和防火要求的地段","住宅建筑的布置应当紧凑合理,节约用地"。

使用权，还明确了建新拆旧腾出的宅基地应由生产队收回统一安排使用，这实际上也暗含了“一户一宅”的思想。[①] 1985 年城乡建设环境保护部颁布的《村镇建设管理暂行规定》是我国第一次系统规范村镇建房行为的部门规章，该规定规范了农民住宅的改建和扩建行为，明确了村镇居民自建二层及以上楼房的，须有设计图纸。[②]

这个时期农村宅基地管理的特点主要是：随着农民建房行为的日益增加，国家对宅基地的管理和村镇建设规划逐步加强，加大了耕地保护力度，明确了宅基地无偿取得、面积受限、需政府审批等规定，规定农村居民和集镇内非农业户都可取得宅基地使用权，腾出的宅基地应统筹安排使用等内容，同时加强了村镇居民建房行为的控制，宅基地管理体制逐步建立。

3. 1986—1997 年：宅基地归口统一管理，宅基地管理逐渐步入正轨

该阶段重要规定有：1986 年国务院《关于加强土地管理、制止乱占耕地的通知》决定成立国家土地管理局，进行全国土地统一管理。[③] 从此，全国土地管理加强，宅基地归口统一由国土部门管理。1986 年全国人大常委会通过的《土地管理法》是中华人民共和国成立后第一部系统规定土地管理的法律。[④] 1987 年国家计委等部门颁发的《建设用地计划管理暂行办法》明显加强了对农村个人建房用地计划指标管理。[⑤]

---

① 1982 年《村镇建房用地管理条例》规定，“村镇建房必须统一规划，不得占用耕地”，“社员建房用地规定宅基地面积标准”，“集镇内非农业户建房用地的面积标准，由县级人民政府……作出规定”，“农村社员，回乡落户的离休、退休、退职职工和军人，回乡定居的华侨，建房需要宅基地的，……批准后，由批准机关发给宅基地使用证明”，“社员迁居并拆除房屋后腾出的宅基地，由生产队收回，统一安排使用”。

② 1985 年《村镇建设管理暂行规定》规定，“村镇居民使用宅基地……，严格审批制度”，“村镇居民新建、改建、扩建住宅，必须履行申请审批手续，……建设主管部门核发准建证件，领证后方可进行建设”，“村镇居民自建二层或二层以上楼房，必须有设计图纸……”。

③ 1986 年《关于加强土地管理、制止乱占耕地的通知》规定，“为了加强对全国土地的统一管理，决定成立国家土地管理局，作为国务院的直属机构。国家土地管理局负责全国土地、城乡地政的统一管理工作”。

④ 1986 年《土地管理法》规定，“农村居民建住宅，使用耕地的，经乡级人民政府审核后，报县级人民政府批准，使用原有的宅基地、村内空闲地和其他土地的，由乡级人民政府批准”，“农村居民建住宅使用土地，不得超过省、自治区、直辖市规定的标准”。

⑤ 1987 年《建设用地计划管理暂行办法》规定，“农村个人建房用地的计划指标，由县人民政府土地管理部门统一掌握。县土地管理部门可根据用地定额，将农村个人建房用地指标换算为农村个人建房的户数指标，分解下达到乡、村”。

1990 年,国家进行了农村宅基地有偿使用的试点,并确立了收费标准。[①] 不过仅适用了很短时间,1993 年,国家为减轻农民负担,取消了农村宅基地的有偿使用,只需交纳相应的工本费即可。[②] 1991 年国务院颁布了《土地管理法实施条例》,规定城镇非农业户口居民和回原籍乡村落户的职工、退伍军人和离、退休干部,以及回家乡定居的华侨、港澳台胞等也可通过一定程序取得农村的宅基地使用权。[③] 1993 年国务院颁布了《村庄和集镇规划建设管理条例》,明确要求村庄和集镇规划应与本地经济发展水平相适应,对建房以及需占用耕地建房的程序作了详细规定,特别提到了二层及以上的住宅,必须由取得相应的设计资质书的单位进行设计。[④] 1995 年原国家土地管理局制定了《确定土地所有权和使用权的若干规定》,该规定以 1982 年的《村镇建房用地管理条例》为分界,针对不同时期村民建房多占宅基地的处理做了规定,对闲置宅基地的处理也做了规定。[⑤]

这个时期农村宅基地管理的特点主要是:为了加强土地管理,国家专门成立了土地管理局,宅基地也归口由国土部门统一管理,宅基地的

---

① 1990 年国务院批转国家土地管理局《关于加强农村宅基地管理工作请示的通知》提出,"进行农村宅基地有偿使用试点,……要照顾群众的经济承受能力,少用少交费,多用多交费;超标准用地的,应规定较高的收费标准;对级差收益较高地段,收费标准要适当提高"。

② 1993 年中共中央办公厅、国务院办公厅《关于涉及农民负担项目审核处理意见的通知》规定,取消农村宅基地有偿使用费、农村宅基地超占费和土地登记费在农村收取的部分等,农村村民申请宅基地使用权不需要交纳费用,只需交纳相应的工本费即可。

③ 1991 年《土地管理法实施条例》规定,"城镇非农业户口居民建住宅需要使用集体所有的土地的,应当经其所在单位或者居民委员会同意后,向……申请,……报县级人民政府批准","回原籍乡村落户的职工,退伍军人和离、退休干部,以及回家乡定居的华侨,港澳台胞,需要使用集体所有的土地建住宅的,依照规定办理"。

④ 1993 年《村庄和集镇规划建设管理条例》规定,"村庄建设规划的主要内容,可以根据本地区经济发展水平……作出具体安排","农村村民建住宅需要使用耕地的,经乡级人民政府审核、县级人民政府建设行政主管部门审查同意并出具选址意见书后,……经县级人民政府批准后,由县级人民政府土地管理部门划拨土地","二层及以上的住宅,必须由取得相应的设计资质书单位进行设计","农村居民未经批准或者违反规划的规定建住宅的,乡级人民政府可依照前款规定处罚"。

⑤ 1995 年《确定土地所有权和使用权的若干规定》规定,"空闲或房屋坍塌、拆除两年以上未恢复使用的宅基地,不确定土地使用权,已经确定使用权的,由集体报经县级人民政府批准,注销其土地登记,土地由集体收回"。

管理措施也越发细化。例如,规定了宅基地面积超过政府规定标准以及宅基地闲置一定期限后的处理措施,短期进行了农村宅基地有偿使用试点,对村庄规划进一步加强,还规定了村民违规修住宅的将会受到处罚。

4. 1997—2019 年:加强宅基地管理,宅基地改革及确权工作全面铺开

这一阶段的重要规定有:1997 年国务院《关于进一步加强土地管理切实保护耕地的通知》首次提出了建设公寓式楼房集中居住模式,并明确了“一户一宅”制度。[①] 1998 年全国人大常委会通过的《土地管理法》删除了之前有关城镇非农业户口居民可在农村建房的规定,从此城镇居民不得再申请在集体土地上建造住宅。[②] 1999 年后,国家逐步加强了农民居住的集中,[③]2004 年国务院颁布《关于深化改革严格土地管理的决定》,[④]首次提出了通过农村建设用地整理方式,使农村建设用地减少与城镇建设用地增加相挂钩的模式,此种模式促使各地政府对宅基地整理产生了浓厚的兴趣。为贯彻落实国务院颁布的该文件内容,同年,国土资源部出台了《关于加强农村宅基地管理

---

① 1997 年中共中央、国务院《关于进一步加强土地管理切实保护耕地的通知》规定,“有条件的地方,提倡相对集中建设公寓式楼房。农村居民每户只能有一处不超过标准的宅基地,多出的宅基地,要依法收归集体所有”。

② 1998 年《土地管理法》规定,“任何单位和个人进行建设,需要使用土地的,必须依法申请使用国有土地;但是,兴办乡镇企业和村民建设住宅经依法批准使用本集体经济组织农民集体所有的土地的,或者乡(镇)村公共设施和公益事业建设经依法批准使用农民集体所有的土地的除外”。

③ 1999 年国务院办公厅《关于加强土地转让管理严禁炒卖土地的通知》规定,“农村居民点……逐步向中心村和小城镇集中”。2000 年中共中央、国务院《关于促进小城镇健康发展的若干意见》规定,“要严格限制分散建房的宅基地审批,鼓励农民进镇购房或按规划集中建房”。

④ 2004 年国务院《关于深化改革严格土地管理的决定》规定,“鼓励农村建设用地整理,城镇建设用地增加要与农村建设用地减少相挂钩。禁止擅自通过‘村改居’等方式将农民集体所有土地转为国有土地。……在符合规划的前提下,村庄、集镇、建制镇中的农民集体所有建设用地使用权可以依法流转”。

的意见》,[①]这是我国目前最系统最完整的专门规定宅基地管理的文件,涉及村镇规划、宅基地审批制度、宅基地整理等各方面内容。2007年《城乡规划法》的通过,结束了我国城乡规划分治局面的结束,标志着我国城乡一体规划的开始。针对在集体土地上违规开发房地产、集体建设用地非法流转等违法现象。同年,国务院办公厅发布了《关于严格执行有关农村集体建设用地法律和政策的通知》,[②]制止各种违法违规利用集体土地行为,加大农民集体土地权益保护。2008年,针对我国人多地少、耕地紧缺等现状,国务院出台了《关于促进节约集约用地的通知》,[③]推进农村集体建设用地节约集约利用,该通知首次提出了宅基地退出补偿机制。2010年,针对一些地方在开展城乡建设用地挂钩方面的不合法行为,国务院发布《关于严格规范城乡建设用地增减挂钩试点切实做好农村土地整治工作的通知》,[④]加强了城乡建设用地增减挂钩试点工作的规范,严禁盲目大拆大建和强迫农民上楼,严禁以各种方式侵害农民的土地权益。2010年以来,党中央国务院高度重视宅基地确权颁证工作,发布的多个中央一号文件都提出要加

---

① 2004年国土资源部《关于加强农村宅基地管理的意见》规定,"在宅基地审批过程中,乡(镇)国土资源管理所要做到'三到场'。即:受理宅基地申请后,要到实地审查申请人是否符合条件、拟用地是否符合规划等;宅基地经依法批准后,要到实地丈量批放宅基地;村民住宅建成后,要到实地检查是否按照批准的面积和要求使用土地。各地一律不得在宅基地审批中向农民收取新增建设用地土地有偿使用费","加强农村宅基地登记发证工作","积极推进农村建设用地整理","加大盘活存量建设用地力度。……开展'空心村'和闲置宅基地、空置住宅、一户多宅的调查清理工作。……对一户多宅和空置住宅,各地要制定激励措施,鼓励农民腾退多余宅基地"。

② 2007年国务院《关于严格执行有关农村集体建设用地法律和政策的通知》规定,"城镇居民不得到农村购买宅基地、农民住宅或'小产权房'。单位和个人不得非法租用、占用农民集体所有土地搞房地产开发","严禁……通过'村改居'等方式,非法将农民集体所有土地转为国有土地",集体所有建设用地使用权不得用于商品住宅开发,"不得以试点为名违背农民意愿大拆大建、强制搬迁,侵害农民权益"。

③ 2008年国务院《关于促进节约集约用地的通知》规定,"鼓励提高农村建设用地的利用效率","依法盘活利用农村集体建设用地。按规划稳妥开展农村集体建设用地整理","对村民自愿腾退宅基地或符合宅基地申请条件购买空闲住宅的,当地政府可给予奖励或补助"。

④ 2010年国务院《关于严格规范城乡建设用地增减挂钩试点切实做好农村土地整治工作的通知》规定,"经批准将节约的指标少量调剂给城镇使用的,其土地增值收益必须及时全部返还农村","严禁突破挂钩周转指标设立挂钩项目区","严禁盲目大拆大建和强迫农民住高楼","确保所获土地增值收益及时全部返还农村,防止农村和农民利益受到侵害"。

快宅基地的确权颁证工作。[①] 2014 年,中共中央办公厅、国务院办公厅印发《关于农村土地征收、集体经营性建设用地入市、宅基地制度改革试点工作的意见》,部署开展农村宅基地制度改革试点,探索完善宅基地权益保障和取得方式、宅基地有偿使用、宅基地自愿有偿退出、宅基地审批管理改革等制度。[②]

这个时期农村宅基地管理的特点主要是:宅基地管理制度进一步加强,从这段时间颁布的文件及政策的标题用语上就能反映出来。废止了有关城镇非农业户口居民可以使用集体土地建造住宅的规定,"一户一宅"以文件或法律的形式明确下来,鼓励和引导农民集中居住。农村建设用地减少与城镇建设用地增加相挂钩,宅基地使用权作为用地指标得以流转。规范农村宅基地申请报批程序,明确了申请宅基地需在本集体经济组织或村民小组张榜公布程序。在宅基地审批过程中,要求土地管理部门"三到场",加强农村宅基地登记发证工作。加大农村建设用地整理,加大盘活存量建设用地力度,开展"空心村"和闲置宅基地、空置住宅的整理,鼓励农民腾退多余宅基地。加大对农民宅基地

① 2010 年中央一号文件规定"加快农村集体土地所有权、宅基地使用权、集体建设用地使用权等确权登记颁证工作,工作经费纳入财政预算";2012 年中央一号文件提出"2012 年基本完成覆盖农村集体各类土地的所有权确权登记颁证,推进包括农户宅基地在内的农村集体建设用地使用权确权登记颁证工作";2014 年中央一号文件提出"加快包括农村宅基地在内的农村地籍调查和农村集体建设用地使用权确权登记颁证工作";2016 年中央一号文件提出"加快推进房地一体的农村集体建设用地和宅基地使用权确权登记颁证,所需工作经费纳入地方财政预算";2017 年中央一号文件提出"全面加快'房地一体'的农村宅基地和集体建设用地确权登记颁证工作";2018 年中央一号文件提出"扎实推进房地一体的农村集体建设用地和宅基地使用权确权登记颁证";2019 年中央一号文件提出"加快推进宅基地使用权确权登记颁证工作,力争 2020 年基本完成"。

② 2015 年 2 月 27 日,第十二届全国人民代表大会常务委员会第十三次会议通过了《全国人民代表大会常务委员会关于授权国务院在北京市大兴区等三十三个试点县(市、区)行政区域暂时调整实施有关法律规定的决定》,授权国务院在北京市大兴区等 33 个试点县(市、区)暂停实施《土地管理法》《城市房地产管理法》中的 6 个条款(《土地管理法》第 43 条第 1 款;第 44 条第 3 款、第 4 款;第 47 条第 1 款至第 4 款、第 6 款;第 62 条第 3 款;第 63 条;《城市房地产管理法》第 9 条),按照重大改革于法有据的原则推进农村土地征收、集体经营性建设用地入市、宅基地制度改革试点,授权期限截至 2017 年 12 月 31 日。为更好地显化农村土地制度改革三项试点工作的整体性、系统性、协同性和综合效益,与《土地管理法》修改工作做好衔接,2017 年 11 月 4 日,第十二届全国人大常委会第三十次会议决定,授权在试点地区暂时调整实施有关法律规定的期限延长至 2018 年 12 月 31 日。

权益的保护力度，全面铺开宅基地确权颁证工作，在全国选择地区试点宅基地制度改革，探索宅基地权益保障和取得方式、宅基地有偿使用、宅基地自愿有偿退出、宅基地审批管理等制度。

5. 2019 年至今：宅基地规范管理新阶段

这一阶段的重要规定有：2020 年 1 月 1 日正式施行的新修订的《土地管理法》，新《土地管理法》在原“一户一宅”的基础上明确规定了“户有所居”，更加强调对农民居住权的保障，对农民占地建房有了更加严格的要求；明确规定农民建房不得占用永久性基本农田，利用宅基地建房不仅要符合土地利用总体规划，而且要符合村庄规划，这样有利于宅基地的适度集中，防止农村分散任意建房的发生；明确将宅基地审批权限下放至乡（镇）人民政府，这样有利于宅基地审批“放管服”改革，提高宅基地审批效率。同时，新《土地管理法》还规定，宅基地管理、监督及执法由原国土部门移交给农业农村部门负责。① 2021 年 9 月 1 日起施行的新修订的《土地管理法实施条例》，相较原《土地管理法实施条例》，新条例在宅基地规划管理、宅基地申请程序及宅基地权益保护等方面都有所突破。比如，强调规划在农民建房中的引领作用，有利于节约集约用地，改善农村人居环境；强调宅基地申请过程的公开性，农村是一个熟人社会，此举有利于保障宅基地取得结果的公正性；强调对农民宅基地权益的保护，侵犯农民合法宅基地权益的要承担相应的法律

---

① 新《土地管理法》第 62 条规定，“农村村民一户只能拥有一处宅基地，其宅基地的面积不得超过省、自治区、直辖市规定的标准。人均土地少、不能保障一户拥有一处宅基地的地区，县级人民政府在充分尊重农村村民意愿的基础上，可以采取措施，按照省、自治区、直辖市规定的标准保障农村村民实现户有所居。农村村民建住宅，应当符合乡（镇）土地利用总体规划、村庄规划，不得占用永久基本农田，并尽量使用原有的宅基地和村内空闲地。编制乡（镇）土地利用总体规划、村庄规划应当统筹并合理安排宅基地用地，改善农村村民居住环境和条件。农村村民住宅用地，由乡（镇）人民政府审核批准；其中，涉及占用农用地的，依照本法第四十四条的规定办理审批手续。农村村民出卖、出租、赠与住宅后，再申请宅基地的，不予批准。国家允许进城落户的农村村民依法自愿有偿退出宅基地，鼓励农村集体经济组织及其成员盘活利用闲置宅基地和闲置住宅。国务院农业农村主管部门负责全国农村宅基地改革和管理有关工作”；第 67 条规定，“县级以上人民政府自然资源主管部门对违反土地管理法律、法规的行为进行监督检查。县级以上人民政府农业农村主管部门对违反农村宅基地管理法律、法规的行为进行监督检查的，适用本法关于自然资源主管部门监督检查的规定。土地管理监督检查人员应当熟悉土地管理法律、法规，忠于职守、秉公执法”。

责任。[①]

这个时期农村宅基地管理的特点主要是：突出宅基地分配“一户一宅”和“户有所居”，强调农民居住权保障，强调宅基地建房布局的规划引领，明确宅基地审核批准权限下放至乡（镇）人民政府，规定宅基地可以自愿有偿退出，鼓励盘活农村闲置宅基地及闲置住宅，由农业农村管理部门负责农村宅基地改革管理工作。我国农村宅基地步入规范管理新时期。

（二）宅基地产权制度

宅基地产权制度主要涉及宅基地所有权、宅基地使用权及宅基地产权流转等几个方面，由于相关的法律法规及政策文件往往把以上诸问题合在一起表述，因此，下面以不同的时间段来划分，就以上问题作一归纳。[②]

1. 1949—1962 年：宅地私有并可自由处分

中华人民共和国成立之初，中国共产党在农村开展了轰轰烈烈的土改运动，没收地主的土地和房屋，并无偿分配给广大农民，实行“耕者有其田、居者有其屋”。中华人民共和国成立后的 1949 年至 1962 年，农村宅基地属于农民的私有财产，农民拥有宅基地及地上房屋的所有权，并可自由处分。

这个时期比较重要的规定有：1949 年的《中国人民政治协商会议

---

① 新《土地管理法实施条例》第 33 条规定，“农村居民点布局和建设用地规模应当遵循节约集约、因地制宜的原则合理规划。县级以上地方人民政府应当按照国家规定安排建设用地指标，合理保障本行政区域农村村民宅基地需求。乡（镇）、县、市国土空间规划和村庄规划应当统筹考虑农村村民生产、生活需求，突出节约集约用地导向，科学划定宅基地范围”；第 34 条规定，“农村村民申请宅基地的，应当以户为单位向农村集体经济组织提出申请；没有设立农村集体经济组织的，应当向所在的村民小组或者村民委员会提出申请。宅基地申请依法经农村村民集体讨论通过并在本集体范围内公示后，报乡（镇）人民政府审核批准。涉及占用农用地的，应当依法办理农用地转用审批手续”；第 35 条规定，“国家允许进城落户的农村村民依法自愿有偿退出宅基地。乡（镇）人民政府和农村集体经济组织、村民委员会等应当将退出的宅基地优先用于保障该农村集体经济组织成员的宅基地需求”；第 36 条规定，“依法取得的宅基地和宅基地上的农村村民住宅及其附属设施受法律保护。禁止违背农村村民意愿强制流转宅基地，禁止违法收回农村村民依法取得的宅基地，禁止以退出宅基地作为农村村民进城落户的条件，禁止强迫农村村民搬迁退出宅基地”。

② 参见刁其怀：《宅基地产权制度之历史篇》，载《中国房地产》2010 年第 3 期。

共同纲领》、[①]1950 年中央人民政府委员会《土地改革法》、[②]1954 年《宪法》、[③]1955 年国务院《关于农村土地的转移及契税工作的通知》、[④]1956 年全国人大常委会《农业生产合作社示范章程》、[⑤]全国人大通过的《高级农业生产合作社示范章程》,[⑥]等等。

在漫长的封建社会,土地私有一直是中国农村社会的主流,地主阶级占有大量的土地,而农民仅占有少量的土地,土地私有下的自由买卖导致了土地兼并的出现,而正是土地兼并所导致的阶级矛盾引发了封建社会历朝历代的更迭。中华人民共和国成立后,通过土地改革运动废除了封建土地所有制,满足了广大农民拥有土地的愿望,实现了他们"耕者有其田、居者有其屋"的梦想。但是,土地改革后的结果只是广大农民拥有了土地的所有权,土地从地主私有转变成农民私有,农村私有制并未废除。为了避免历史上土地私有导致土地兼并现象的再次发生,中国共产党于 1949 年至 1956 年在农村实行了土地集体化道路,逐步推行互助组(私有制)、初级社(半公半私)、高级社(集体所有)。到 1956 年,我国基本完成了对农村生产资料私有制的社会主义改造,土地等主要的生产资料都归集体所有,具有社会主义特征的高级农业生产合作社普遍建立,但在此过程中,农村的宅基地和宅基地上的房屋并未

---

① 1949 年《中国人民政治协商会议共同纲领》规定,"中华人民共和国必须……有步骤地将封建半封建的土地所有制改变为农民的土地所有制……","凡已实行土地改革的地区,必须保护农民已得土地所有权"。

② 1950 年《土地改革法》规定,"废除地主阶级封建剥削的土地所有制,实行农民的土地所有制","土地改革完成后,由人民政府发给土地所有证,并承认一切土地所有者自由经营、买卖及出租其土地的权利"。

③ 1954 年《宪法》规定,"国家依照法律保护农民的土地所有权","国家保护公民的房屋所有权"。

④ 1955 年国务院《关于农村土地的转移及契税工作的通知》规定,"对农村土地的买卖在法律上虽不禁止,但在实际工作中应防止农民不必要出卖和出典土地……"。

⑤ 1956 年《农业生产合作社示范章程》规定,"初级阶段的合作社属于半社会主义的性质。在这个阶段,合作社已经有一部分公有的生产资料;对于社员交来统一使用的土地和别的生产资料,在一定的期间还保留社员的所有权,并且给社员以适当的报酬"。

⑥ 1956 年《高级农业生产合作社示范章程》规定,入社的农民必须把私有的土地和耕地、大型农具等主要生产资料转为合作社集体所有,社员的土地转为合作社集体所有,取消土地报酬,社员原有的坟地、房屋地基不入社,社员新修房屋需用的地基不必入社。

入社,仍是农民的私产。

2. 1962—1998 年:地归集体所有和房屋可买卖

1962—1998 年,宅基地由原来的农民所有转变成集体所有,相应地农民对宅基地的所有权转变为使用权,农民不得出卖和出租宅基地,但可以出卖和出租宅基地上的房屋,农民拥有房屋的所有权,但只享有宅基地的使用权,此模式延续至今。

该阶段比较重要的规定有:1962 年《人民公社六十条》,①根据该规定,农民对宅基地由原来的所有权转变为使用权,宅基地归生产队集体所有,农民只有使用权。1963 年《关于对社员宅基地问题作一些补充规定的通知》,②该通知首次使用了"宅基地使用权"概念,同时还规定了"地随房走"的原则。从此,农村宅基地所有权明文转变为宅基地使用权。1978 年中央委员会的《农村人民公社工作条例(试行草案)》,③1981 年国务院《关于制止农村建房侵占耕地的紧急通知》,④1982 年《全国农村工作会议纪要》,⑤1982 年《宪法》以宪法的形式确认宅基地归集体所有,⑥1982 年国务院《村镇建房用地管理

① 1962 年《农村人民公社工作条例修正草案》(简称《人民公社六十条》)规定,"生产队范围内的土地,都归生产队所有。生产队所有的土地,包括社员的自留地、自留山、宅基地等等,一律不准出租和买卖","要保障社员个人所有的一切生产资料,包括房屋……等,永远归社员所有,任何人不得侵犯","社员的房屋,永远归社员所有","社员有买卖或者租赁房屋的权利"。

② 1963 年《关于对社员宅基地问题作一些补充规定的通知》指出,"社员的宅基地归生产队集体所有,一律不准出租和买卖。但仍归各户长期使用,长期不变,生产队应保护社员的使用权,不能想收就收,想调剂就调剂","宅基地上的附着物,如房屋……等永远归社员所有,社员有买卖房屋或租赁房屋的权利,房屋出卖以后,宅基地的使用权即随之转移给新主,但宅基地的所有权仍归生产队所有"。

③ 1978 年《农村人民公社工作条例》(试行草案)规定,"农村土地包括宅基地一律不准出租和买卖","社员合法所有的房屋……等生活资料和生产资料,以及……存款,永远归社员所有,任何人不得侵犯"。

④ 1981 年国务院《关于制止农村建房侵占耕地的紧急通知》规定,农村社队的土地都归集体所有,分配给社员的宅基地,社员只有使用权,不准出租、买卖和擅自转让。

⑤ 1982 年《全国农村工作会议纪要》指出,"集体划分给社员长期使用的宅基地,所有权仍属集体"。

⑥ 1982 年《宪法》规定,"宅基地和自留地、自留山,也属集体所有"。

条例》，[①]1986 年《土地管理法》，[②]1989 年国家土地管理局《关于确定土地权属问题的若干意见》，[③]1992 年最高人民法院《关于范怀与郭明华房屋买卖是否有效问题的复函》，[④]1995 年《担保法》禁止宅基地土地使用权抵押，但并未禁止宅基地上的房屋抵押，[⑤]1998 年的《土地管理法》规定农村村民出卖和出租住房后，不得再申请宅基地，也并未禁止城镇居民可在农村购房，[⑥]1998 年国务院通过的《土地管理法实施条例》也并未禁止宅基地使用权转移，但规定当地上建筑物构筑物转移的，须依法变更土地使用权。[⑦]

3. 1999—2018 年：地归集体所有和房屋买卖受到限制

1999—2018 年，宅基地的所有权主体仍是农民集体，农村宅基地具有身份属性，只有本集体经济组织成员才能使用，实行"一户一宅"、面积受限制度，农房处分也受到政策、法规及规范性文件的限制，禁止城

---

① 1982 年《村镇建房用地管理条例》规定，"社员对宅基地……，只有按照规定用途使用的使用权，没有所有权"，"由于买卖房屋而转移宅基地使用权的，应按第十四条的规定办理申请、审查、批准手续"，"出卖、出租房屋的，不得再申请宅基地"。1984 年最高人民法院《关于贯彻执行民事政策法律若干问题的意见》规定，"村镇公民之间由于买卖房屋转移宅基地使用权而发生的纠纷，应根据国务院《村镇建房用地管理条例》中规定的审查、批准手续处理"，"公民在城镇依法买卖房屋时，该房屋宅基地的使用权应随房屋所有权一起转归新房主使用"。

② 1986 年《土地管理法》规定，"农村居民……出卖、出租住房后再申请宅基地的，不予批准"。

③ 1989 年原国家土地管理局《关于确定土地权属问题的若干意见》规定，"农民集体经济组织将原集体土地上的建筑物出售给全民所有制单位、城市集体所有制单位或城镇非农业户口居民，其用地属于国家所有。城镇及市郊农民集体土地上的房屋出售给体集体以外的农民集体或个人，其所售房屋占用的土地属于国家所有"。这些规定表明，城镇居民可购买农村房屋，只是在取得房屋所有权时，房屋所占的土地使用权转为国家所有。

④ 1992 年最高人民法院《关于范怀与郭明华房屋买卖是否有效问题的复函》规定，"房屋买卖系要式法律行为。农村的房屋买卖也应具备双方订有书面契约、中人证明、按约定交付房款以及管理房屋的要件，要求办理契税或过户手续的地方，还应依办理该项手续后，方能认定买卖有效"。该复函并未禁止城镇居民购买农村房屋。

⑤ 1995 年《担保法》规定"宅基地土地使用权不得抵押"，2007 年《物权法》重申了此规定。

⑥ 1998 年《土地管理法》规定，"……农村村民出卖、出租住房后，再申请宅基地的，不予批准"，"农民集体所有的土地的使用权不得出让、转让或者出租用于非农业建设"。

⑦ 1998 年《土地管理法实施条例》规定，"依法改变土地所有权、使用权的，因依法转让地上建筑物、构筑物等附着物导致土地使用权转移的，必须向土地所在地的县级以上人民政府土地行政主管部门提出土地变更登记申请，由原土地登记机关依法进行土地所有权、使用权变更登记。土地所有权、使用权的变更，自变更登记之日起生效"。

镇居民到农村购买宅基地和住宅，但农房所有权及宅基地使用权抵押试点工作在一些地方铺开。

该阶段重要规定有：1999 年国务院办公厅《关于加强土地转让管理严禁炒卖土地的通知》首次提及禁止城市居民在农村购买住宅，[①] 2004 年国务院《关于深化改革严格土地管理的决定》，[②]2004 年原国土资源部《关于加强农村宅基地管理的意见》；[③]2007 年国务院办公厅《关于严格执行有关农村集体建设用地法律和政策的通知》，首次提及“小产权房”，并将此概念与“农民住宅”概念并列，表明两者有所区别，[④] 2008 年中共中央、国务院《关于切实加强农业基础建设进一步促进农业发展农民增收的若干意见》，[⑤]2008 年住房与城乡建设部发布《房屋登记办法》，[⑥]2008 年原国土资源部《关于进一步加快宅基地使用权登记发证工作的通知》。[⑦] 2013 年中共中央《关于全面深化改革若干重大问题的决定》，[⑧]2015 年国务院《关于开展农村承包土地的经营权和农

---

① 1999 年国务院办公厅《关于加强土地转让管理严禁炒卖土地的通知》规定，“农民的住宅不得向城市居民出售，也不得批准城市居民占用农民集体土地建住宅，有关部门不得为违法建造和购买的住宅发放土地使用证和房产证”。

② 2004 年《关于深化改革严格土地管理的决定》规定，“禁止农村集体经济组织非法出让、出租集体土地用于非农业建设”，“禁止城镇居民在农村购置宅基地”。

③ 2004 年原国土资源部《关于加强农村宅基地管理的意见》规定，“严禁城镇居民在农村购置宅基地，严禁为城镇居民在农村购买和违法建造的住宅发放土地使用证”。

④ 2007 年国务院办公厅《关于严格执行有关农村集体建设用地法律和政策的通知》规定，“城镇居民不得到农村购买宅基地、农民住宅或‘小产权房’。单位和个人不得非法租用、占用农民集体所有土地搞房地产开发”。

⑤ 2008 年中共中央、国务院《关于切实加强农业基础建设进一步促进农业发展农民增收的若干意见》重申，“城镇居民不得到农村购买宅基地、农民住宅或‘小产权房’”。

⑥ 2008 年《房屋登记办法》规定，“申请农村村民住房所有权转移登记，受让人不属于房屋所在地农村集体经济组织成员的，除法律、法规另有规定外，房屋登记机构应当不予办理”。

⑦ 2008 年原国土资源部《关于进一步加快宅基地使用权登记发证工作的通知》规定，“严格执行城镇居民不能在农村购买和违法建造住宅的规定。对城镇居民在农村购买和违法建造住宅申请宅基地使用权登记的，不予受理”。

⑧ 2013 年中共中央《关于全面深化改革若干重大问题的决定》规定，“保障农户宅基地用益物权，改革完善农村宅基地制度，选择若干试点，慎重稳妥推进农民住房财产权抵押、担保、转让，探索农民增加财产性收入渠道”。

民住房财产权抵押贷款试点的指导意见》,[①]2016 年中国人民银行、中国银监会、中国保监会、财政部、国土资源部、住房和城乡建设部联合印发《农民住房财产权抵押贷款试点暂行办法》,[②]农民住房抵押试点工作进行。

4. 2018 年至今:宅基地"三权分置",适度放活宅基地和农民房屋使用权

2018 年,中央一号文件正式提出宅基地"三权分置"方案,探索宅基地所有权、资格权、使用权"三权分置",落实宅基地集体所有权,保障宅基地农户资格权和农民房屋财产权,适度放活宅基地和农民房屋使用权。从此,中国农村宅基地产权制度从单一的宅基地所有权到宅基地所有权与宅基地使用权的"两权分置",再到宅基地所有权、资格权、使用权"三权分置",宅基地"三权分置"的提出,标志着我国宅基地产权制度改革进入新阶段。

该阶段重要规定有:2018 年《关于实施乡村振兴战略的意见》,[③]首次提出宅基地"三权分置";2020 年《关于抓好"三农"领域重点工作确

---

① 2015 年国务院《关于开展农村承包土地的经营权和农民住房财产权抵押贷款试点的指导意见》规定,"农民住房财产权(含宅基地使用权)抵押贷款的抵押物处置应与商品住房制定差别化规定。探索农民住房财产权抵押担保中宅基地权益的实现方式和途径,保障抵押权人合法权益。对农民住房财产权抵押贷款的抵押物处置,受让人原则上应限制在相关法律法规和国务院规定的范围内。……农民住房财产权设立抵押的,需将宅基地使用权与住房所有权一并抵押"。开展"两权"抵押贷款的试点,能盘活沉睡的土地资产,为农村土地制度改革提供经验,但试点必须突破原《物权法》和原《担保法》关于耕地、宅基地等集体所有的土地使用权不得抵押的相关法律条款。2015 年 12 月 27 日,全国人大常委会授权国务院在北京市大兴区等 232 个县(市、区)、天津市蓟县等 59 个县(市、区)分别暂时实施农村承包土地经营权和农民住房财产权抵押贷款试点工作。试点地区被授权可以突破原《物权法》和原《担保法》关于耕地、宅基地等集体所有的土地使用权不得抵押的相关法律条款,直到 2017 年 12 月 31 日,随后延长授权至 2018 年 12 月 31 日。

② 2016 年中国人民银行、中国银监会、中国保监会、财政部、国土资源部、住房和城乡建设部联合印发的《农民住房财产权抵押贷款试点暂行办法》第 2 条规定:"本办法所称农民住房财产权抵押贷款,是指在不改变宅基地所有权性质的前提下,以农民住房所有权及所占宅基地使用权作为抵押、由银行业金融机构(以下称贷款人)向符合条件的农民住房所有人(以下称借款人)发放的、在约定期限内还本付息的贷款。"

③ 2018 年《关于实施乡村振兴战略的意见》规定,"完善农民闲置宅基地和闲置农房政策,探索宅基地所有权、资格权、使用权'三权分置',落实宅基地集体所有权,保障宅基地农户资格权和农民房屋财产权,适度放活宅基地和农民房屋使用权,不得违规违法买卖宅基地,严格实行土地用途管制,严格禁止下乡利用农村宅基地建设别墅大院和私人会馆"。

保如期实现全面小康的意见》,[①]再次重申宅基地“三权分置”,并提出要进一步深化农村宅基地改革试点;2020年中央全面深化改革委员会《深化农村宅基地制度改革试点方案》,[②]启动了新一轮宅基地制度试点改革,提出探索宅基地“三权分置”的具体路径和办法,力争为社会主义新农村建设开拓出一条适合自己的发展道路;2021年《关于全面推进乡村振兴加快农业农村现代化的意见》。[③]

第二节 农村宅基地制度变迁的经济学分析[④]

一、宅基地制度变迁的一般经济学分析理论模型

根据前文所述制度变迁的经济学理论,宅基地制度的历史变迁可归因于客观条件发生变化导致外部利润的形成,而该外部利润在现有的宅基地制度安排下无法实现,人们为了获取这种外部利润,就会打破现有的宅基地制度安排,建立一种更有效的宅基地制度,从而将外部利润内在化,这样就产生了制度的非均衡,即当存在潜在利润且潜在利润大于制度变迁成本时,人们对现存制度安排的不满意,欲改变现有的制度安排的状态,而制度需求和制度供给正是制度非均衡的结果。制度均衡是暂时的,它会不断向非均衡转化,并通过新制度对旧制度的替代从而达到新的均衡,因而制度变迁就是制度均衡到制度非均衡,再到制

---

① 2020年《关于抓好“三农”领域重点工作确保如期实现全面小康的意见》规定,“以探索宅基地所有权、资格权、使用权‘三权分置’为重点,进一步深化农村宅基地制度改革试点”。

② 2020年中央全面深化改革委员会《深化农村宅基地制度改革试点方案》规定,“要积极探索落实宅基地集体所有权、保障宅基地农户资格权和农民房屋财产权、适度放活宅基地和农民房屋使用权的具体路径和办法,坚决守住土地公有制性质不改变、耕地红线不突破、农民利益不受损这三条底线,实现好、维护好、发展好农民权益”。

③ 2021年《关于全面推进乡村振兴加快农业农村现代化的意见》规定,“加强宅基地管理,稳慎推进农村宅基地制度改革试点,探索宅基地所有权、资格权、使用权分置有效实现形式”。

④ 参见钱忠好:《中国农村土地制度历史变迁的经济学分析》,载《江苏社会科学》2000年第3期。本节主要参考了钱忠好的《中国农村土地制度历史变迁的经济学分析》内容,在此致谢。

度均衡循环往复的一个动态过程。这里的客观条件和变化主要是指技术的进步,技术进步是制度变迁的重要因素,“由技术变革引起的经济关系的不均衡是导致制度变革的主要源泉”,①“技术变迁使产出在相当范围里发生了规模报酬递增,因此使得更复杂的组织形式的建立变得有利可图”。②

影响制度需求的因素主要是产品和要素相对价格的变化,价格的变化改变了人们之间的激励结构,也改变了人们讨价还价的能力,产品和要素相对价格的改变是制度变迁的源泉,而人的经济价值的提高是制度变迁的主要原因。影响制度供给的因素主要有制度设计成本、实施制度安排的预期成本、上层决策者的净利益等。制度需求是由制度的净收益决定的,和制度接受者的非均衡相联系,不论潜在的制度供给能否变成实际的制度供给满足制度需求。制度供给一般指的是制度决定者的供给,由制度决定者提供,它是在对制度变革的成本和效益进行比较分析的基础上决定的。

因技术进步所致社会生产力的提高是影响制度变迁的主要因素,在国家产生后,一国的政治因素和意识形态等也是制度变迁的重要原因。

二、中国农村宅基地制度历史变迁的经济学分析

(一)中华人民共和国成立前的宅地制度历史变迁的经济学分析

在原始社会早期,由于土地资源丰富,生产落后,人口稀少,界定排他性的土地产权毫无必要。随着生产的发展,技术的进步,人口数量的增加,土地资源的稀缺性成为必然,于是出现了不同部落之间对土地范围的划分、土地所有制萌芽以及原始土地公有制包括早期的部落土地

① [日]速水佑次郎、[美]弗农·拉坦:《农业发展的国际分析》(修订扩充版),郭熙保、张进铭等译,中国社会科学出版社2000年版,第113页。

② [美]L. E. 戴维斯、D. 诺斯:《制度创新的理论:描述、类推与说明》,载[美]R. 科斯、A. 阿尔钦、D. 诺斯等:《财产权利与制度变迁——产权学派与新制度学派译文集》,刘守英等译,上海人民出版社1994年版,第299页。

公有制和后期的村社土地所有制。在部落土地公有制阶段,技术发展缓慢,社会生产力仍然低下,人们仍只能通过共同劳作来维持生计,没有剩余产品的出现,相应地也没有个人或家庭私有制的萌芽。在此阶段,社会生产力的落后,土地的个人占有并不能带来外部利润,即便宣布为个人所有,由于个人力量的单薄,他也只能回到部落群体中来。同时,智力的低下以及技术的落后使得人们并无建房定居的意识以及达到建房的技术要求。部落成员只有通过群居生活,才能抵御外界的侵袭,因此,土地(包括宅地,从严格意义来讲,当时并无宅地这个概念,因为此时的宅地是经常移动的,部落成员起居并无固定场所)共有的制度安排满足了当时的需求,实现了制度的均衡。但技术进步打破了此种均衡,到了后期的村社土地所有制阶段,生产工具改进,社会生产力得以提高,个体或家庭结合逐渐演变为村社,人类的经济活动逐步由早期的狩猎捕捞转变为定居农业。定居农业使得个体劳动和集体劳动成为主要的生产方式,生产效率显著提高,使用先进技术的部落成员出现了经济剩余(外部利润),而原始社会早期的共有制使得这部分成员不能获得该外部利润,为获取此外部利润,就出现了对个人产品及土地排他性的制度需求,制度均衡被打破。随着社会文明的发展以及技术的进步,建房而居有了需求也有了可能,宅地排他性需求逐渐被提上议事日程。正如上文所述,马克思在研究农村公社土地的性质时,认为农村公社的土地兼具公私两重性,"在农业公社中,房屋及其附属物——园地,是农民私有的,……耕地是不准转卖的公共财产,……土地私有制已经通过房屋及农作园地的私有渗入公社内部,这就可能变为从那里准备对公社土地进攻的堡垒"。[①] 由此可见,在原始社会,因生产技术的进步所致社会生产力的提高,发生了早期的宅地共有到后期宅地私有的制度变迁。不过,对于马克思在此处所说的"私有"并非现代意义的上私有,因为当时并无宅地买卖情况出现,而能够对一物处分是拥有该物私的所有权的典型标志,故此处的"私有"更多是指在排他性的占有概念

---

① 《马克思恩格斯全集》(第19卷),人民出版社1963年版,第449~450页。

上使用的。

在原始社会后期，生产剩余和经济分化导致了私有制的出现，通过武力控制他人人身并强制其劳作显然能带来额外利益，实力决定产权，随着奴隶主土地所有制诞生，我国历史上第一个国家——夏朝建立，标志着我国正式进入奴隶社会，并历经夏、商、西周时期。奴隶社会实行的是土地国王所有制，但是国王不可能直接控制全国所有的土地，基于交易成本的考虑，只能通过政治上的分封形式，将土地及地上百姓分配给各诸侯占有使用，但是各诸侯只有使用权并无所有权，因此禁止土地买卖，各诸侯再将土地往下分封，从而出现了土地产权的分割。国家产生以来，出于政治上维护统治的需要，国家必然会从宏观层面考虑百姓的居住问题，于是产生了宅地分配制度，并规定了相应的分配标准和条件。显然，国家产生后，政治因素必然影响宅地分配的制度安排，而且随着生产技术的进步，金属工具的使用，人类智力的发展，人们在房屋上投入会更多，宅地虽然属于国王所有，但宅地的分配如果经常被调整，不利于百姓休养生息，也与百姓稳定的宅地需求意愿相违背，进而会影响到劳动的生产效率。因此，“五亩宅……，而勿夺其时，所以富之也”“宅地……与授田异，许民永业，是其特征”，这样的宅地制度安排暂时达到了制度均衡。

西周末年，周王室衰微，各分封诸侯得势，各诸侯对占有的土地享有更大的权利，并将之用于交换等民事活动，各主体实力对比的差别，孕育着土地产权制度的再次变革。同时，生产技术的进步，劳动剩余增加，而这些与奴隶的获得并不成比例，特别是那些掌握先进技术的奴隶在与奴隶主的谈判中取得优势，并有强烈摆脱对奴隶主人身依附的愿望，喻示着奴隶向农奴的转变。到了春秋战国时期，铁器的使用以及牛耕技术的推广，使农业生产力大大提高，奴隶集体劳作已无必要，而且集体劳动容易产生“搭便车”行为，同时集体劳作的监督成本也太大，农业家庭经营成了一种更有效率的制度安排，其取代奴隶集体劳作遂成必然。农业技术的提高也使土地的财富性日益显现，对土地排他性的使用或交易能增进个人财富，以上各种原因促进了土地私有并可自由转让制度的确立,宅地私有并可自由转让只是其组成部分。

意识形态在产权制度变迁中也起着重要的作用,在中国封建社会,人们往往是以村落形式过着群居生活,村社制度显然带有原始社会以地域为基础的农村公社的残余。不同的是,封建社会的村社制度,它以血缘关系为基础并与政治关系紧密结合在一起,形成了一套独特的宗法制度,聚村而居的人们都应当遵照这套宗法制度,否则会受到道德、族规、家法的惩罚。宗法观念对古代中国影响至深,甚至在一些偏僻的村落中起着比正式的法律制度还重要的作用,在中国固有的宗法传统中,一直将变卖田宅及房屋视为"不肖子孙""败家子",为众人所不齿。因此,在封建社会时期,虽然宅地私有并可自由买卖,但现实中宅地的买卖并不活跃,宅地的集中更多的是依靠强势的兼并,而非平等条件下的自由交易。然而,人们总有需资金救急之时,而变卖宅地在受传统宗法意识形态影响的制度安排下不易实现。因此,变更宅地的制度需求就会产生,于是宅地典制应运而生,它使出典人既避免了转让宅地而可能招致的宗法惩罚,又能在保有宅地的情形下获得急需之资金,实为较妥当的制度安排。

在中国漫长的封建社会,土地私有制一直是主流,而在一个农民对地主存在人身依附,农民与地主不平等的社会里,土地的私有和交易必然导致土地兼并的出现,地主权势者必然占有大量土地,弱势的农民只能占有少量土地,土地兼并导致的阶级矛盾正是中国封建社会朝代更迭的主要原因,而且这种更迭具有周期性。在朝代之初,统治者为巩固刚刚取得的政权,往往会推行休养政策,调动农民生产的积极性,人地关系相对融洽。随着土地兼并的日趋严重,人地关系矛盾紧张,统治者就会出台一些诸如限田等政策打击兼并之势,如果兼并之势不能遏制,以至于阶级矛盾激化,最终导致农民起义,推翻旧王朝,建立新王朝,此一过程周期性地往而复返,封建社会朝代也相应地发生更迭。在这一过程中,土地制度呈现出周期性的变化规律,这种周期性的变化规律可以通过制度经济学来予以解释。

按照诺斯和托马斯的观点,"要素市场的组织的改进(其中包括对土地与劳动的产权的再确定),主要是对土地与劳动的相对价格发生变化(即相对稀缺性的变化)的回应","制度变迁是对劳动力——土地价格率变化的回应"。[①] 在改朝换代的斗争中,连年战争,人口减少,社会生产力遭到破坏,因此,在新王朝建立时,统治者会推行休养政策以巩固政权。此时,人少地多,人地矛盾并不紧张,在社会生产力发展过程中,显然人较之于地而言,其相对价格更高,因而国家会推行调动农民生产积极性的土地政策,但随着人口的增加,土地的价值处于上升中,土地相较于人而言,相对价格变高,拥有土地变得有利可图,于是土地兼并产生。国家为维护自身统治,显然会出台一些限制土地兼并的政策,严重的土地兼并导致农民起义,旧王朝被推翻,新王朝建立,在这一过程中,人地相对价格发生变化,土地制度也呈现出周期性的变化。因此,学者指出,在我国漫长的封建社会中土地制度周期性变化的经济学原因就在于人地相对价格的变动。[②] 显然,中国封建社会中宅地制度变迁可作上述同样分析。

(二)中华人民共和国成立后宅基地制度历史变迁的经济学分析

1949 年中华人民共和国成立之初,中国共产党实行土地的农民所有制。"耕者有其田、居者有其屋"一直是中国广大农民的梦想,而土地改革运动,使广大农民的梦想成真。

1949 年至 1956 年,执政党作出了开展互助合作的号召,在农村逐阶段实行了互助组、初级社、高级社的合作化运动,而合作化运动就是要废除农村土地私有制,实行农村土地集体所有,但在合作化阶段,宅基地仍属农民所有。随着政社合一人民公社体制的建立,《人民公社六十条》的出台,宅基地也归集体所有。至此,中国农村完整的集体土地所有权建立。中华人民共和国成立之初,百废待兴,国家强调优先发展

---

① [美]V. W. 拉坦:《诱致性制度变迁理论》,载[美]R. 科斯、A. 阿尔钦、D. 诺斯等:《财产权利与制度变迁——产权学派与新制度学派译文集》,刘守英等译,上海人民出版社 1994 年版,第 331 ~ 334 页。

② 参见钱忠好:《中国农村土地制度历史变迁的经济学分析》,载《江苏社会科学》2000 年第 3 期。

工业,并通过直接获取除农民基本生存消费之外的全部农业剩余来保证城市工业发展,同时实行城乡分治的户籍制度。1958 年 1 月,我国颁布了《户口登记条例》,后在农村实行单位制度,这个单位就是人民公社,"单位"必须保证其成员享有基本的生存条件,保证其成员的居住权,而在农村无偿分配宅基地就是"单位"对其成员的一种福利。因此,宅基地制度设计的定位就是在于保障功能,[①]宅基地所有权禁止买卖。

改革开放后,我国更是在各个方面都加强了对宅基地的管理,比如宅基地使用权面积限制,宅基地使用权取得的审批程序,在宅基地产权流转方面,基于对宅基地承担保障功能的认识,国家的相关规定限制宅基地使用权流转。显然,宅基地的此种制度安排是前期国家设计的宅基地制度的延续。随着社会生产力的发展,城镇化的推进,农村大量劳动力涌入城市,单位面积宅基地上承担的常住人口显著减少,在农村出现了大量闲置宅基地,导致资源浪费,而闲置宅基地本身所具有的潜在的巨大外部利润在既有的宅基地制度安排下是无法获取的。于是,通过宅基地的整理,农村建设用地减少与城镇建设用地增加相挂钩,宅基地使用权作为用地指标得以流转。此种宅地制度安排既满足了政府推进城镇化的目标,也让农民得到了一部分经济实惠,从而使闲置宅基地的巨大潜在外部利润得以释放。

进入 21 世纪以来,中国农村宅基地制度变迁呈现非制度化发展趋势,这说明既有的制度供给不能满足制度的需求,宅基地制度的相关利益主体存在冲突,制度均衡被打破,寓示着宅基地制度再一次的变迁。21 世纪以来此种宅基地制度变迁非制度化趋向更多是受经济利益(外部利润)的诱导,宅基地买卖、抵押、开发小产权房都是利益相关者为突破现有的制度安排而获取潜在的经济利益而产生的行为。

以在宅基地上开发的小产权房为例,按照《土地管理法》的规定,宅基地不得用于住宅房地产开发,只有经过国家征收后,将土地的性质由

---

① 参见刁其怀:《农村房屋产权流转:一个实证描述及分析——以成都市三区(市)县九乡镇为例》,载《西南民族大学学报(人文社会科学版)》2010 年第 6 期。

集体变为国有方可用于住宅房地产开发。国家垄断了土地的一级市场,并以此获取了集体土地低价征收与高额出让之间的巨大差额,围绕着宅基地相关利益主体的均衡被打破,相关利益主体为获取现有宅基地制度安排以外的外部利润,就会打破现有宅基地制度安排。一方面,农民将宅基地由集体经济组织交由开发商或乡(镇)进行住宅开发,其获得的收益大于政府的征收补偿;另一方面,开发企业在集体土地上进行房屋开发不用支付土地出让金,开发房屋的成本变小;再一方面,城市房价太高,普通老百姓只会望房兴叹,而购买宅基地等集体土地上开发的价格相对低廉的房屋压力相对较小。[①] 可见,在宅基地上开发"小产权房"实际上是利益相关主体博弈的结果。

从经济学角度来看,此种非正式的宅基地制度可称为"事实上的产权",它是在社会生产力发展到一定阶段后,利益相关主体通过博弈所确立的宅基地利益分配方式,而且被社会事实所承认。一般来说,事实上的产权由于与正式的制度安排相冲突,在其产生之初并不会上升到代表国家意志的法权,但随着时间的推移,相关配套制度的完善,以及背后强大的利益主体的支持,事实上的产权得到越来越多人的支持,事实上的产权极有可能上升为具有法权性质的正式产权。

小　　结

本章通过对我国原始社会、奴隶社会、封建社会以及中华人民共和国成立后宅基地制度的考察,指出因技术进步所致社会生产力的提高是影响我国农村宅基地制度变迁的主要因素,自国家产生后,政治因素也在农村宅基地制度变迁中扮演着重要角色。中国古代并无真正意义上的私法,因为私法要求具备发达的商品经济关系和平等的人身关系,

---

① 参见刁其怀:《城镇居民购买宅基地上的农房是小产权房吗——对流行观点的批判》,载《中国房地产》2010 年第 10 期。

而在我国古代这些条件都是不具备的,以至于学者称“我国法律界最不幸者,则私法部分全付阙如之一事也”[①]。总之,中国古代并无真正意义上的私法。诚如上文所述,即便调整田宅、婚姻等人与人之间关系的规则仍属公法范围,服从于公法的调控,特别是刑法的调控。

① 梁启超:《饮冰室合集》(文集第6册),上海中华书局1936年版,第52页。

第四章　宅地制度国际比较与经验借鉴

第一节　西方土地产权制度自由与限制的演进:法学史考察

不动产产权即不动产财产权,土地是最重要的不动产,通过对土地制度变迁的考察,能够勾勒出不动产产权变迁脉络。在原始社会,生产力低下,人口稀少,地域辽阔,人们为了生存,需要共同占有土地,并在一定地域范围内共同劳作。因此,在古代社会,最重要的财产是属于按照宗法模型组成的较大的社会所有,并表现为"村落共产体"的共有形式。[①] 当然,对于一些动产,比如衣物等,已有个人拥有的形式,不过,在原始社会,土地尚不构成财产而为部落共有,而纯属个人的物品也随着发明的发展而增加。[②] 在原始社会末期,随着劳动生产率的提高,剩余产品逐渐出现,以及分工的形成,私有制逐渐产生。私有制的真正产生与土地法权的形成密切相关,个人对土地独自占有、独自劳作而收获成果时,必然排斥其他人对该块土地占有使用,为

---

① 参见[英]亨利·萨姆奈·梅因:《古代法》,沈景一译,商务印书馆2009年版,第174页。

② 参见[美]路易斯·亨利·摩尔根:《古代社会》(下册),杨东莼、马雍、马巨译,商务印书馆2009年版,第613页。

了调节不同利益主体间的争夺,一种相应的制度——土地所有权产生,并受到法律的保护。因此,马克思说“地产是私有财产的第一个形式”。①

在法制史上,罗马法与日耳曼法不同的土地产权制度对后世各国的产权制度影响巨大,大陆法系和英美法系正是源自此两种不同的产权制度。罗马法是以维护私有制为核心的法律体系,“它是我们所知道的以私有制为基础的法律的最完备形式”,②罗马法的土地所有权制度受个人主义思想的影响,强调个人对土地所有权行使的绝对自由,个人对土地所有权的行使可“上达宇宙,下及地心”,是一种绝对排他的权利,罗马法谚有云,“行使自己权利者,对任何人均不构成违法”。罗马法上的所有权具有绝对性、排他性和永续性三大特征。“在西方漫长的财产权历史中,单纯没有附加义务的所有权几乎只在罗马时代的末期存在过”,③即便个人对土地所有权的行使享有很大的自由,在罗马法上仍然有对土地所有权的限制,主要表现在:对土地所有权拥有者的主体资格限制,比如早期罗马,只有罗马人才能享有土地的完全所有权,而非罗马公民不得享有;土地所有权受他物权的限制,比如用益权、永佃权与地上权对土地所有权的限制;基于相邻关系对土地所有权的限制;基于公共或社会利益对土地所有权的限制;基于国家主权的考虑,对土地所有权转让给非罗马人的限制等。④ 由此可见,在罗马法上,一方面,强调土地所有权行使的绝对性,个人对土地所有权的行使享有很大的自由;另一方面,基于对社会整体利益的考量,也有对土地所有权限制的诸多规定。

日耳曼民族具有农耕和游牧的传统,日耳曼人长期实行以家庭为单位自给自足的生活方式,因此,日耳曼法的土地所有权制度是建立在团体本位之上,团体本位色彩浓厚,这种强烈的团体主义之下,成员间

---

① 《马克思1844年经济学哲学手稿》,人民出版社2018年版,第74页。

② 《马克思恩格斯选集》(第3卷),人民出版社1972年版,第143页。

③ 金俭:《不动产财产权自由与限制研究》,法律出版社2007年版,第52页。

④ 参见金俭:《不动产财产权自由与限制研究》,法律出版社2007年版,第58~61页。

的团体关系受到重视,单个的个人被认为是全体之一分子,个人的权利为全体的利益而存在。它强调土地的利用而非所有,同一土地存在“上级所有权”和“下级所有权”的“双重所有权”形式,分别代表领主或地主对其土地直接享有管领和处分的权利以及耕作人对土地的使用收益的权利。在日耳曼法土地所有权制度中,已无罗马法绝对的土地所有权概念,也无土地所有权与土地他物权的区别,土地所有权呈现出社会性、相对性和具体性特征。各种对土地利用的权利彼此相互独立,且效力均同,只是权利内容多少有区别,日耳曼法上的所有权可以发生“质”的分割,土地所有权的占有、使用、收益及处分权能可分别交由不同的人使用。日耳曼法上的土地所有权具有浓厚的团体主义和身份关系色彩,呈现出公法因素。显然,土地所有权制度在日耳曼法上受到的限制比罗马法更为严格。

日耳曼法上的土地所有权观念对欧洲中世纪封建土地法律制度产生了重要影响,除日耳曼法上的土地所有权具有的以利用为中心、承认土地双重所有权的概念,[①]“团体主义”色彩浓厚,所有权可进行“质”的分割,以及所有与占有不作严格区分外,中世纪西欧封建土地所有权还具有以下两个显著特征:一是教会法下的土地财产,二是世俗封建法下的土地财产。

作为第一个西方近代法律体系的教会法,在1050年至1200年之间被创造出来,教会法体系包括作为一个社团法律实体的教会管辖权之内的法律关系,在教会法律体系的结构要素中涉及婚姻、继承、财产、契约及诉讼程序等方面。[②] 教会的大多数土地是通过保有制度而持有的,即赠与人将土地赠与教会,但赠与人又为他本人和他的继承人保留其中的权利。但是,当一位赠与人不仅给予一项慈善事业一块土地的

---

① 比如梅因认为,封建时代概念的主要特点,是它承认一个双重所有权,即封建领主所有的高级所有权以及同时存在的佃农的低级财产权或地权。参见[英]亨利·萨姆奈·梅因:《古代法》,沈景一译,商务印书馆2009年版,第190页。

② 参见[美]哈罗德·J.伯尔曼:《法律与革命:西方法律传统的形成》(中文修订版,第1卷),高鸿钧等译,法律出版社2008年版,第220~221页。

保有权，还给予附属于该土地保有权之上的其他所有权利时，赠与人须征得上级封建主的同意和特许，[①]显然，在此情况下，赠与人对土地的处分权是受到严格限制的。罗马天主教会在大多数西欧国家占有1/4至1/3的土地，基于教会的社团特征，教会的土地财产属于社团财产，而非个人的财产，它总是服务于社团，各种主教管辖权只能在教会法所严格规定的目的和程序上，实施其占有、使用和处分土地的权利，并且实施这些权利还要受到教会统治集团的严格限制，处分的权利尤其受到严格的限制。[②]

封建法最重要的一体化因素之一就是政治权利与经济权利的结合，即管理的权利与使用处分土地的权利的结合，这种结合就是领有权，它一方面指如同领主权的东西，另一方面是指如同所有权的东西。与罗马法上绝对的、不可分割的、排他的所有权形成鲜明对比的是封建领有权在各个方面通常都是有限的、可分的和共同的。[③] 在封建链条中，王侯是最高的封建领主，在封建链条中的封臣或其他附庸对领主负有效劳的义务以及其他义务，没有领主的允许，他们不可以转让土地。[④]

在经历了漫长黑暗的中世纪后，欧洲于1500年前后进入近代时期。在此时期，社会生活一切领域都发生了重大变革，特别是14～16世纪的宗教改革和文艺复兴，使人们逐渐从中世纪神学的束缚下解放出来，人成为一切思考的中心，强调人的尊严，尊重人的本性，新兴资产阶级提出天赋人权，人生而平等，强调人的自由，自由主义、个人主义全面兴起，自由主义代表人物洛克指出，“每个人都拥有天赋的权利。其中一种基本的权利就是行动的自由，基于行动的自由，每个人都拥有自

---

① 参见[美]哈罗德·J.伯尔曼：《法律与革命：西方法律传统的形成》（中文修订版，第1卷），高鸿钧等译，法律出版社2008年版，第233页。

② 参见[美]哈罗德·J.伯尔曼：《法律与革命：新教改革对西方法律传统的影响》（第2卷），袁瑜琤、苗文龙译，法律出版社2008年版，第178页。

③ 参见[美]哈罗德·J.伯尔曼：《法律与革命：西方法律传统的形成》（中文修订版，第1卷），高鸿钧等译，法律出版社2008年版，第307页。

④ 参见[美]哈罗德·J.伯尔曼：《法律与革命：新教改革对西方法律传统的影响》（第2卷），袁瑜琤、苗文龙译，法律出版社2008年版，第178页。

己的劳动的权利。通过将劳动施加于原材料和其他尚无归属的东西之上,人能使这些东西成为他或她的私有财产。除非获得本人的同意,最高权力不能剥夺任何人的任何财产”。[①] 按照洛克“天赋权利、行动自由”的观点,个人对其通过劳作获得的私有土地享有自由决定的权利。显然,罗马法上强调个人所有权的绝对性迎合了上述思想潮流,于是在此阶段出现了罗马法的复兴。各国宪法大多规定了“私有财产神圣不可侵犯”原则,[②]强调以个人所有权为中心,所有者被赋予了实际上不受控制的对财产使用和处置的支配权,财产权包含了使用或者滥用物品的权利,以至于糟蹋物品的权利也包含在内。[③] 近代时期,在强调个人土地所有权的绝对性时,强调个人所有权行使的自由,但并非不受限制,洛克指出,“政治的道德基础也为财产权设置了限制。财产权不是绝对的,它们受其他道德义务的约束”。[④]

近代法上的个人绝对土地所有权观迎合了自由资本主义时期的经济发展,但到19世纪末期以后,西方资本主义进入垄断时期,绝对的个人土地所有权在社会生活中弊端益现,如导致资源的浪费、环境的破坏、贫富差距的扩大等种种社会问题,强调个人土地所有权绝对性已不能适应资本主义经济的发展。在此背景下,西方社会出现了所有权社会化思想潮流,强调从“个人本位”转向“社会本位”,强调个人所有权的行使要顾及公共利益。德国法学家耶林在《法律的目的》一书中指出,所有权行使的目的,不应当仅为“个人利益”,同时也应为“社会的利益”,主张用“社会的所有权”替代“个人的所有权”,[⑤]日耳曼法上强调团体的社会的土地所有权观重又登场,德国1919年的《魏玛宪法》第

① [美]格瑞特·汤姆森:《洛克》,袁银传、蔡红艳译,清华大学出版社2019年版,第134~136页。

② 此原则也为近代民法的三大基本原则之一。

③ 参见[美]伯纳德·施瓦茨:《美国法律史》,王军、洪德、杨静辉译,法律出版社2018年版,第179~181页。

④ [美]格瑞特·汤姆森:《洛克》,袁银传、蔡红艳译,清华大学出版社2019年版,第136页。

⑤ 参见陈华彬:《民法典与民法物权》,法律出版社2009年版,第287页。

153条规定,“所有权负有义务,对其行使应同时顾及公共的福利”,以此为肇端,各国法律大多在私法领域确立了禁止权利滥用、诚实信用及公序良俗原则,在公法领域确立了基于公共利益的国家征收征用原则等。“《德国民法典》意义上的所有权从来就不是毫无限制的权利,……土地所有权和生产资料所有权同时意味着经济权力,而这类权力的所有人应承担在行使权力时不违反公共利益的义务”。[①] 如此,土地所有权的绝对性被修正,土地所有权行使的限制增强。

综上所述,基于对西方土地产权制度自由与限制的法制史考察,不动产产权的自由与限制是任何一个社会都会面临的课题,自由与限制是一对永恒的矛盾,社会的发展就是在这两者间取舍,是自由多一点,还是限制多一点,如何掌控两者之间的平衡,把握好一个度,是社会良性发展的关键所在。自由与限制的平衡在法学上的体现就是私法与公法的平衡。土地作为一种最重要的不动产资源,是人类社会生存和发展的基础,土地制度的设计如何在自由(私法)与限制(公法)之间找到平衡,决定着一国社会经济的可持续发展。

第二节 部分国家宅地产权制度概述

一、美国

(一)概述

美国是一个以土地私有制为主的国家,私人所有的土地占60%;38%为公有,其中联邦政府所有的为29%,州及地主政府所有的为9%;2%为印第安人保留地,专门辟给原来美洲的土著居民的。美国所

---

① [德]卡尔·拉伦茨:《德国民法通论》(上册),王晓晔等译,法律出版社2003年版,第85页。

有土地都实行有偿使用,并可自由买卖和出租。[①]

（二）从私人土地利用规划到“分区规划”再到土地利用管理

在20世纪初及以前,美国政府对私的所有人利用土地的行为几乎没什么限制,私人对其拥有的土地具有很大的权利,如果相邻两块土地的所有权人都按照自己的方式使用土地建造住宅,那么必然会发生如采光、噪声等方面的冲突。为避免此种问题,个人之间通过约定的私人土地利用规划出现,但在早期,这种个人约定作为一种土地利用规划手段而言极其脆弱。[②] 随着时间的推移,发展成了地约权和衡役权两种方式来处理私人间的土地利用规划。地约权是与不动产的使用有关的,使原当事人及其继受人受益或者受损的,可以通过提起损害赔偿之诉予以强制执行的一种允诺,但是地约权不能有效地使继受所有人受前一所有人做出的允诺的约束,继受人违反这一允诺时仅仅承担赔偿损失之责。为了弥补地约权此缺点,衡役权产生,衡役权是强制执行私人土地利用限制规定的主要手段,违反衡役权的救济措施是禁令而非赔偿损失,此两种权利的创设就在于协调个体的自由和土地的有效利用。[③] 从短期及较小区域来看,这种私人间的土地利用限制可能会促进土地的有效利用,避免私人间的冲突,但从长期或是较大的区域来看,私人间的土地利用限制可能会阻碍土地的有效利用,损害公众利益。总之,20世纪初及以前,美国在政府层面几乎还不存在土地利用管理行为,这主要是因为美国当时属于农业国,农村人口居多,人口总数不大,他们拥有大片未开发的土地,人地关系矛盾并不紧张,私人之间主要通过约定来限制土地的利用,而政府的土地利用行为一般限于司法行

---

① 参见毕宝德主编:《土地经济学》(第7版),中国人民大学出版社2016年版,第222～223页。

② 参见[美]约翰·G.斯普兰克林:《美国财产法精解》(第2版),钟书峰译,北京大学出版社2009年版,第536页。

③ 参见[美]约翰·G.斯普兰克林:《美国财产法精解》(第2版),钟书峰译,北京大学出版社2009年版,第537页、554页。

为——由法院强制执行私人协议并审理侵扰纠纷。[①]

自20世纪20年代以来,随着人口的急剧增加,诸如垃圾、臭气、卫生、烟尘、拥挤等居住环境问题层出不穷,早期私人之间通过约定的土地利用规划已不能解决这些问题,这就需要政府从宏观层面对土地利用进行规划,而且提供适宜居住环境、保障公民生活安康也是政府的公共职能之一,于是分区规划产生。分区规划倡导分隔各利用行为,工业、商业及居住用途不应混杂在一起,应位于不同区域,如此一来,居住区域就不会受工业用途产生的侵扰。同时,早期的分区规划者坚信乡村生活伦理价值,认为乡村应是纯洁和自然的,乡村农民居住区应当由独栋单户型家庭住宅构成,每栋住宅都应有自己独立的花园。因此,有必要规定房子的高度、面积和位置以及每一个单元地块的面积和布局。[②] 总体而言,美国的分区规划内容主要包括:不同土地的利用行为应当分开,把社区分为片或者"区",并详细地标示在地图上,规定每个区的用途;对建筑物高度和容积管理的规定,比如最小建筑用地面积,建筑物间最小间距等。

自分区规划产生以来,它就随着社会的发展而在不断变革,早期的分区规划强调稳定的综合规划来满足社会公益,由于这种规划的僵硬性,盲目坚持综合规划可能会损及社会公益,于是一种强调自由裁量个别地分区规划理论出现,这种理论重视根据个体差异以个别调整的方式满足社会公众利益。晚近以来,分区规划的性质越发发展,出现了从分区规划到土地利用管理的转变,分区规划主要在于强调降低烟尘、臭气、噪音、拥挤等问题,而土地利用管理更多强调的是社会、经济作用,诸如保护不动产的价值、维护社区的"特点"、防止环境恶化、促进旅游业和其他经济产业等。[③]

---

① 参见[美]约翰·G.斯普兰克林:《美国财产法精解》(第2版),钟书峰译,北京大学出版社2009年版,第588页。

② 参见[美]约翰·G.斯普兰克林:《美国财产法精解》(第2版),钟书峰译,北京大学出版社2009年版,第589页。

③ 参见[美]约翰·G.斯普兰克林:《美国财产法精解》(第2版),钟书峰译,北京大学出版社2009年版,第601、616页。

（三）致力于为中低收入者提供廉价的住房

美国政府在注重宅地规划控制的前提下，还大力加强住宅建设，为人们提供适宜的住房。在1949年通过的《住房法案》的序言里，美国议会宣布它的住房目标，“让每一个家庭都能在适宜的居住环境里拥有一个舒适的家”。在法案通过后的50多年里，联邦政府为资助全国的低收入者，建设修缮了500多万户住宅，为200多万户低收入家庭提供了租房券，然而，全国的住房问题仍然紧迫，如何满足居有其屋，首先要解决的就是住房的廉价性问题，直到今天，住房的廉价性问题远比它的质量及拥挤问题更牵动人心，全美只有不到2%的住户住在严重设施不足的住房里，还有将近6%的住户面临住房拥挤问题，却有超过11%的住户把收入的一半甚至更多用于与住房相关的花费，这个比例在租房户中高达16%。[①] 因此，致力于给中低收入者提供廉价住房一直是美国住房政策的重心。美国政府为低收入者提供住房资助主要有三种形式：一是支持具体住房工程的建设，比如公共住房；二是帮助租房者获得私人市场的住房，比如政府为低收入住户提供租房券；三是由联邦政府提供组团基金给州及地方政府，由它们来制定具体的住房项目，[②]这些项目的实施都侧重于维护现有的廉价房，或是提供更多的廉价房。

美国政府针对低收入家庭的住房政策前后经历了三个阶段：起初，当局直接向低收入家庭提供公共住房；而后，当局采取补贴开发商建房资金；现在，当局通过各种优惠政策及资金补贴直接援助低收入者。[③]

（四）完善的农村住房扶持体系

针对农村住房而言，美国政府1949年的《住房法案》专门进行了规定，它主要通过实行低息贷款计划帮助农民获得合适住房，同时针对低收入无力还贷的农民，为其提供小额补助金用以维修住房。早期的农

---

① 参见[美]阿列克斯·施瓦兹：《美国住房政策》，黄瑛译，中信出版社2008年版，第1、26页。

② 参见[美]阿列克斯·施瓦兹：《美国住房政策》，黄瑛译，中信出版社2008年版，第6～7页。

③ 参见唐黎标：《英、韩、美如何帮低收入者买房》，载《上海房地》2006年第4期。

村住房低息贷款计划由农业部所属的农民住家委员会管理,区别借款人的不同情况,实行差别贷款利息,比如高收入者贷款利息为6.5%,低收入者为5%,困难户为3%。另外,农业部也支持低收入农户通过互助组织的形式为自己建造住房,农民住家委员会全程免费提供规划及技术指导等专业服务,这样农民就可以节约25%~30%的费用。美国早期农房扶持有以下几个特点:一是福利贷款为主,并根据不同情况给予低息长期贷款;二是针对贫困的农户发放住房补助金;三是提倡农户自助和合作建房;四是提供全面专业的住房建设服务。[①]

农业部下属的农村住宅服务机构,主要任务是通过各种贷款及补助金项目帮助农民进行农村住房及公用设施的建设等,提高农民生活质量。该机构提供的帮扶措施主要包括:一是直接贷款,即农村住宅服务机构直接为农村低收入者或超低收入者提供贷款,帮助这些人购买、修建及维护住宅;二是贷款担保,即农村住宅服务机构在借款人(农村低收入者)对提供贷款的私人部门出借发生拖欠时提供贷款担保;三是住宅维修贷款和补助,即农村住宅服务机构为需要对住宅进行修缮的特低收入者提供贷款和补助金。[②]

1962年,议会设立了专门针对乡村出租房开发的第515条款项目,第515条款为开发商提供了为期50年、1%利率的贷款,而且,所有接受第515条款贷款的工程中有75%的工程同时接受其他补助,以确保低收入租户所付房租不超过其收入的30%(起初是25%),政府(州和地方层面)通过补贴一部分开发费用,用来保护乡村资助房的廉价性、物质和经济可行性,从而使住房为中低收入农民家庭所能承受。[③]

随着城市化的高速发展,乡村独有的景观面临破坏的危险,为防止以牺牲农村为代价的现代化现象的出现,美国政府加强了对村庄的保

---

① 参见盛荣:《借鉴美国经验,构筑中国农村住房扶助体系》,“中国农村建筑与环境技术创新学术研讨会”会议论文,2006年11月于北京。

② 参见严焰、虞晓芬:《美国农村住宅金融体系及对我国的几点启示》,载《中国房地产金融》2004年第1期。

③ 参见[美]阿列克斯·施瓦兹:《美国住房政策》,黄瑛译,中信出版社2008年版,第131、134、145页。

护、乡村建设的规划。1968 年美国国会通过了《新城镇开发法》,20 世纪 80 年代又提出了“都市化的村庄”建设理念,并在马萨诸塞州组建了“乡村研究中心”,研究在现代化进程中乡村面临的系列问题。

(五)宅地豁免

美国宅地豁免制度已经有上百年历史,得克萨斯州在加入联邦之前,首先出现了宅地豁免的规则,立法机构逐渐扩大这一理论,1841 年,首先在密西西比州得到采用,①该制度将宅地视为具有物质财产属性和精神人格属性的双重财产对待,为确保美国公民生存居住需要和生活安宁需要,从宪法、破产法、税法、民事执行法等多个方面规定债务人可以保留一部分宅地权利免于被债权人主张司法执行或扣押的权利。其主要内容有:一是宅地的界定。宅地通常是自然人或其家庭用于居住的房屋及其所占用的土地,各州对宅地定义界定有所差别,这里的宅地通常指实际用于居住的房屋和所占用的土地,并非泛指所有权人名下所有的不动产和土地。二是享有宅地豁免的权利主体。享有宅地豁免权的主体为自然人,不包括企业。三是宅地豁免的额度。美国各州根据本地经济发展水平,规定了适合本地的宅地豁免额度,如果债务人的宅地价值超过了此额度,而宅地作为一个整体又不可分割,则宅地整体被执行变现后的金额需扣除债务人宅地豁免的额度后才能归债权人享有。宅地豁免额度通常从面积和价值两方面予以限制。不过,各州根据本地特点,有的只从面积方面规制,比如堪萨斯州,有的仅从金额方面限制,比如阿拉斯加州,各州规定的宅地豁免金额相差也较大。其中,最低的为肯塔基州,为 5000 美元,最高的为明尼苏达州,为 97.5 万美元,有的州,比如佛罗里达州,还根据宅地位于城市还是农村区别对待,规定不同的宅地豁免面积。四是宅地豁免权的存续期间,只要宅地所有权人一直在世,就一直享有宅地豁免权,如果宅地所有权人死亡,其配偶或未成年子女仍以该宅地为居住保障的,他们也可继续享

① 参见[美]劳伦斯·弗里德曼:《美国法律史》,周大伟译,北京大学出版社 2020 年版,第 283 ~ 284 页。

受宅地豁免权，但是配偶或是未成年子女的权利也受到一定限制，比如不得抵押不得出售等，未成年子女长大成年后，也不再继承享有宅地豁免权。[①]

美国宅地豁免制度，在立法理念、制度设计等方面具有相当代表性。在立法理念上，秉持债权人合法财产权实现的同时兼顾债务人基本居住权；在制度设计上，从宪法、破产法、税法、民事执行法等多个方面予以规定，形成美国宅地豁免多元体系。美国宅地豁免制度在制度设计方面既有原则性，也有灵活性，不像联邦法律，仅作原则性规定，各州可以结合本地实际情况予以具体规定。同时，针对城乡不同的实际状况，也进行差异性规定。[②] 美国宅地豁免制度在平衡债权人财产权实现和债务人居住生存权保障方面起到了良好的实践效果，甚至被有的美国学者认为是对世界不动产法的唯一贡献。[③]

二、韩国

（一）概述

韩国国土面积狭小，土地面积计 9 万多平方公里，韩国多山，土地资源比较匮乏，人口密度很大。韩国原属日本殖民地，土地政策大多沿袭日本，也是一个以土地私有制为主的国家，私有土地占到全国土地的 67% 左右。

（二）从尊重土地的私人所有到对私人所有土地的严格控制

在韩国建国初期的四五十年代，国民经济落后，主要依靠美国的援助进行各种建设，在强调土地政策公平优先的目标下，土地问题并不严重，但在 1961 年韩国军事政变后，该国转变了发展方式，强调经济优先，注重效率，土地问题随之而来。随着社会的迅速发展，建筑行业突

---

① 参见张晓冰：《美国宅地豁免制度及其对我国的启示》，载《法律适用》2017 年第 5 期。

② 参见王桂芳：《美国家宅财产制度的启示》，载《山西农业大学学报（社会科学版）》2017 年第 5 期。

③ 参见张晓冰：《美国宅地豁免制度及其对我国的启示》，载《法律适用》2017 年第 5 期。

飞猛进，地价迅速上涨，土地投机盛行，地市过热，土地惜卖集中等现象严重，绝对私的土地所有制下造成公用基础设施用地困难，更为严重的是还引致住房困难和社会不公等现象。为此，韩国政府全面加强对私人土地所有权的控制，综合运用法律、行政等手段全面加强了对土地的管理。比如，1972 年颁布的《国土利用管理条例》将全国国土按其用途划分为不同的 10 个区域，并对每个区域的土地利用行为加以限制规定，土地所有者应按规定的目的进行利用；1988 年公布的《不动产综合对策》，第一次提出了土地公的概念，即要对私的绝地土地所有权进行必要限制，以确保社会公益的实现。[①] 另外政府还颁布了有关抑制土地投机、土地征用管理、土地买卖实名制等法律，全面介入了土地市场。

就宅地而言，1990 年韩国政府公布了《宅地所有上限法》，该法限制私有土地数量，与农民宅地直接相关，非常具有代表性，其主要内容有：[②]

第一，汉城（现首尔）、仁川等几大城市的住宅用地最大面积受 300 坪（约 1000 平方米）上限限制，其他市镇村的城市开发地域最大面积受 400 坪（约 1320 平方米）上限限制。

第二，通常情况下，法人和自然人的住宅用地不得闲置浪费，也不得超过规定限额。当事人只有事先向主管部门提出“宅地取得申请书”和“宅地使用计划书”并获得批准后才能建造住宅，而且须在 5 年内开发实施，否则将面临 1 年以下有期徒刑或罚款。

第三，超过法律规定上限的宅地，即从《宅地所有上限法》生效之日起可以有 2 年的犹豫期，当事人应在该期限内处置，否则政府将征收“超过所有负担金”（具体标准为开始 2 年内为公示地价的 4%，后为公示地价的 7%，针对生地，开始两年为公示地价的 6%，后为 11%），给当事人一定的经济压力。

第四，超过规定宅地上限的当事人可以请求政府收购，政府可以先

---

① 参见汪秀莲：《韩国土地管理法律制度》，载《中国土地科学》2003 年第 3 期。

② 参见汪秀莲：《韩国土地管理法律制度》，载《中国土地科学》2003 年第 3 期；瞿理铜：《日韩住宅用地制度的启示》，载《中国国情国力》2016 年第 10 期。

行调解帮其出售,未果的,政府予以收购。这种做法既照顾了当事人的私人利益,也有助于政府扩大公有地。

(三)宅地开发,注重公益,保障居住

1981 年韩国政府公布了《宅地开发促进法》,确立了公营开发政策。面对土地绝对私有制的种种弊端,当局采取了一元化的土地管理模式,为了将土地使用权控制在政府手中,对土地市场予以全面管制,《宅地开发促进法》做了如下规定:①

第一,建设新市区的同时修建大量出租住房,住房困难户可永久租赁。

第二,私有的土地经开发后变为公有,开发后的建筑物租给实际需要者。

第三,汉城(现首尔)直接负责首都圈的开发规划和实施,要注重住房功能配套设计,其开发成果属于公益产品,归全体市民共享。

第四,为缓解人们的住房困难,遏制房价上涨,着力修建高密度的住宅小区。

第五,在宅地开发的同时也要预留出公共用地,以备未来的发展。

2005 年,韩国政府还推行"居有其屋"的施政纲领,推出修订的《不动产综合对策》,实行"一户一宅"制度,确保低收入者也拥有住房的同时,也为韩国日益看涨的房地产市场降温。"一户一宅"指一个家庭只许购买一套住宅,优先为无房户提供住房,并将优先为无房户提供住房的比率提高到 50%。② 其具体操作办法是,无住房的低收入者购房前需在政府指定的银行中每年存入 20 万左右韩元(大概 1700 元人民币),连续存款两到三年,便可取得买房资格,低收入者按取得购房资格的先后顺序排队,购买政府建筑的两室一厅住房,银行给予贷款。③ 该制度的实施保证了低收入者"居有其屋"和安居乐业。

---

① 参见汪秀莲:《韩国土地管理法律制度》,载《中国土地科学》2003 年第 3 期。

② 参见光宇:《解决低收入者住房,各国各有招》,载《中外房地产导报》2006 年第 7 期。

③ 参见唐黎标:《英、韩、美如何帮低收入者买房》,载《上海房地》2006 年第 4 期。

（四）韩国的“新村运动”与农民住宅建设

在20世纪60年代初，伴随着韩国政府第一个五年计划的实施，韩国城市化发展迅速，但随之而来的却是城乡差距的拉大，农村经济仍然落后，农村基础设施不足，农民居住环境恶劣、生活水平较低，农民文化素养不高，乡村管理混乱。为改变上述状况，韩国政府于20世纪70年代初实施了“新村运动”，“新村运动”的目标就是加快韩国农村现代化的步伐，其主要内容涉及乡村基础设施建设、乡村环境改造、土地综合整治、土地利用规划、农业生产条件改善、农村金融体系建立、农民素质提高等各个方面。[①]

“新村运动”自1970年初实施，1980年初式微，前后整整经历了10年，“新村运动”初期的重点内容即是改善农民的住房条件和居住环境。1970年初，韩国250万农户中有80%住的还是茅屋，农户中的80%还过着点油灯的生活，[②]大多数农民生活困苦，农民有改善自己住房条件和居住环境的迫切愿望，因此，政府通过改善与农民生活息息相关的住房条件和居住环境，使“新村运动”更容易得到农民的认可，也有利于“新村运动”的顺利推进。1970—1971年，韩国政府免费为全国3万多个村庄发放一定数目的水泥及钢筋，用于农村基础设施的建设，[③]主要包括：茅草屋换顶——换成比较坚固的瓦或铁皮等，修葺围墙，改善厕所厨房，新建村庄会所，修筑公路，建立乡村公共配套的澡堂和饮水设施等。[④] 到1977年，村庄里的茅草屋顶全部消失，全国所有的农房都换成了瓦片或铁片屋顶的房屋。农村公路的完善使钢筋水泥等建筑材料的运输成本大为降低，农民开始自建新房，政府则给予贷款支持。1977年开始，韩国政府还开始从宏观上对村庄布局进行改造，新的布局方式

① 参见李仁熙、张立：《韩国新村运动的成功要因及当下的新课题》，载《国际城市规划》2016年第6期；王鹏、刘勇：《日韩乡村发展经验及对中国乡村振兴的启示》，载《世界农业》2020年第3期。

② 参见李水山：《韩国的新村运动》，载《中国改革（农村版）》2004年第4期。

③ 参见黄经南、贺耀庭：《乡村振兴：东亚经验及其启示》，面向高质量发展的空间治理——2020中国城市规划年会论文集，2021年9月于成都。

④ 参见李水山：《韩国的新村运动》，载《中国改革（农村版）》2004年第4期。

包括:新村型、合村型和改造型。新村型主要是投资建设具有合理结构的现代化新村庄;合村型是以主要村庄为中心,将邻近的分散村庄并在一起(类似于我国目前的撤村并镇运动);改造型是对原村庄进行改造,最大限度地利用原设施。[①] 经过上述规划和改造,韩国乡村景观兼具传统与现代,成为韩国观光旅游的一道美景。

韩国"新村运动"成果瞩目,主要表现在:韩国农村经济发展迅速,农村面貌大为改观,农民收入大为提升,农民素质大大提高。随着20世纪80年代韩国城市化的高速发展,农民大量涌进城市,政府转而在城市投资为农民修建公共住房,据统计,20世纪80年代和90年代,政府为农民在城市兴建了200多万套公共住房,以保障进城务工农民的居住。[②]

第三节 宅地制度国际的经验借鉴

一、公法控制下的宅地制度

(一)宅地公法控制的法理依据

根据公法与私法的一般划分,公法讲究限制,私法注重自由。在美国、韩国,宅地都属于私人所有,但国家对私人所有的宅地产权限制是显而易见的。

土地作为不可再生资源,其供给总量有限,特别在人口聚集区,土地稀缺性日益严重,随着世界人口总体上升,人们对于修建住宅的建设用地需求总量也在不断增长,在世界各国加强对耕地保护的情况下,用于修建住宅的建设用地的稀缺性尤为严重。宅地资源的稀缺性导致人地关系矛盾的紧张,如何使有限的宅地资源得到合理的分配和利用尤为重要。可以说,宅地资源的稀缺性正是宅地制度公法控制的物质前

① 参见刘黎明、Rim SangKyu:《韩国的土地利用规划体系和农村综合开发规划》,载《经济地理》2004年第3期。

② 参见郝益东:《中国住房观察与国际比较》,中国建筑工业出版社2009年版,第163页。

提。土地除具有自然属性与经济属性外,还承担着重要的社会属性,宅地更是如此。宅地的自然属性要求宅地利用的可持续性。宅地的经济属性,说明宅地是有价的,需要通过市场机制提高其利用效率。宅地的社会属性,表明宅地负担着重要的社会职能,比如政治稳定,它要求宅地使用者之间的公平,而宅地私有通过市场机制的自由配置不可避免地导致宅地兼并产生,贫富差距的扩大。国家基于社会管理职能对宅地制度进行限制很有必要,《联邦德国宪法》第 15 条规定,"土地、自然资源可以为了社会化的目的而转化为公有或其他形式的公共控制经济"。19 世纪末 20 世纪初,针对私人所有权绝对性的种种弊端,所有权绝对性得以修正,出现了所有权社会化思潮,强调私人所有权的行使要顾及公共的福利。个人对土地的私益应服从公共利益,"所有权不复为所有主的主观法权,而变成为财物持有者的社会义务……,他应该依照社会目的以使用他所持有的财物……,我们可以说所有权是社会化了……,所有权之于财物的持有者,也是一种客观的义务,使他利用所持有的财物以维持而增益社会的联立关系"。① 综上文所述,基于宅地资源的稀缺性、宅地的社会属性、所有权社会化思潮等,宅地制度的公法控制成为必然。

(二)宅地公法控制表现形式

宅地产权的公法控制涉及取得主体的限制、取得客体的限制、取得数量的限制、宅地产权行使的限制等方面。

1. 取得限制

(1)主体限制

主体限制,指政府规定宅地产权必须具备一定身份、资格者才能取得,通过对主体资格的要求来实现对宅地产权的公法控制。土地制度关涉一国政治经济基础,关涉一国国家安全。因此,各国都对土地产权的取得主体有所限制。比如,美国政府土地管理局所持有的土地不得

---

① [法]狄骥:《拿破仑法典以来之私法的普通变迁》,徐砥平译述,上海社会科学院出版社 2017 年版,第 125、126、133 页。

出售给外国人。不过,美国的土地也非全部私有,有大量的土地为联邦政府及地主政府所有,国家通过相关法律规定某些土地产权的主体只能为政府,限制了其他主体取得这些土地产权的可能,国家借此实施对土地的利用管制。

(2)客体限制

客体限制,指政府规定宅地某些产权不得为私人所有,全部宅地属于国家所有,个人仅拥有宅地的使用权,而无所有权。

(3)数量限制

数量限制,指政府规定个人拥有宅地的数量上限,这主要是防止宅地兼并的出现,维护宅地使用的公平。比如,韩国的《宅地所有上限法》规定某些地区住宅用地的最大面积,对超标使用宅地的征收有偿使用费。

2. 使用限制

(1)宅地使用管制

各国都通过土地用途分区管制来实现对土地的合理开发及利用,排除对土地的不当开发,促进社会、经济及环境的和谐及可持续发展。上述发达国家都规定了土地用途的分区管制,一般把土地使用分为居住、商贸、工业、交通、农业、林业、绿地等不同用途地域,同时对不同区域的土地利用行为加以管制,土地利用者必须按规定的用途使用,否则将受到相应处罚。以宅地为例,作为居住用地禁止上面修建工业用途房屋,基于对居住环境采光、透气、公建配套、住宅密度等角度考虑,规定宅地开发密度和开发容积,比如宅地的最大或最小面积控制、房屋间距管制、房屋高度管制等。

(2)严格的宅地许可制度

比如在宅地上修建房屋,改变原房屋用途、外立面,增加房屋层数等,都必须事前取得相关部门的行政许可,否则将以非法建筑论处。为此,各国大多制定了《建筑法》,实行房屋建筑管制,严格的宅地开发许可和建筑管制,既保证了建筑的质量安全,也借此平衡宅地所有权人建筑的自由和宅地开发符合公益的需要。

(3)宅地交易管制

比如宅地交易须缴纳相关税收、应进行登记等,从而达到国家对宅地交易市场的管制。宅地使用限制的措施主要有国有化、征收、征用等。另外,遏制宅地闲置、宅地整理、宅地储备等制度也是公法控制的表现,比如,韩国禁止宅地闲置,住宅建设获批后必须在5年内开发实施,就是为了提高宅地利用率的有效措施。

(三)经验借鉴

当前,我们借鉴发达国家公法控制宅地制度的经验主要有:一是宅基地用途管制应成为我国宅地利用管理的核心,加强宅基地使用的规划,当事人应严格以规划确定的用途使用宅基地,合理规定宅基地使用的密度和容积,提高宅基地的节约集约化利用水平,优化宅基地利用综合效益,保障公共设施,确保居住适宜,隔离工业等土地使用区域,避免其他不相容土地性质对宅基地的入侵。二是宅基地的规划管制应以宅基地的使用符合公益为目的,通过宅基地的规划管制,提供一个社会经济环境协调发展宅基地的利用模式,宅基地管制也是有限制的,如果宅基地管制与社会公益无关,政府就不能对个人宅基地的使用予以限制。特别是宅基地的征收征用方面,应严格限定基于公共利益的需要,同时对于哪些属于公共利益,立法可通过列举加概括的方式予以明确,避免公权对私权的不当损害。三是将宅基地的用途管制建立在宅基地所有权法权基础之上。

二、宅地制度与居住权保障

(一)宅地制度设计目标:居有其屋

只要人们生活在这个地球上,就一定需要土地来借以立足和工作生活,可见人类对土地的需求完全是刚性的,土地对于人类,正如空气和水一样不可或缺。因此,从人类对土地的需求不可或缺这个角度讲,人类对土地的使用具有人权的性质。同样,住房是人类生存不可或缺的物质条件,人类居有其屋的住房权具有生存权性质,任何人都有权获得维持生存所必需住房的权利。[①] 特别是对于那些无法依靠个人力量来实现这一权利的弱势群体,国家更有对其保障的义务,而居有其屋正是在这个意义上说的,它表明人人都应该获得基本的住房物质满足。

住房权对于一国公民来说是权利,而对于国家来说,则是一项义务。[②] 一国宅地制度的设计与本国人民住房权的实现息息相关,1919年《德国魏玛宪法》第155条规定,“土地的分配和利用,联邦和州应加以监管,以防滥用,本国所有人都有获得健康居住的权利,德国所有家庭,特别是那些子女很多的家庭,政府在制定家产法时均得满足他们获得住房和家庭必要的家产的需求”。西班牙2007年颁布实施的《土地法》关于公民权利的第1款即明确规定,“西班牙本国公民都享有一处体面、适宜和便利的普通住宅的权利”;第10条规定,“要为生产建设和公民居住分配适宜而足量的土地,并应保留一定比例的住宅用地用于社会保障性住房,享受最低的出售价格或租赁价格等,社会保障性住房用地的供应不得低于住宅用地的30%”。[③] 土地包括宅地具有人权性质,使得土地与一般的商品相区别。

无论是美国致力于为中低收入者提供廉价的住房以及提供完善的农村住房扶持体系及其独特的宅地豁免制度,还是韩国实施的宅地开发促进法以及推行的“居有其屋”和“一户一宅”制度,其宗旨都是解决本国公民的基本住房问题,特别是中低收入群体的住房问题。

(二)经验借鉴

宅地制度设计目标之一就是要为人提供必要的住房,住宅是人生存的必要条件,住宅权利的保障,直接关系到一国社会的稳定和发展。

---

① 参见《世界人权宣言》第25条第1款规定,“人人有权享受为维持他本人和家属的健康和福利所需的生活水准,包括食物、衣着、住房、医疗和必要的社会服务”。

② 参见《经济、社会、文化权利国际公约》第11条第1款规定:“本公约缔约各国承认人人有权为他自己和家庭获得相当的生活水准,包括足够的食物、衣着和住房,并能不断改进生活条件。各缔约国将采取适当的步骤保证实现这一权利,并承认为此而实行基于自愿同意的国际合作的重要性。”

③ 李蕾、陈成:《西班牙〈土地法〉介绍及其对我国〈土地管理法〉修改的启示》,载《国土资源情报》2007年第10期。

因此,人权意义下的住房权保障要求政府必须积极有为。

自先秦到唐代,我国均有专门的宅地制度,对宅地实行比其他土地更为有力的法律保障,以此满足人们的基本住房需要,唐代中期以后,宅地的自由交易使得弱势群体不能依靠自身力量获得住房,这促使政府考虑针对弱势群体建立了住房保障制度,宋朝的法律明确了国家的住房保障责任,清代形成了比较成熟的流民留养——遣送制度和水冲民房修费银制度。[①]

当前,我国城镇居民的住宅保障方式主要有政府提供的廉租房、经济适用房、限价商品房。同时,政府也加大了对保障性住房用地的供应。就农村而言,农民住房保障体系仍然欠缺,政府为农民提供住房保障的形式就是农民可以无偿取得宅基地使用权,并在其上修建住房。因此,宅基地承担着农民居住保障的功能。[②] 在当前农村住房保障体系并不健全的情形下,必须坚持宅基地的生存保障性质。

目前,我国农村住房扶持体系并不健全,政府虽然为农民免费提供了宅基地,但对于农民取得宅基地后无钱建房的,政府的支持力度仍不够,应当学习发达国家及地区的农房扶持政策,诸如提供低息贷款、修建扶持补助、发展农村住房金融政策等。[③] 当前正在一些地方开展的农民住宅财产抵押试点工作并不理想,主要是一些金融机构担心债务人违约后,基于农民住宅具有生存保障性质,难以有效对农民的住宅执行偿债,从而抵押权人的利益难以得到有效保障,实际上也可借鉴美国宅地豁免制度,立法明确规定农户享有一定自住房屋及宅基地面积或价值的豁免权,[④]超过规定豁免额度的,可以用于执行以偿还债权人的债权,以此来平衡农民住房居住权和债权人抵押权保护两个方面。

---

① 参见张群:《中国古代的住房权问题》,载《南京大学法律评论》2007 年第 Z1 期。

② 参见郑尚元:《宅基地使用权性质及农民居住权利之保障》,载《中国法学》2014 年第 2 期。

③ 参见卢玉志、顾维萍、贾哲:《韩国新村运动对我国实施乡村振兴战略的启示与借鉴》,载《河北金融》2017 年第 7 期。

④ 参见王桂芳:《美国家宅财产制度的启示——破解中国农民住房财产抵押贷款风险的新思路》,载《山西农业大学学报(社会科学版)》2017 年第 5 期。

三、乡村规划与农房建设

（一）我国乡村规划及农房建设的不足

党的十六届五中全会提出了建设社会主义新农村的任务，一些地区进行了新农村建设的试点，并取得了不错的成绩。2008 年 1 月《城乡规划法》施行，标志着我国城乡一体规划的开始。从总体来讲，我国乡村规划仍有待完善，以农房为例，当前农村房屋还存在农房空置、利用率低等现象。即便部分地区乡村规划在如火如荼地进行中，却也暴露出盲目照搬城市规划，忽视农村实际等现象。[①]

（二）发达国家乡村规划及农房建设的特点

发达国家在城市化进程中，也出现了城乡差距拉大、乡村环境恶化、乡村景观丧失、城乡发展不均衡等现象。为了缩小城乡差距、统筹城乡发展，这些国家纷纷进行了乡村建设，比如，美国 20 世纪 60 年代通过了《新城镇开发法》，加强了村庄规划和乡村建设；韩国 20 世纪 70 年代初实施了“新村运动”，加快了韩国农村现代化的步伐。在这些国家进行的乡村建设中，重要的一项即是农房建设规划，并有以下特点：

一是政府主导，规划先行。发达国家的乡村建设是在政府主导下进行的，通过事前规划，制定详细的农房、社区发展规划策略，降低未来建设中的不确定性。

二是以乡村土地利用规划为核心。农房建设及社区发展都受土地利用规划的控制，受土地分区规划的制约，比如乡村中的居住区与农业区的分离，避免农业生产活动对居住区的干扰。

三是从居有其屋到居有适屋的转变。在早期，发达国家的住房政策以居有其屋为核心，满足人们最低的物质性的居住需要。如今，更多的是倡导居有适屋，强调居住的适宜性，更多关注住宅主体“人”的精神

---

① 参见王兆林、朱婉晴、杨庆媛：《近 30 年中国合村并居研究综述与展望》，载《中国土地科学》2021 年第 7 期。

需求，比如，注重住宅质量、居住安全，居住环境、居住的公共配套、居住方便与舒适，关注住房对人们健康的影响，强调居住健康权、住宅隐私权等。① 各国通过在宅地开发过程中密度及容积控制、土地重划、建筑许可、质量验收等措施来实现上述目标。

四是尊重当地习惯，注重传统保护。乡村规划和农房建设要尊重当地习惯，同时也要注重对传统的保护。一些传统风貌的建筑具有重要的历史文化价值，它提升了社区的文化内涵，应当予以保护，比如韩国"新村运动"在进行农村现代化的同时，也注重对传统的保护和发掘，使得韩国地区的乡村景观呈现出传统与现代兼具的特色。

五是注重农民的参与。乡村规划的最终目的就是提高当地农民居住的生活质量，因此在实施过程中要充分吸取当地农民的意见，了解他们的真实想法，只有这样，才能让农民得到实惠，乡村得到发展。

（三）经验借鉴

一是加强制度建设，完善相关法律法规。发达国家都出台了乡村建设方面的法律法规，通过制度来保障乡村建设合法有序开展。我国虽出台了《城乡规划法》，但《城乡规划法》比较原则，相关跟进的配套政策还不够完善。②

二是加强乡村建设规划，防止乱占乱建，避免土地闲置，提高土地节约集约化利用水平，加强公共配套设施建设，改善居住环境，注重生态保护，提倡居住的适宜性和可持续性，通过土地重划和整理为乡村建设注入活力，全面整体提升乡村发展。

三是适度推动农村住宅建设产业化。目前农房建设大多自力或请人为之，科技含量低，房屋质量安全、使用寿命、住宅功能等各方面都难以得到有效保障，而且自行建设成本较高，也不经济。通过农村住宅建

---

① 参见《世界人权宣言》第12条规定："任何人的私生活、家庭、住宅和通信不得任意干涉，他的荣誉和名誉不得加以攻击。人人有权享受法律保护，以免受这种干涉或攻击。"

② 比如《城乡规划法》第41条规定，"在乡、村庄规划区内使用原有宅基地进行农村村民住宅建设的规划管理办法，由省、自治区、直辖市制定"。而一些省市地区却并未制定相关配套规定。

设产业化，可以降低建房成本，推动农房建设健康良性发展。

四是乡村建设注重乡村文化软实力建设，尊重当地习俗，在发展农村现代化的同时也注重对传统的保护，提倡住宅建筑风格多元化、农房建设的本地化和个性化。

发达国家及地区的乡村建设表明，在城市化高速进程中，也要加强乡村的建设。乡村不仅仅是农民起居劳作的场所，也是维持生态平衡、提供休憩空间、陶冶人们心灵的地方，乡村与城市毕竟有别，人口密度、产业结构、生活方式、生态环境等方面都有不同，乡村建设要注重乡村规划自身的特点，不能盲目照搬城市模式，比如高楼林立，集中居住，一味求新。当前，我国乡村建设存在两个极端，一个极端是一些地区无乡村规划，另一个极端是一些地方的乡村规划盲目照搬城市规划。这两个极端都是不行的，我们既要加快乡村现代化发展，也要照顾乡村实际，统筹兼顾，协调发展。

四、我国乡村振兴法治建设

党的十九大提出乡村振兴战略，2018 年，中共中央、国务院印发了《乡村振兴战略规划(2018—2022 年)》，从 2018 年到 2022 年，中央一号文件都以乡村振兴为主旨，部署“三农”工作。乡村振兴，法治是保障，2021 年，我国第一部以“乡村振兴”命名的法律《乡村振兴促进法》正式颁布实施，标志着我国乡村振兴正式从政策引导转入法治轨道，[①]这是继《农业法》颁布后又一部有关“三农”发展的基础性根本性法律。[②] 该法主要内容及特色如下：

一是强调乡村全面振兴。包括了乡村产业、人才、文化、生态、组织五大振兴，按照产业兴旺、生态宜居、乡风文明、治理有效、生活富裕的总要求，统筹推进农村经济建设、政治建设、文化建设、社会建设、生态

① 参见冯兆蕙：《乡村振兴法治化的时代价值、基本框架与实现机制》，载《法律科学（西北政法大学学报）》2022 年第 6 期。

② 参见张晓山：《推动城乡融合发展 促进乡村全面振兴——学习〈乡村振兴促进法〉》，载《农业经济问题》2021 年第 11 期。

文明建设和党的建设。①

二是坚持农民主体地位。在实施乡村振兴中坚持农民的主体地位,尊重农民意愿,维护农民合法权益,严禁违背农民意愿撤并村庄,不得以“三权”退出作为农民进城落户的条件。②

三是突出乡村建设行动。强调规划在乡村建设中的引领作用,有序推进乡村建设,加强农村住房建设的管控与服务,推动城乡基础设施互联互通,健全农村基本公共服务体系,保护传统村落。③

四是强化乡村人才支撑。乡村振兴,关键在人,强化农民素质培训,培育乡村人才,发挥农村“乡贤”的引领作用,引导城市人去乡村建功立业,畅通城乡人才交流机制,培养新型职业农民队伍,强化乡村人才振兴。④

五是建立乡村振兴扶持措施。实施乡村振兴战略财政投入保障制度,加强乡村振兴的金融支持,完善担保机制,盘活农村土地资源,保障

---

① 《乡村振兴促进法》第2条规定,“全面实施乡村振兴战略,开展促进乡村产业振兴、人才振兴、文化振兴、生态振兴、组织振兴,推进城乡融合发展等活动,适用本法”;第3条规定,“促进乡村振兴应当按照产业兴旺、生态宜居、乡风文明、治理有效、生活富裕的总要求,统筹推进农村经济建设、政治建设、文化建设、社会建设、生态文明建设和党的建设”。

② 《乡村振兴促进法》第4条规定,“坚持农民主体地位,充分尊重农民意愿,保障农民民主权利和其他合法权益,调动农民的积极性、主动性、创造性,维护农民根本利益”;第51条规定,“严格规范村庄撤并,严禁违背农民意愿、违反法定程序撤并村庄”;第55条规定,“不得以退出土地承包经营权、宅基地使用权、集体收益分配权等作为农民进城落户的条件”。

③ 《乡村振兴促进法》第32条规定,“加强对历史文化名镇名村、传统村落和乡村风貌、少数民族特色村寨的保护”;第38条规定,“建立健全农村住房建设质量安全管理制度和相关技术标准体系,建立农村低收入群体安全住房保障机制。建设农村住房应当避让灾害易发区域,符合抗震、防洪等安全要求。……强化新建农村住房规划管控,严格禁止违法占用耕地建房;鼓励农村住房设计体现地域、民族和乡土特色,鼓励农村住房建设采用新型建造技术和绿色建材,引导农民建设功能现代、结构安全、成本经济、绿色环保、与乡村环境相协调的宜居住房”;第51条规定,“按照尊重农民意愿、方便群众生产生活、保持乡村功能和特色的原则,因地制宜安排村庄布局,依法编制村庄规划,分类有序推进村庄建设”;第52条规定,“县级以上地方人民政府应当统筹规划、建设、管护城乡道路以及垃圾污水处理、供水供电供气、物流、客运、信息通信、广播电视、消防、防灾减灾等公共基础设施和新型基础设施,推动城乡基础设施互联互通”;第53条规定,“提升乡村基本公共服务水平,推进城乡基本公共服务均等化”。

④ 《乡村振兴促进法》第24条规定,“国家健全乡村人才工作体制机制,采取措施鼓励和支持社会各方面提供教育培训、技术支持、创业指导等服务,培养本土人才,引导城市人才下乡,推动专业人才服务乡村,促进农业农村人才队伍建设”;第28条规定,“国家鼓励城市人才向乡村流动,建立健全城乡、区域、校地之间人才培养合作与交流机制”。

乡村振兴用地合理需求。①

小　　结

本章通过对西方土地产权制度的历史梳理,以及对当代发达国家的宅地制度考察,基于土地的稀缺性以及其重要的社会属性,即便是实行土地私有制的国家,个人宅地上的私法自由受到国家相当大的公法限制,比如宅地取得的主体、客体及数量限制,宅地制度设计要服从于国家的公法目标居有其屋的实现,同时宅地建设也要受国家规划的管制等。

正如前章所述,中国历史上的宅地制度安排也受制于国家公法控制,而且这种公法控制仍深刻影响着现行的宅基地制度安排,宅基地主要承担社会保障功能,取得和流转都有身份限制,而西方社会的宅地制度设计同样受到国家的公法限制,这表明,古今中外,宅(基)地制度的私法构建都在一定程度上受到国家的公法管制。但是,中西方社会仍有本质的不同。

宅基地使用权兼具私法和公法属性,我国应立足于完善民事主体对宅基地使用权的法律保护,仅仅在关涉公共利益等情形下,予以公法限制。如此,才有利于建构我国的私法体系和私权的保护。② 下面一章,我们将分析中国当前农村宅基地制度安排,并从公法与私法两方面完善现行的宅基地制度。

---

① 《乡村振兴促进法》第58条规定,"国家建立健全农业支持保护体系和实施乡村振兴战略财政投入保障制度";第63条规定,"国家综合运用财政、金融等政策措施,完善政府性融资担保机制,依法完善乡村资产抵押担保权能";第67条规定,"推进节约集约用地,提高土地使用效率,依法采取措施盘活农村存量建设用地,激活农村土地资源,完善农村新增建设用地保障机制,满足乡村产业、公共服务设施和农民住宅用地合理需求"。

② 参见刁其怀:《宅基地产权制度之展望篇》,载《中国房地产》2010年第5期。

第五章　当前农村宅基地制度安排及其法与经济学分析

第一节　当前农村宅基地管理制度存在的问题及改革方向

正如前文所述,基于宅地资源的稀缺性、需求的刚性、利用的社会性,作为社会代表的国家必须在宏观上进行公法控制。只有如此,才能保证宅地的合理分配、可持续利用。宅地管理包括宅地权属管理和宅地利用管理,宅地权属管理指政府应对宅地所有者和使用者的合法权益进行保护,同时也包括对宅地所有者和使用者的权利进行必要限制;宅地利用管理主要指政府通过政策法规、经济、行政等手段,调整宅地的利用结构,确保宅地的保护及其合理利用。①

宅地管理措施主要包括:一是政策及立法措施,比如国家颁布宅地管理方面的法律法规及政策,以贯彻国家宅地管理方面的意志;二是计划及行政措施,比如制定实施宅地中长期利用计划,加强宅地规划,对宅地的所有权与使用权权属及其变动情况进行登记,通过这些措施保证宅地可持续利用,优化宅地利用结构,保

---

①　参见毕宝德主编:《土地经济学》(第7版),中国人民大学出版社2016年版,第140~141页。

障宅地当事人合法权益,维护宅地交易秩序等;三是市场及经济措施,建立宅地市场,征收宅地税费,发展宅地金融,发挥宅地经济属性,调控宅地供应,促进宅地资源合理分配与利用;四是司法手段,主要是对宅地违法违规行为进行检察监督,加大执法力度,处理宅地纠纷,保证宅地立法的实施,同时提供宅地法律服务;五是技术及宣传手段,比如宅地监测、宅地调查、宅地相关知识的培训等,为宅地管理的顺利实施提供基础保障。① 中华人民共和国成立至今,我国宅基地管理法律法规及政策逐步完善,上至中央下至地方各级政府部门都非常重视宅基地的管理,先后出台了一系列宅基地管理方面的法律法规及部门规章,宅基地管理逐步走向规范化和法制化,宅基地保护力度逐渐加强,初步构建起了我国宅基地管理体系。但是,当前宅基地利用及管理仍存在宅基地利用率不够高、管理较为粗放等现象。

一、存在问题

(一)宏观层面的管理体制问题②

1. 多头管理

按照我国现有法律的规定,宅基地属于农民集体所有,而农民集体又包括乡镇、村、村民小组三级,那么宅基地到底属于哪一级农民集体所有,法律尚未明确。基于财产的所有权必定衍生出财产的管理权,不同的主体基于各自的立场对同一财产必定有不同的诉求,从而产生对宅基地利益的争夺,而且在我国农村,很多农民还认为宅基地是自己的私产,他人不得干涉,这更增加了宅基地利益争夺的复杂性。如果乡镇、村集体利用法律规定的模糊性强占农民的宅基地,就会侵害农民的利益。另外,地方政府基于国家层面的代理人以及城镇化的需要,会对

① 参见毕宝德主编:《土地经济学》(第 7 版),中国人民大学出版社 2016 年版,第 141 ~ 141 页。

② 参见叶剑平、金晓月:《中国农村土地管理制度的建构》,载中国社会科学院农村发展研究所宏观经济研究室编:《农村土地制度改革:国际比较研究》,社会科学文献出版社 2009 年版,第 165 ~ 166 页。

宅基地实施管理,而且部分地方政府基于经济利益的需要,热衷于对宅基地的经营,而国家基于社会宏观管理职能的需要也会对宅基地实施管理,以平衡不同主体之间的利益冲突。

2. 管理权限模糊,管理合力不够

从纵向看,自中央到地方各级主体都对宅基地实施管理,但不同主体之间的管理边界尚不清晰,不同的主体从各自的利益出发,难以形成统一权威的宅基地管理制度。虽然国家拥有对宅基地的终极处分权,但实际上地方政府对宅基地的控制管理权限更大,例如,2020 年实施的《土地管理法》明确将宅基地审批权下放至乡(镇)人民政府,①对农村村民非法占地建房行政执法权也下放至乡镇(街道)②。

从横向看,按照《土地管理法》的规定,农业农村部门是宅基地管理职能部门,但在实践中,乡(镇)一级大多没有设置农村经营管理机构及人员,而自然资源部门管理宅基地时,在乡(镇)一级通常都设立了自然资源所。因此,农业农村部门管理宅基地的力量偏弱。同时,宅基地管理还涉及自然资源、建设、公安等相关部门,只有各部门通力配合,齐抓共管,才能形成合力,从而有利于宅基地管理制度的实施。③

从执法权限看,农业农村部门与自然资源部门在违法占地建房执法职能方面存在边界尚不清晰的问题,产生此问题的原因如下:一是

---

① 新《土地管理法》第 62 条规定,"农村村民住宅用地,由乡(镇)人民政府审核批准"。

② 2019 年中共中央办公厅、国务院办公厅《关于推进基层整合审批服务执法力量的实施意见》规定,"推进行政执法权限和力量向基层延伸和下沉,强化乡镇和街道的统一指挥和统筹协调职责。整合现有站所、分局执法力量和资源,组建统一的综合行政执法机构,按照有关法律规定相对集中行使行政处罚权,以乡镇和街道名义开展执法工作,并接受有关县级主管部门的业务指导和监督,逐步实现基层一支队伍管执法"。

③ 2019 年农业农村部、自然资源部《关于规范农村宅基地审批管理的通知》规定,"农村宅基地用地建房审批管理事关亿万农民居住权益,涉及农业农村、自然资源等部门","农业农村部门负责农村宅基地改革和管理工作,建立健全宅基地分配、使用、流转、违法用地查处等管理制度,完善宅基地用地标准,指导宅基地合理布局、闲置宅基地和闲置农房利用;组织开展农村宅基地现状和需求情况统计调查,及时将农民建房新增建设用地需求通报同级自然资源部门;参与编制国土空间规划和村庄规划。自然资源部门负责国土空间规划、土地利用计划和规划许可等工作,在国土空间规划中统筹安排宅基地用地规模和布局,满足合理的宅基地需求,依法办理农用地转用审批和规划许可等相关手续。各级农业农村、自然资源部门要建立部门协调机制,做好信息共享互通,推进管理重心下沉,共同做好农村宅基地审批和建房规划许可管理工作"。

《土地管理法》表述上的交叉。《土地管理法》第 5 条规定,“国务院自然资源主管部门统一负责全国土地的管理和监督工作”;第 62 条又规定,“国务院农业农村主管部门负责全国农村宅基地改革和管理有关工作”;第 77 条规定,“未经批准或者采取欺骗手段骗取批准,非法占用土地的,由县级以上人民政府自然资源主管部门责令退还非法占用的土地”;第 78 条又规定,“农村村民……非法占用土地建住宅的,由县级以上人民政府农业农村主管部门责令退还非法占用的土地,限期拆除在非法占用的土地上新建的房屋”。从这些法条的表述来看,似乎两个部门都对违法占地建房具有管理职责,根据该法第 78 条的规定,违法占地建房由农业农村主管部门执法,但是何为违法占地又该由谁来认定,《土地管理法》及后颁布的《土地管理法实施条例》对此都未明确。[①] 二是主管职能部门印发的行政执法清单对此也未作规定。2020 年农业农村部印发《农业综合行政执法事项指导目录(2020 年版)》,2019 年自然资源部发布《自然资源部行政处罚事项清单》,但两个文件都未对农村村民违法占地(特别是占用耕地)建房的执法作出明确规定。在基层执法中,自然资源部门认为,只要是农村村民在集体土地上(无论是建设用地还是耕地等农用地)建房,都应由农业农村部门负责查处;而农业农村部门则认为,根据《土地管理法》第 67 条规定的“县级以上人民政府农业农村主管部门对违反农村宅基地管理法律、法规的行为进行监督检查的”,《土地管理法》第 78 条中的“土地”特指依法审批的宅基地,以免出现前后矛盾,[②]只有农村村民非法占用合法的宅基地建房的,才由农业农村部门负责查处,非宅基地类的违法占地建房(特别是违法占用耕地建房的)应由自然资源部门负责查处。[③]

司法审判机关对农村村民违法占地建房的执法权的认识也不一

---

① 《土地管理法实施条例》第 48 条规定,“自然资源主管部门、农业农村主管部门按照职责分工进行监督检查”,但该条例并未明确两部门的具体职责分工。参见程雪阳:《体系解释视角下农村违法占地建房执法权限争议的解决》,载《政治与法律》2022 年第 10 期。

② 参见《耕地上建住宅,谁有职责查处》,载《检察日报》2022 年 2 月 17 日,第 7 版。

③ 参见樊文强、谢志扬、莫东:《宅基地管理存在的问题及建议》,载《四川农业与农机》2021 年第 6 期。

致,有的法院认为应由农业农村部门查处,[①]有的认为应由自然资源部门查处。[②]

（二）微观层面的管理具体问题

1. 村庄规划有待完善,农村居民点建设仍存问题

按照《土地管理法》的规定,要求各级人民政府编制土地利用总体规划,并规定村庄规划应当与土地利用总体规划相衔接,[③]但在实践中,仍存在村庄建设规划与土地利用总体规划不同步,两者之间缺少衔接的情况。[④] 立法上虽然有对村庄规划的相关规定,但在实践中,规划的引领作用和控制力度仍显不够,农村居民点建设仍存在一些问题,如占地规模大等,给居民造成生活不方便、居住环境差等问题。

2. 宅基地闲置问题显现,宅基地利用存在粗放型发展

一些农民认为宅基地属于自己的私产,认为拆老宅和祖房会影响风水,因此建新不拆旧,旧房空置率高,同时宅基地继承、买卖等原因也使农村出现一户多宅现象。另外,在我国城市化快速发展过程中,农村人口基于各种原因外迁也造成了宅基地的闲置。

3. 宅基地审批、退出、收回机制尚不健全,可操作性有待提高

2020 年新《土地管理法》颁布实施前,按照我国 1993 年的《村庄和集镇规划建设管理条例》、2004 年修正的《土地管理法》以及 2004 年原国土资源部《关于加强农村宅基地管理的意见》等文件的规定,农民取得宅基地最后的审批权限在代表县政府行使审批权限的县级国土部

---

① 参见辽宁省盖州市人民法院行政裁定书,(2020)辽 0881 行审 58 号;陕西省淳化县人民法院行政裁定书,(2021)陕 0430 行审 3 号。

② 参见湖南省石门县人民法院行政裁定书,(2020)湘 0726 行审 38 号;湖南省怀化铁路运输法院行政裁定书,(2020)湘 8603 行初 405 号。

③ 参见《土地管理法》第 21 条规定,"城市总体规划、村庄和集镇规划,应当与土地利用总体规划相衔接,城市总体规划、村庄和集镇规划中建设用地规模不得超过土地利用总体规划确定的城市和村庄、集镇建设用地规模。在城市规划区内、村庄和集镇规划区内,城市和村庄、集镇建设用地应当符合城市规划、村庄和集镇规划"。

④ 参见叶剑平、金晓月:《中国农村土地管理制度的建构》,载中国社会科学院农村发展研究所宏观经济研究室编:《农村土地制度改革:国际比较研究》,社会科学文献出版社 2009 年版,第 166 页。

门，但在实践中，通常情况下，农民取得宅基地的程序如下：由符合条件的农民向所在的村民小组提出申请，经村民小组会议讨论通过并予以公示，公示无异议的，将申请材料交至所在的村民委员会讨论，经村民会议讨论通过并公示，公示无异议的，再报乡（镇）人民政府办事处审核，并会同村、组相关人员现场勘查，符合规定的，再报县级国土部门审查，审查通过的报同级人民政府批准，登记造册，确认申请人宅基地使用权。

在上述过程中，乡村干部起着至关重要的作用。虽然原国土资源部《关于加强农村宅基地管理的意见》规定了在宅基地审批过程中，乡（镇）国土资源管理所要做到“三到场”，[①]但一个乡（镇）也往往下辖十余个自然村，宅基地分布面广，乡（镇）土地所人员少，而且变动快，乡（镇）所工作人员工作积极性有限，对宅基地的管理难以实施到位。如此一来，在宅基地审批过程中，真正起关键作用的是乡村干部，农村是个熟人社会，乡村干部对所辖范围内的宅基地情况最为了解，如果一些乡村干部借此以权谋私，其本人家庭或是与其关系好的亲戚朋友就很容易取得宅基地。

2020 年《土地管理法》颁布实施后，农业农村主管部门负责农村宅基地的管理工作，指导乡（镇）人民政府开展农村宅基地审批工作。按照 2019 年农业农村部、自然资源部《关于规范农村宅基地审批管理的通知》的规定，农村村民申请宅基地建房程序如下：农村村民先以户为单位向村民小组提出申请，然后经村民小组会议讨论并将申请公示，在申请被公示无异议后再提交村级组织审查，村级组织审查通过的，最后报送乡镇政府。同时，在建房全过程中，乡镇政府要组织农业农村部门、自然资源部门落实“三到场”要求，但机构改革后，乡镇政府农业农村部门机构设置与人员配置力量偏弱，难以有效应对宅基地审批管理工作。因此，在上述宅基地审批建房过程中，仍然是乡村干部起关键的

---

① 即“受理宅基地申请后，要到实地审查申请人是否符合条件、拟用地是否符合规划等；宅基地经依法批准后，要到实地丈量批放宅基地；村民住宅建成后，要到实地检查是否按照批准的面积和要求使用土地”。

作用。

在现有法律层面，宅基地使用权流转范围有限，难以解决当前宅基地闲置等问题。在此背景下，理论界与实务界提出了构建宅基地退出制度予以应对。中央也明确提出要深化宅基地制度改革试点，探索宅基地自愿有偿退出机制。2020年新《土地管理法》从法律层面规定了宅基地有偿退出，①但退出方式、补偿标准、财政支持等相关配套制度还未跟上，宅基地退出面临补偿资金缺口、零星宅基地退出操作困难等制约因素。②

我国1995年的《确定土地所有权和使用权的若干规定》和2020年的新《土地管理法》规定了宅基地收回的几种情形，③但收回的性质为何，收回是行政处罚还是违约责任的承担方式，农村集体经济组织收回是基于行政执法还是追究违约责任，收回程序为何，补偿标准是多少，这些问题都还不明确。在实践中，采取宅基地收回方式的并不多。④

4. 宅基地登记发证率较高，但进展较慢，各地发展尚不平衡⑤

我国实行的是不动产登记发证制度，宅基地发证工作关涉农村千家万户的切身利益，也是政府职能部门加强宅基地管理的重要手段。我国一向重视宅基地登记发证工作，1986年，中共中央、国务院《关于加强土地管理、制止乱占耕地的通知》首次要求，"各地要对所有非农业用地进行登记和发证，建立健全地籍管理制度"，1989年，原国家土地

---

① 《土地管理法》第62条规定，"国家允许进城落户的农村村民依法自愿有偿退出宅基地，鼓励农村集体经济组织及其成员盘活利用闲置宅基地和闲置住宅"。

② 参见刁其怀：《宅基地退出：模式、问题及建议——以四川省成都市为例》，载《农村经济》2015年第12期。

③ 1995年原国家土地管理局公布的《确定土地所有权和使用权的若干规定》第52条规定，"空闲或房屋坍塌、拆除两年以上未恢复使用的宅基地，不确定土地使用权。已经确定使用权的，由集体报经县级人民政府批准，注销其土地登记，土地由集体收回"。2020年《土地管理法》第66条规定，为乡(镇)村公共设施和公益事业建设，需要使用土地的，不按照批准的用途使用土地的，因撤销、迁移等原因而停止使用土地的，农村集体经济组织报经原批准用地的人民政府批准，可以收回土地使用权。

④ 参见高圣平：《宅基地制度改革试点的法律逻辑》，载《烟台大学学报(哲学社会科学版)》2015年第3期。

⑤ 参见韩俊主编：《中国农村土地问题调查》，上海远东出版社2009年版，第304页。

管理局颁布的《土地登记规划》对集体建设用地登记发证提出了明确具体的要求，特别是2008年，原国土资源部出台了《土地登记办法》《关于贯彻实施〈土地登记办法〉进一步加强土地登记工作的通知》《关于进一步加快宅基地使用权登记发证工作的通知》等一系列法规文件，全力部署推进农村宅地登记发证工作。2004年杨祝辉等人的《农村宅基地登记发证工作调研报告》显示，截至2004年10月31日，除西藏外的30个省级行政区域的宅地应发证总数为21,090.52万本，已发证数为14,975.19万本，发证覆盖率平均达到71%，[①]但各地发证进展情况却不平衡。[②] 2016—2019年的中央一号文件都对宅基地确权工作进行了部署，特别是2019年的中央一号文件更是明确提出了“加快推进宅基地使用权确权登记颁证工作，力争2020年基本完成”的要求。考虑到各地的实际情况，自然资源部对宅基地确权工作也提出了明确具体的要求，要求在2020年底前，完成全国农村地籍调查，农村宅基地和集体建设用地登记率达到80%以上，在2021年底前，完成宅基地和集体建设用地及房屋登记资料清理整合及成果汇交。[③]

当前，地方财政对宅基地登记发证工作支持力度还不够，由于在制

---

① 参见杨祝辉等：《农村宅基地登记发证工作调研报告》，载韩俊主编：《中国农村土地问题调查》，上海远东出版社2009年版，第305页。

② 上海、甘肃、广西及河北四地的发证率达到了90%以上，平均发证率为93.35%；浙江、黑龙江、山东与福建四地的发证率在80%到90%之间，平均发证率为86.6%；江苏、青海、山西、湖南、吉林五省的发证率在70%到80%之间，平均发证率为74.27%；重庆、广东、天津、宁夏、江西、辽宁、四川、河南八地的发证率在60%到70%之间，平均发证率为65.82%；云南、湖北、陕西、内蒙古、安徽五地的发证率在50%到60%之间，平均发证率为56.29%；而新疆、贵州、北京、海南四地的发证率均在40%以下，平均发证率为26.33%，其中海南发证率是8.46%。这是笔者根据杨祝辉等人的《农村宅基地登记发证工作调研报告》中的数据统计的结果。

③ 2020年自然资源部公布的《宅基地和集体建设用地使用权确权登记工作问答》第7问：“基本完成宅基地和集体建设用地确权登记任务的标准是什么？2020年底前，完成全国农村地籍调查，农村宅基地和集体建设用地登记率达到80%以上，即宅基地、集体建设用地已登记宗地数（原来发土地证的宗地数和不动产统一登记后发不动产权证的宗地数之和，其中原土地证换发不动产权证的宗地不得重复计算）占应登记宗地数的80%以上。2021年底前，完成宅基地和集体建设用地及房屋登记资料清理整合，农村地籍调查和不动产登记数据成果逐级汇交至国家不动产登记信息管理基础平台。”

度层面取消了宅基地登记发证收费,[①]而宅基地登记收费往往是乡(镇)国土管理所的主要工作经费来源。因此,原基层国土管理部门从事此项工作的人员不多。[②] 2015 年,不动产实行统一登记后,各地在推进房地一体的农房确权登记工作中,也面临着工作人员专业素质有待提高、登记遗留问题复杂等现实问题。[③]

二、改革方向

(一)加强宅基地规划管理

加强宅基地规划管理,按照新农村建设要求,逐步禁止零星建房行为,适时推进农民住宅建设向中心村及小城镇聚集。根据社会经济发展水平,对农村居民点数量和用地规模进行合理预测,要抓紧制定和完善乡(镇)土地利用总体规划和村庄建设规划,各地财政应安排专项资金用于乡(镇)土地利用总体规划、村庄建设规划的编制工作,严格控制宅基地数量规模,合理布局农村居民点,防止村庄建设盲目扩张,通过村庄规划,使城乡存量建设用地合理安排、统筹兼顾、优化利用。加强对村庄建设的引导,对村庄建设要因地制宜,分类指导,要体现乡村风貌、农村特色,切忌千篇一律。同时,加强公共配套基础设施建设,注重生态环境保护,方便群众生活,提升生活质量。

各地应根据本地经济发展水平,有针对性地推进农民住宅公寓化、城镇集中和中心村建设。对于第二、三产业发达的县城及乡镇规划控制区范围内的村庄,可以推行农民住宅公寓化;对于经济比较发达的城镇周边的自然村,可纳入城镇规划,逐步向城镇集中;对于零星的、未能

---

① 2020 年自然资源部公布的《宅基地和集体建设用地使用权确权登记工作问答》第 5 问:"办理宅基地和集体建设用地登记需要缴纳哪些费用?《财政部国家发展和改革委员会关于不动产登记收费有关政策问题的通知》(财税〔2016〕79 号)规定,单独申请宅基地使用权登记、申请宅基地使用权及地上房屋所有权登记,只收取不动产权属证书工本费,每本 10 元。申请集体建设用地使用权及建(构)筑物所有权登记的,应当按照相关规定缴纳不动产登记费 80 元(包含第一本证书工本费)。"

② 参见魏西云、唐健:《新形势下的农村宅基地管理》,载《中国土地》2006 年第 4 期。

③ 参见丁肇辉:《农村宅基地及住房确权登记存在问题和解决建议》,载《中国住宅设施》2022 年第 6 期。

成片的住宅区及选址不在城镇中心的区域，则不宜推行农民住宅公寓化；对于远离城镇、以农业生产为主的经济欠发达村庄，则不宜推行农民住宅的公寓化，应按照有利生产、方便生活的原则，建设中心村。宅基地规划管理要从实际出发，防止大拆大建，稳步推进村庄治理。①

（二）加强宅基地用途管制

土地规划管理是用途管制的基础，我国1998年的《土地管理法》首次确立了土地用途管制，根据《土地管理法》的规定，宅基地被严格限定于农民住宅及附属设施建设，按照质量监督检验检疫总局和国家标准化管理委员会联合发布的《土地利用现状分类》（GB/T 21010－2007）国家标准，宅基地属于住宅用地，代码为072。② 目前，我国农村农民对宅基地的用途管制还不甚明了，根据中南财经政法大学"农村土地问题立法研究"课题组于2006—2007年对山东等十个省份的问卷抽样调查，认为宅基地可用作住宅建设以外经营性用途的占被调查者总数的38.02%，43.3%的被调查者认为不可以用作住宅建设以外经营性用途，16.29%的被调查者表示对此不清楚。③ 宅基地虽然作为集体建设用地的一种，但它与一般的集体建设用地仍有所区别，一般的集体建设用地的利用以体现土地的经济属性为重，注重高效、集约，发挥土地的资本功能，④而宅基地的设计基本目标是居有其屋，解决广大农民的居住问题。目前，我国总人口中农村人口占60%左右，解决好他们的居住问题，也就维护了农村社会的稳定。因此，对宅基地的用途管制还需加强，监管机制仍需完善。

---

① 参见魏西云、唐健：《新形势下的农村宅基地管理》，载《中国土地》2006年第4期；韩俊主编：《中国农村土地问题调查》，上海远东出版社2009年版，第310～311页。

② 《民法典》第362条规定："宅基地使用权人依法对集体所有的土地享有占有和使用的权利，有权依法利用该土地建造住宅及其附属设施。"

③ 参见付鹏：《城市化进程中农村宅基地使用权制度创新》，载《地方财政研究》2009年第1期。

④ 参见叶剑平、金晓月：《中国农村土地管理制度的建构》，载中国社会科学院农村发展研究所宏观经济研究室编：《农村土地制度改革：国际比较研究》，社会科学文献出版社2009年版，第170页。

（三）大力推进宅基地的节约集约化利用水平

当前，“空心村”、住房空置、一户多宅、宅基地闲置等问题影响了农村集体建设用地的节约集约化利用水平。因此，要改变农村宅基地粗放管理模式，因地制宜组织开展宅基地使用情况的调查清理工作，盘活闲置宅基地和闲置住宅。[①] 通过行政和经济手段加大对闲置宅基地的整理工作力度，建立激励加约束的宅基地退出机制，[②]区分宅基地闲置不同成因，采取有针对性的盘活措施：对于通过非法手段多占宅基地、建新不拆旧、批而不建等原因导致宅基地闲置的，村集体可以通过强制收回的方式盘活。对于通过继承房屋等合法手段取得宅基地导致闲置的，可通过经济杠杆予以调节，比如对退出宅基地的当事人予以合理补偿，对于当事人超标部分的宅基地实行有偿使用，增加其保有的成本。加大闲置宅基地整理、复垦、指标交易、置换及资金筹措等工作力度，推动农民退出宅基地，采取入股、租赁、合作经营、发展乡村产业等多种方式盘活闲宅。[③]

严格实行建新拆旧政策，对于新建住房的，应要求申请人先行退出宅基地。要加强宣传，正确引导，纠正农民建房相互攀比观念，从严控制宅基地增量，盘活现有宅基地存量，农民新建住宅的，要充分利用村内老宅基地、空闲宅基地及废弃地等。加强宅基地审批工作，防止村庄盲目向外扩展，对各村人口的增长情况进行统计，根据人口增长情况下

---

① 2019年中央农村工作领导小组办公室、农业农村部发布的《关于进一步加强农村宅基地管理的通知》规定，鼓励村集体和农民盘活利用闲置宅基地和闲置住宅，通过自主经营、合作经营、委托经营等方式，依法依规发展农家乐、民宿、乡村旅游等。在尊重农民意愿并符合规划的前提下，鼓励村集体积极稳妥开展闲置宅基地整治，整治出的土地优先用于满足农民新增宅基地需求、村庄建设和乡村产业发展。闲置宅基地盘活利用产生的土地增值收益要全部用于农业农村。在征得宅基地所有权人同意的前提下，鼓励农村村民在本集体经济组织内部向符合宅基地申请条件的农户转让宅基地。对进城落户的农村村民，各地可以多渠道筹集资金，探索通过多种方式鼓励其自愿有偿退出宅基地。

② 参见欧阳安蛟、蔡锋铭、陈立定：《农村宅基地退出机制建立探讨》，载《中国土地科学》2009年第10期。

③ 参见周静：《农村闲置宅基地盘活利用的意愿、障碍及其改革重点分析》，载《华中农业大学学报（社会科学版）》2022年第6期；魏晖、巩前文：《农村宅基地闲置的主要类型及分类治理对策》，载《世界农业》2020年第10期。

达与之相适应的宅基地计划指标，村集体与乡（镇）土管部门要协同会商，合理分配，同时要合理规划农村居民点布局和宅基地容积率，避免土地浪费。

（四）建立农村宅基地退出收回机制

目前，学术界常常混淆宅基地退出、宅基地流转、宅基地收回及宅基地征收之间的区别，有必要予以澄清。[①] 宅基地所有权属于农民集体，农民对宅基地只有使用权，农村宅基地的退出，实际上是农民宅基地使用权的退出。宅基地退出是宅基地使用权的物权变动，是宅基地使用权人自愿将作为宅基地的用益物权消灭，从而恢复所有权人代表集体经济组织对宅基地的圆满支配状态。

1. 宅基地退出与宅基地流转的区别

我国实行的是土地公有制度，包括国家所有和农民集体所有，私人不能拥有土地所有权。在我国，不存在土地所有权市场，只有土地使用权市场。因此，宅基地流转指的是宅基地使用权流转，是指宅基地使用权人基于房屋买卖等原因将宅基地使用权流转给另一个使用权人。宅基地退出与宅基地流转有以下区别：

（1）受让主体不同

宅基地退出的受让主体只能是宅基地所有权代表农村集体经济组织，是使用权向所有权的回归；而宅基地流转的受让主体原则上只能是本村集体经济组织内部的成员，且受让方没有宅基地，符合宅基地分配条件，同时要受“一户一宅”的限制。当然，因农房的继承导致宅基地流转的，受让方将不受村集体经济组织成员身份限制和“一户一宅”的限制。

（2）权利存续不同

宅基地退出后，村民的宅基地使用权即为消灭，作为宅基地使用权的用益物权消灭后，所有权人代表农村集体经济组织对标的物宅基地从而享有完整的占有、使用、收益及处分的权能；而宅基地流转，是宅基

① 参见刁其怀：《宅基地退出概念辨析》，载《中国土地》2017 年第 3 期。

地使用权从一个主体到另一个主体，宅基地使用权并未灭失，仍然存续，宅基地使用权作为一种独立存在的用益物权，在法律规定的限度内具有排他性，从而形成对宅基地所有权的限制。

2. 宅基地退出与宅基地收回的区别

《土地管理法》并未明确规定哪些情况下可以收回宅基地使用权，但对集体土地使用权的收回进行了规定，按照《土地管理法》第 66 条的规定，集体土地使用权的收回，特指出现某种情形时，农村集体经济组织报经原批准用地的人民政府批准，可以收回土地使用权，这些情形主要有：(1)为乡(镇)村公共设施和公益事业建设，需要使用土地的；(2)不按照批准的用途使用土地的；(3)因撤销、迁移等原因而停止使用土地的。宅基地使用权作为集体土地使用权的一种，当然可以参照上述规定适用。因此，宅基地收回是指当宅基地使用权人不按照批准的用途使用宅基地等客观情况出现时，农村集体经济组织报经原批准用地的人民政府批准后收回宅基地使用权。宅基地退出与宅基地收回有以下几个区别：

(1)有无强制性不同

宅基地退出必须充分尊重农民意愿，不得强制安排，中央文件指出，现阶段不得将农民进城落户与退出宅基地使用权相挂钩，宅基地使用权是法律赋予农民的财产权利，无论他们是否还需要以此来做基本保障，也无论他们是留在农村还是进入城镇，任何人都无权剥夺；而宅基地收回，在某种程度上具有强制性，当宅基地使用权人不按照批准的用途使用土地等客观情况出现时，农村集体经济组织报经原批准用地的人民政府批准后，可以强行收回土地使用权。

(2)有无对价不同

宅基地退出，必须坚持自愿有偿原则，在农村，很多农民认为宅基地属于自己的私有财产，不会轻易退出，必须给予相应的补偿才能实现，因此在补偿方式上，应当赋予农民多样化的选择权利，既可以是现金补偿，也可以是实物补偿等；而宅基地收回，除了“为乡(镇)村公共设施和公益事业建设，需要使用土地的”这种情形，对宅基地使用权人应当给予适当补偿，但对于宅基地使用权人违规使用的，无偿收回其宅基地使用权,由农村集体经济组织统一安排。

3. 宅基地退出与宅基地征收的区别

宅基地征收,是指国家为了公共利益的需要,依照法律规定的权限和程序,将原属于农民集体所有的宅基地征为国有的行为。宅基地属于集体经济组织农民集体所有,而宅基地上的房屋属于农民所有,因此,宅基地征地补偿实行房地补偿分离原则,宅基地补偿归农民集体所有,不会直接给宅基地使用权人,房屋补偿归农民所有。[①] 宅基地退出与宅基地征收有以下几个区别:

(1)有无强制性不同

一如上文所述,宅基地退出必须坚持自愿有偿原则,必须充分尊重农民意愿,不得强行安排;而宅基地征收是一种行政行为,以国家公权力为后盾,具有强制性,强制性是土地征用的根本属性,基于公共利益的需要,在符合法定的条件下,有关国家机关按照法定的权限和程序征收宅基地,无须经被征收宅基地的所有人同意。

(2)指向不同

宅基地退出指向的是宅基地使用权,是宅基地使用权向宅基地所有权的回归;而宅基地征收指向的是宅基地所有权,在我国,集体土地所有权流动是单向的,征收是集体土地所有权正常转化的唯一法律形式,土地征收行为具有权属转移性,通过征收行为,宅基地从农民集体所有转变成国家所有,宅基地所有权主体发生了变化。

厘清宅基地退出与宅基地流转、宅基地收回及宅基地征收之间的区别,消除歧义,有助于理论界与实务界在使用宅基地退出这一概念时,指向的是同一内涵与外延。同时,宅基地使用权作为一种用益物权,也应当具有物权变动的基本规则。目前,我国相关法律法规对宅基

① 按照原《土地管理法》的规定,将房屋视为地上附着物,区别砖混、砖木等结构的不同而进行补偿,房屋的补偿标准是很低的。按照 2020 年新《土地管理法》第 48 条的规定,“对其中的农村村民住宅,应当按照先补偿后搬迁、居住条件有改善的原则,尊重农村村民意愿,采取重新安排宅基地建房、提供安置房或者货币补偿等方式给予公平、合理的补偿,并对因征收造成的搬迁、临时安置等费用予以补偿,保障农村村民居住的权利和合法的住房财产权益”。这一规定充分体现了住房的财产属性,保障了农民住房财产权益。

地使用权的取得、变更、转让都有相关规定，但尚无对宅基地使用权消灭的详细规定，《民法典》也仅仅规定了宅基地因自然灾害等原因灭失的，宅基地使用权消灭的情形。宅基地退出作为宅基地用益物权灭失的重要原因，对这一概念的研究和澄清，有助于完善宅基地使用权的权能，丰富宅基地使用权权利内涵。

针对我国农村宅基地退出机制缺失所导致的宅基地长期处于增量供应和存量盘活低等现象，应当建立宅基地退出奖励制度，对于合法取得的宅基地，农民主动退出的应当给予合理补偿，补偿标准可以现有宅基地估价后所能置换到的集中居住区的住房为参照，这样使得农民在失去宅基地后，仍可以补偿款取得相应的住房保障；[①]另外，还要加大力度建立农村住房保障体系，为农民退出宅基地制度提供动力。同时，考虑到农村宅基地和城市经济适用房的相似性，都是针对低收入群体的住房保障。因此，可引入城市经济适用房产权的回购制度，建立农村宅基地回购制度，由政府收购符合流转条件的宅基地，再由政府将其出售给符合一定条件的受让人。[②] 同时要明确宅基地收回情形、收回程序和补偿标准。

（五）切实保护农民对宅基地的合法权益

按照现行法律，农村集体可以为公共目的收回农民的宅基地，并给予"适当"的补偿，但该"适当"的补偿标准却并未明确界定，如果对拆迁房屋按照《土地管理法》规定的地上附着物给予补偿，那么与邻近国有土地上房屋的补偿标准相比，明显偏低。[③] 在城市房屋征收过程中，主要适用《国有土地上房屋征收与补偿条例》的规定，补偿依据一般根据城市房屋所在的区位、用途和建筑面积予以确定；而农村房屋拆迁适

① 参见欧阳安蛟、蔡锋铭、陈立定：《农村宅基地退出机制建立探讨》，载《中国土地科学》2009 年第 10 期。

② 参见韩娜、曹君、褚茜：《关于宅基地回购制度的构建设想》，载《重庆科技学院学报（社会科学版）》2008 年第 2 期。

③ 参见陈锡文、赵阳、罗丹：《中国农村改革 30 年回顾与展望》，人民出版社 2008 年版，第 395 页。

用《土地管理法》的规定,该法规定较为笼统,还没有完善的法律法规对农村房屋拆迁补偿进行规制。①

要防止个别地方政府以“村改居”等名义,擅自将宅基地转为国有用地,即便要转为国有的,也应该履行法定的征收程序,并经宅基地权利人的同意,严禁强拆,要依法保障农民对宅基地的权利不受侵害。要完善基层民主治理机构,加强村民自治,充分发挥村民自治组织在宅基地分配、使用、监管和收回中的知情权、决策权、参与权和监督权。在农房搬迁、置换、集中居住等方面,要充分尊重农民的意愿,不搞强制性安排。

宅基地管理应坚持的原则:一是维护宅基地的社会主义公有制;二是合理利用宅基地;三是切实保护耕地;四是加强宅基地规划管理和用途管制;五是大力推进宅基地的节约集约利用;六是运用价格机制调控宅基地;七是切实保障被征宅基地农民的利益;八是严格执行宅基地管理法律法规。

第二节 当前农村宅基地产权制度存在的问题及改革方向

一、农村宅基地所有权制度存在的问题及改革方向

按照我国《民法典》第262条的规定,②宅基地所有权的主体为“农民集体”,而“农民集体”包括“村农民集体”、“村内两个以上农民集体”和“乡镇农民集体”三级。另根据《民法典》第261条的规定,③宅基地应属于本集体成员集体所有。综合上文,结合以上《民法典》的两条规定,

① 参见刁其怀:《宅基地产权制度之现状篇》,载《中国房地产》2010年第4期。

② 《民法典》第262条规定:“对于集体所有的土地和森林、山岭、草原、荒地、滩涂等,依照下列规定行使所有权:(一)属于村农民集体所有的,由村集体经济组织或者村民委员会依法代表集体行使所有权;(二)分别属于村内两个以上农民集体所有的,由村内各该集体经济组织或者村民小组依法代表集体行使所有权;(三)属于乡镇农民集体所有的,由乡镇集体经济组织代表集体行使所有权。”

③ 《民法典》第261条规定,“农民集体所有的不动产和动产,属于本集体成员集体所有”。

宅基地所有权主体为“农民集体成员集体”,而“农民集体成员集体”又可分解为“村农民集体成员集体”、“村内两个以上农民集体成员集体”和“乡镇农民集体成员集体”三级。

(一)存在的问题:农民集体概念尚不明确

“农民集体”概念并不明确,“农民集体”仅仅是全体农民的集合,其内涵和外延都不明晰。根据民法的基本原理,民事主体包括自然人、法人和非法人组织,而“农民集体”既非自然人,因为它非基于出生而取得独立人格;并无独立财产,也没有经过登记程序而取得法律上的人格,而且“农民集体”也难以纳入非法人组织这个概念。[①]

那么何为成员集体所有呢?它是指集体范围的土地归本集体全体成员集体所有,成员集体也是一个模糊概念,按民法基本原理,一项财产,要么无主,要么有主,而在有主的情形下,要么是单独所有,要么是共有,正如上文所述,集体土地的所有权主体“农民集体”非民事主体,成员对集体内所有土地也不存在按份共有的形式。因此,从民法理论出发,只能把集体土地理解为归本集体内的全体成员共有。共有指两个或两个以上的共有人不分份额对标的物拥有所有权,这相当于承认了集体成员拥有对土地的所有权,这显然又与我国土地公有制相矛盾。共有人对共有财产有要求分割的权利,而集体所有是公有制的一部分,集体的成员不得单独对集体的财产行使权利,离开集体时也不得要求分割集体财产。[②] 同时,如何界定这个集体中的成员资格,也是当前现实中的难点问题,特别是在土地被征收如何分配土地的利益时变得尤为突出。

按照《民法典》的规定,宅基地属于三级集体所有,但宅基地究竟属

① 参见《民法典》第102条规定,“非法人组织是不具有法人资格,但是能够依法以自己的名义从事民事活动的组织。非法人组织包括个人独资企业、合伙企业、不具有法人资格的专业服务机构等”;第103条规定:“非法人组织应当依照法律的规定登记。设立非法人组织,法律、行政法规规定须经有关机关批准的,依照其规定。”

② 参见黄薇主编:《中华人民共和国民法典物权编解读》,中国法制出版社2020年版,第137~138页。

于哪一级集体所有并不明确。我国1962年人民公社时期颁布的《农业六十条》曾明确，农村集体土地实行的是“三级所有、队为基础”的制度，即生产队是农村土地的所有者，但随着20世纪80年代集体农业的解体，原有的集体组织结构人民公社、生产大队与生产队被废除，取而代之的是乡(镇)、村、村民小组，农村改革后，集体土地所有权主要从原生产队延续下来，在实践中并未改变村民小组农民集体对集体土地的所有权。[①] 但在相关制度规定上，村民小组的民事法律主体地位是不明确的，从《民法典》第262条的规定来看，该条确认了乡镇农民集体所有对原有人民公社集体所有的取代和村农民集体所有对原生产大队集体所有的取代，但并未明确村民小组集体所有对原生产队集体所有的取代。

首先，《民法典》第262条第2款所提到的“村内两个以上农民集体”可否理解为原生产队解体后的村民小组集体。早在1992年6月原国家土地管理局政策法规司关于对《土地管理法》有关问题请示的答复指出，“在生产队解体为村民小组后，原生产队所有的土地，可以属于该村民小组相应的农业集体经济组织的农民集体所有，不应理解为村民小组拥有土地所有权”，但是《民法典》第262条第2款并未明确表达这里的“村内两个以上农民集体”就是指“村民小组农民集体”。为了消除误解，建议《民法典》第262条第2款直接写明“分别属于村内两个以上组农民集体所有的”，这样就与该条的第1款和第3款表达形式一致，很容易得出原生产队集体所有被现在村民小组集体所有所取代的观点。[②] 那么，什么是与该村民小组相对应的农业集体经济组织呢？在人民公社体制取消后，中国大部分地方，特别是经济欠发达的地区，村一级只有村民委员会，未设立村级集体经济组织，村民小组一级也未设

① 参见何宝玉：《我国农村集体经济组织的历史沿革、基本内涵与成员确认》，《法律适用》2021年第10期。

② 也有观点认为，《民法典》第262条第2款“分别属于村内两个以上农民集体所有”主要是指该农民集体所有的土地和其他财产在改革开放以前就分别属于两个以上的生产队，现在其土地和其他集体财产仍然分别属于相当于原生产队的村民小组的农民集体所有。参见黄薇主编：《中华人民共和国民法典物权编解读》，中国法制出版社2020年版，第145页。

立组级集体经济组织，按照《民法典》第 101 条的规定，未设立村集体经济组织的，村民委员会可以依法代行村集体经济组织的职能，同时赋予村民委员会具有基层群众性自治组织法人资格。[①] 一般认为，村民小组类似于村民委员会，属于基层自治组织，但纵观整个《民法典》，并未规定村民小组为基层群众性自治组织特别法人。

其次，在司法实践中，仅认可村民小组的诉讼主体资格。2006 年，最高人民法院针对河北省高级人民法院《关于村民小组诉讼权利如何行使的几个问题的请示报告》，认为村民小组也属于《民事诉讼法》第 49 条规定的“其他组织”，认可了村民小组的诉讼主体资格；2022 年最高人民法院《关于适用〈中华人民共和国民事诉讼法〉的解释》第 68 条规定，“居民委员会、村民委员会或者村民小组与他人发生民事纠纷的，居民委员会、村民委员会或者有独立财产的村民小组为当事人”，但村民小组集体是否是集体土地的所有权主体仍不明确。在当前宅基地所有权登记实践中，很多地方还是将集体土地登记在村民小组一级的，但是，正如上面分析的，此种模式并未在法律上得以明确。而且，人民公社取消后，生产队的公章被收回，在我国很多地方，村民小组一级是没有公章的，村委会很多时候在代行村民小组职能。

最后，从《民法典》第 262 条第 2 款的规定来看，村民小组仅仅是代表分别属于村内两个以上农民集体行使所有权，行使不代表所有，显然，村民小组不是集体土地的所有权主体，按照《民法典》的规定，只有“农民集体”才是集体土地所有权主体，村民委员会、村民小组以及集体经济组织仅是代表“农民集体”行使所有权而已。[②] 有观点认为，农民

① 《民法典》第 101 条规定：“居民委员会、村民委员会具有基层群众性自治组织法人资格，可以从事为履行职能所需要的民事活动。未设立村集体经济组织的，村民委员会可以依法代行村集体经济组织的职能。”

② 集体所有的土地的所有者只有农民集体，农村集体经济组织、村委会和村民小组不是集体财产的所有人，只是依法代表集体行使所有权，并且向所属集体负责，接受其监督。参见黄薇主编：《中华人民共和国民法典物权编解读》，中国法制出版社 2020 年版，第 138、146 页；最高人民法院民法典贯彻实施工作领导小组主编：《中华人民共和国民法典总则编理解与适用》（上），人民法院出版社 2020 年版，第 500、503 页。

集体不是民法上的民事主体,集体经济组织是农民集体的组织化和法人化,只有集体经济组织才是农村土地所有权的主体。[①] 农民集体是一定农村社区范围内的成员集体,具体包括村农民集体、组农民集体及乡(镇)农民集体。农村集体经济组织是以农民集体土地所有制为基础的社区合作经济组织,其代表农民集体从事各种经营活动,发展壮大集体经济,主要承担经济职能,原则上不承担集体公益事务。村民小组或村民委员会是基层群众自治组织,主要从事一些集体公益或管理性事务。

《民法典》规定了宅基地的三级所有,那么三级集体经济组织都可对同一宅基地行使所有权,而作为下一级的村民小组集体经济组织更容易受到上一级集体经济组织的侵害。由于立法没有赋予村民小组独立法人主体资格,部分地区没有村民小组集体经济组织,实际上是由村民委员会代行村民小组发包村民小组农民集体的土地,出现了村民委员会不享有土地所有权却行使土地管理权,村民小组农民集体享有土地所有权却难以行使土地管理权的状况,产权与治权出现分离。[②]

(二)改革方向:明晰主体

目前,关于集体土地所有权主体农民集体的法律地位究竟何为,现行法律尚未明确表态,《民法典》规定了农村集体经济组织代表农民集体行使所有权,在原《民法总则》出台之前,农村集体经济组织的法人地位也不明确,2017 年出台的《民法总则》(已废止)赋予了农村集体经济组织以特别法人主体资格,[③]解决了农村集体经济组织法人主体地位缺失的问题,但仍未明确农民集体的民事主体资格,2020 年出台的《民法

① 参见陈小君等:《我国农村集体经济有效实现的法律制度研究——理论奠基与制度构建》,法律出版社 2016 年版,第 216 页;张荣顺主编:《中华人民共和国民法总则解读》,中国法制出版社 2017 年版,第 329 页;李永军:《集体经济组织法人的历史变迁与法律结构》,载《比较法研究》2017 年第 4 期;孙宪忠:《推进我国农村土地权利制度改革若干问题的思考》,载《比较法研究》2018 年第 1 期;宋志红:《论农村集体经济组织对集体土地所有权的代表行使——〈民法典〉第 262 条真义探析》,载《比较法研究》2022 年第 5 期。

② 参见何宝玉:《我国农村集体经济组织的历史沿革、基本内涵与成员确认》,载《法律适用》2021 年第 10 期。

③ 参见原《民法总则》第 96、99 条及第 101 条,《民法典》仍保留了上述规定内容。

典》保留了原《民法总则》的上述规定内容。[1] 农村集体土地所有制作为中国独特的一项制度，究竟何为“农民集体”，仍需加强研究。[2]

目前，学界多数观点仍是主张维持集体土地所有制，并对其进行改造。正如前文所述，在重构集体土地所有制时，既要从现代科学的民法理论出发，也要遵照我国既有的历史传统和路径依赖，同时还要借鉴国外的先进经验。

正如上文所述，我国历史上早期的土地制度也沿袭了农村公社所有制形式，但随着后来田制的变革，公社的因素逐渐淡出，村社虽不再以土地产权主体的形式出现，但对我国农地制度仍产生影响。中国是一个农业大国，历来就有聚村而居的传统，诚如费孝通所言，“无论出于什么原因，中国乡土社区的单位是村落”，[3]“村庄是一个社区……，它是一个由各种形式的社会活动组成的群体，具有其特定的名称，而且是一个为人们所公认的事实上的社会单位”，[4]农民社会生活围绕着村社生活而展开，村社是族权的载体，村社在土地分配、买卖方面起着重要作用，村社实际仍拥有一定的土地权利。因此，在重构我国集体土地所有制时，仍需尊重集体对土地权利的拥有。但是集体仅仅是一个抽象的集合体，集体所有权难以融入民法基本法理，故需在维护集体所有的基础上对集体所有进行民法重构。一个村落社会单位实际上就是一个农村社区，农村社区仍是当前世界上从事农业活动的人们的生活主体。社区是一个广泛使用比较具体的概念，而非集体那样抽象，社区土地所有制也是一种比较成熟的土地制度，墨西哥、日本等国在农村社区土地制度立法中都规定了社区（集体）土地所有制，[5]如《墨西哥农地法》第 9 条规定，村社具有法人资格，拥有特定范

---

① 《民法典》第 99 条规定：“农村集体经济组织依法取得法人资格。法律、行政法规对农村集体经济组织有规定的，依照其规定。”

② 参见江平：《中国民法典的三个创新》，载《政法论坛》2022 年第 1 期。

③ 参见费孝通：《乡土中国》，天地出版社 2020 年版，第 12 页。

④ 参见费孝通：《江村经济》，生活·读书·新知三联书店 2021 年版，第 24 页。

⑤ 参见张广荣：《我国农村集体土地民事立法研究论纲》，中国法制出版社 2007 年版，第 128 ~ 129 页。

围内的土地所有权。[①]

借鉴国外村社所有权立法,结合我国社团法人理论,[②]在维护集体土地所有权的前提下,遵循“三级所有,队为基础”的历史传统,以村民小组为中心构造农村社区法人取代农民集体所有。既尊重了传统村社对农村土地制度变迁的影响,也考虑了应维持农村集体土地所有权但应予以改良的现实,同时也通过民法理论重构了集体土地所有权的主体。[③] 当然,如果做实农民集体并进行法人化改造,根据我国《公司法》的基本理论,农民集体将拥有集体土地的所有权,如果农民集体对外发生债务时,将以农民集体的财产集体土地对外承担责任,集体土地所有权将可能对外转让以清偿债务,这又与我国《宪法》规定的集体土地所有权不得转让的规定相冲突。可能的解决思路是,对农民集体予以法人化改造后,应当对农民集体法人的运行机制予以规范和限制,将其与一般具有独立市场主体的企业法人相区分,如对外负债、担保有所限制、不适用破产等。[④] 农村社区法人中的成员具有身份限制,成员个人对农村社区法人的财产享有受益权,其在农村社区法人中的财产权利属于潜在,不存在分割、转让或继承问题。[⑤]

二、农村宅基地使用权制度存在的问题及改革方向

农村宅基地使用权是经依法审批,由农村集体经济组织分配给其

---

① 参见高富平:《土地使用权和用益物权——我国不动产物权体系研究》,法律出版社2001年版,第358页。

② 所谓社团法人,即是指自然人或法人自愿组成的,为实现所有成员的共同意愿,按照其章程开展活动的非营利法人。

③ 参见张广荣:《我国农村集体土地民事立法研究论纲》,中国法制出版社2007年版,第131~132页。

④ 参见宋志红:《中国农村土地制度改革研究:思路、难点与制度建设》,中国人民大学出版社2017年版,第74页。我国《民法典》上规定的农村集体经济组织特别法人也不同于企业法人,集体土地的所有权虽然可以被纳入农村集体经济组织的财产之中,但却不能够以其承担民事责任,如果将集体土地的所有权用于清偿债务,集体经济组织成员将失去生存根基,与我国土地制度不符,只能通过农地“三权分置”中土地经营权的流转来解决农村集体经济组织对外经营问题,而且农村集体经济组织一般也不能破产,否则将有违农村集体经济组织设立的初衷。参见黄薇主编:《中华人民共和国民法典总则编解读》,中国法制出版社2020年版,第311页。

⑤ 参见韩松、姜战军、张翔:《物权法所有权编》,中国人民大学出版社2007年版,第105页。

成员用于建筑住宅及其他有关附属物的、无使用期限限制的集体土地建设用地使用权。因此,农村宅基地使用权具有以下特征:一是宅基地使用权的主体特定性。宅基地使用权的取得具有身份限制,只能是符合申请条件的本集体经济组织内成员。二是宅基地使用权的无期限性。即便宅基地上的农房倒塌灭失,房屋所有权人仍可在符合规定的条件下在原址重建从而继续使用宅基地。三是宅基地使用权的无偿性。在中国农村,只要是符合规定条件的申请主体,在制度层面都可免费获得一块宅基地的使用权。四是宅基地使用权的权能限制性。按照现行规定,宅基地使用权只能在本集体经济内部流转,且受让方也必须符合宅基地使用权分配条件,城市居民不得在农村购买宅基地,宅基地使用权不得抵押等。

关于农村宅基地使用权的性质,法学界虽有争论,但抛开一些细枝末节的差异,诸如取得的身份、对价不同,土地公私性质有别,处分程度有限等方面的不同外,从纯法学本质上来说,农村宅基地使用权实质上就是大陆法系上的地上权,即在他人土地进行建筑,并对建筑物享有所有权的一种制度。在很多国家,地上权主要就是使用他人土地建造房屋,[①]根据我国《民法典》第362条的规定,宅基地使用权也是用于建造住宅及其附属设施。

(一)存在的问题

1.强调登记的行政管理作用,对登记私法效力重视不足

所谓宅基地使用权的登记,是指宅基地使用权人申请国家土地管理部门将其对宅基地使用权的物权事项记载于不动产登记簿的行为。因此,原则上登记是依申请而为的行为,登记机构的登记行为具有被动性,通常认为登记机构对当事人的申请只有消极的登记义务,并无积极的干预权,登记机构积极的干预有违私法自治,增加了行政赔偿的负担。[②] 我国着重强调登记的行政管理职能。登记具有积极干预性,从登

① 参见陈小君:《论传统民法中的用益物权及其现实意义》,载《法商研究(中南政法学院学报)》1995年第4期。

② 参见孙宪忠:《论物权法》(修订版),法律出版社2008年版,第308页。

记行为看,房地产权属登记在我国是房地产管理部门依其职权所实施的行政行为。[①] 管理部门之所以重视登记的行政管理职能,一方面确有国家行使房地管理职权的需要,另一方面也涉及部门自身利益。当前强调宅基地使用权登记发证也更多是从公法管理角度出发。比如,2008 年原国土资源部《关于进一步加快宅基地使用权登记发证工作的通知》明确提出,“进一步加大工作力度,力争在 2009 年底前,基本完成全国宅基地使用权登记发证工作”,2020 年自然资源部印发的《宅基地和集体建设用地使用权确权登记工作问答》规定,“2020 年底前,完成全国农村地籍调查,农村宅基地和集体建设用地登记率达到 80% 以上”。登记被赋予更多的公法色彩,以至于对登记本身在私法上的物权效力重视不够。从物权法的角度看,不动产物权登记主要起到公示公信的作用,公示是昭示物的归属,而公信是使第三人相信登记的正确性。

2. 宅基地使用权取得规则存在公法化倾向

按照现行法的规定,农民取得宅基地使用权需要乡(镇)人民政府的审批,实际上是由乡(镇)人民政府代行了农民集体的职能,宅基地使用权取得存在公法化倾向。此种模式下的政府审批行为类似于行政法上的行政许可。作为农民集体的成员,本身就免费享有取得宅基地使用权的权利,行政机关的审批仅仅是对此权利的确认,而非赋权。按照物权法的基本法理,宅基地使用权作为一种用益物权,是为他物权,而他物权的设立来自所有权,经设立后成为所有权的一种负担,用益物权的设立通常是所有权人与用益物权人达成合意,所有权人同意将标的物的占有、使用、收益权能转移给用益物权人。宅基地使用权的取得源自农民与宅基地所有权人农民集体之间的合意,而非由政府的审批行为取得。[②]

---

① 参见崔建远、孙佑海、王宛生:《中国房地产法研究》,中国法制出版社 1995 年版,第 238 页。

② 参见高圣平、刘守英:《宅基地使用权初始取得制度研究》,载《中国土地科学》2007 年第 2 期;解玉娟:《农村宅基地使用权取得制度的研究》,载《安徽农业科学》2008 年第 7 期;高圣平:《宅基地制度改革与民法典物权编编纂——兼评〈民法典物权编(草案二次审议稿)〉》,载《法学评论》2019 年第 4 期。

3. 宅基地使用权不能单独继承

农村以“户”为单位申请宅基地，但“户”并不是民事法律主体，它仅仅是当事人因婚姻、血缘等关系结合在一起的一个基本单位，通常以家庭单位的形式呈现，如果子女成年，准备结婚但还没有结婚组建家庭的，也可能以单独“户”的方式呈现。“户”和“户”内的人是什么关系？如果“户”内人员发生变动，对“户”是否产生影响？宅基地和承包地都是以“户”为单位，两者有无区分？土地承包经营权的主体和宅基地使用权的主体有无不同？比如，家庭承包方式的土地承包经营权在承包期内，若家庭成员中的某一人去世，是否发生土地承包经营权的继承？对此，最高人民法院在多个判例中予以否认，即家庭承包方式的农村土地承包经营权属于农户家庭，而不属于某一个家庭成员，只有农户家庭才是农村土地承包经营权的权利主体，农村土地承包经营权不属于个人财产，故不发生继承问题，当承包农地的农户家庭中的某一人死亡，承包经营仍然是以户为单位，承包地仍由该农户的其他家庭成员继续承包经营。[①] 但是，农户家庭不是规范的民事法律主体，在不动产登记发证实践中，登记簿记载的承包方仍然是家庭成员中的所有人，按照物

---

① 2009 年在李某祥诉李某梅继承权纠纷案中，最高人民法院认为：“根据《中华人民共和国农村土地承包法》第十五条的规定，农村土地家庭承包的，承包方是本集体经济组织的农户，其本质特征是以本集体经济组织内部的农户家庭为单位实行农村土地承包经营。家庭承包方式的农村土地承包经营权属于农户家庭，而不属于某一个家庭成员。根据《中华人民共和国继承法》第三条的规定，遗产是公民死亡时遗留的个人合法财产。农村土地承包经营权不属于个人财产，故不发生继承问题。除林地外的家庭承包，当承包农地的农户家庭中的一人或几人死亡，承包经营仍然是以户为单位，承包地仍由该农户的其他家庭成员继续承包经营；当承包经营农户家庭的成员全部死亡，由于承包经营权的取得是以集体成员权为基础，该土地承包经营权归于消灭，不能由该农户家庭成员的继承人继续承包经营，更不能作为该农户家庭成员的遗产处理。”参见李某祥诉李某梅继承权纠纷案，载《最高人民法院公报》2009 年第 12 期。2018 年在管某恒等人继承纠纷案中，最高人民法院认为：“家庭承包的主体是农户，不是个人。其本质特征是以本集体经济组织内部的农户家庭为单位实行农村土地承包经营。家庭承包方式的农村土地承包经营权属于农户家庭，而不属于某一个家庭成员。尽管在承包经营合同上签字的是农户中的某一家庭成员，但是签字人作为农户的代表在承包经营合同上签字，承包的主体仍然是农户。计算承包基数时要计算家庭成员的数量，农户承包土地后，在承包期限届满前，家庭有新生成员的不增加土地，有成员去世或离开的不减少土地。由于承包的主体是户而不是个人，家庭联产承包就不产生继承问题。”参见管某恒等人继承纠纷案，最高人民法院（2018）最高法行申 1731 号行政裁定书。

权公示公信原则，既然登记簿记载的权利主体是具体的自然人，那么自然人当然是土地承包经营权的权利主体，只是家庭成员间存在按份共有或共同共有的不同而已。既然家庭成员是土地承包经营权的权利主体，对于家庭成员中某一人死亡的，其在土地承包经营权中的个人份额当然可以继承，不过，这似与承包地"生不增、死不减""长久不变"政策相违背。

宅基地使用权同样存在上述问题，按照2016年原国土资源部《关于进一步加快宅基地和集体建设用地确权登记发证有关问题的通知》的规定，"宅基地使用权应按照'一户一宅'要求，原则上确权登记到'户'"，但"户"并不是法律上的民事主体，在登记实践中，宅基地使用权的权利主体仍是登记在农户家庭中的成员，那么家庭中的成员死亡，是否发生宅基地使用权的继承呢？对此，自然资源部在2020年就此问题先后作过两次答复，2020年7月，自然资源部的表述是：宅基地使用权经批准后未办理登记，若批准人死亡的，只要"户"中还有其他成员，直接由现在的户主申请登记，只有"户"内没有其他成员的，才发生因房屋继承而导致的宅基地使用权继承。① 2020年9月，自然资源部的表述是：宅基地使用权不能单独继承，只有宅基地上建有房屋时，因继承房屋而继承宅基地使用权。② 但是仔细分析，自然资源部前后两个表述似乎存在冲突，按照2020年7月的表述，可以理解为，只要经审批的宅基地使用权没有登记，且宅基地使用权审批时的"户"内还有其他人员，则无论宅基地上是否建有房屋，若原审批时的户主去世的，直接由现在

---

① 《自然资源部办公厅关于印发〈宅基地和集体建设用地使用权确权登记工作问答〉的函》（自然资办函〔2020〕1344号）第45问："宅基地批准使用后一直未办理登记，若原批准使用人死亡的，能不能申请登记？宅基地是以'户'分配和使用的，只要'户'中还有其他成员，批准使用人的死亡就不影响该'户'的宅基地使用权，可由现在的户主申请登记。如果'户'中已没有其他成员，按照〈继承法〉规定，宅基地上房屋可由继承人继承，因继承房屋占用宅基地的，可按规定申请登记，并在不动产登记簿及证书附记栏中注记。"

② 2020年，自然资源部经商住房城乡建设部、民政部、国家保密局、最高人民法院、农业农村部、国家税务总局等7部委针对"十三届全国人大三次会议第3226号建议（关于农村宅基地使用权登记问题）"作出答复，"……农村宅基地不能被单独继承。如果宅基地上的农房倒塌灭失，只有宅基地并闲置的，此时，不发生宅基地使用权继承问题，应由集体经济组织收回宅基地"。

的户主申请登记，无须先行办理继承，只有“户”内没有其他成员了，且宅基地上建有房屋的，才产生房屋及宅基地的继承；但按照2020年9月的表述，如果宅基地上已建有合法房屋，产权人去世的，无论审批时的“户”内还有无其他人员，也无论该宅基地和房屋是否登记颁证，宅基地上的房屋都可继承，并因继承房屋同时也继承宅基地使用权。按照国家土地承包地经营权继承的处理方式，并结合法律上“一户一宅”的规定，“户”仅仅在处理单纯的宅基地法律关系时才具意义。当宅基地上建有房屋时，“户”与房屋产权即没有多少法律联系了，此时与房屋产权发生法律关系的是“户”内具体的家庭成员，因此如果宅基地上已建有房屋的，按照房屋修建事实行为产生物权和房地一致原则，房屋所有权已经产生，[①]房屋的所有权人已经确定，如果房屋所有权人死亡的，无论宅基地和房屋是否登记取得权属证书，都应办理房屋产权的继承，同时继承宅基地使用权，而不能直接通过更换“户”内成员的方式办理房地一体的权属登记。当宅基地上未建有房屋，由于单纯的宅基地使用权是以“户”为单位，如果审批时的户主死亡，此时无论宅基地使用权是否登记颁证，由于“户”作为一个整体还存在，那么“户”内某一成员死亡的，不发生宅基地使用权的继承，应该说这样的处理方式更符合国家的政策意蕴，也与土地承包经营权的继承处理方式保持了一致，但这种处理方式是否符合法理，后文予以详述。

可见，承包地和未建有房屋的宅基地，我国处理规则大体是一致的，即家庭承包的土地承包经营权和宅基地使用权都是以家庭户为单位，家庭户内的自然人不是土地承包经营权和宅基地使用权的权利主体，家庭户才是土地的权利主体，只要家庭户还在，家庭户内某一个成员死亡的，不发生土地承包经营权和宅基地使用权的继承。但是，这又似乎存在一些问题，主要表现在以下几方面：

第一，“户”不是民事法律主体，按《民法典》的规定，民事主体只有

---

① 《民法典》第231条规定：“因合法建造、拆除房屋等事实行为设立或者消灭物权的，自事实行为成就时发生效力。”

三类,分别为自然人、法人和非法人组织,并无“户”这一民事主体。既然“户”不具有民事主体资格,那么家庭户也不应成为土地承包经营权和宅基地使用权的权利主体。

第二,在《民法典》中,农村承包经营户是规定于“自然人”章节,只有家庭中的自然人成员,才是土地承包经营权的权利人,[①]宅基地使用权同样可作如此解释,而且在登记实践中,登记簿记载的土地承包经营权权利人和宅基地使用权权利人都为家庭户内具体的自然人成员,并未登记抽象的“户”,按照物权公示公信原则,登记记载的权利人才是合格的土地权利人,只是家庭成员之间对土地权利存在不同形式的共有。

第三,既然家庭户内的自然人才是土地承包经营权和宅基地使用权的权利主体,那么自然人的合法财产当然可以继承。[②]

第四,继承作为不动产物权变动的方式,在继承事实发生时,不动产物权变动即发生效力,登记客观上只是对已经生效物权变动事实的确认,而非物权变动发生的依据。[③] 可见,在被继承人死亡时,继承人即取得了土地承包经营权和宅基地使用权的权利,不需要登记的完成,后面的登记行为仅仅是对已经取得的权利的确认。

第五,宅基地上面建有房屋后,房屋的所有权人和宅基地审批时的“户”是什么关系?没建房屋的单独的宅基地使用权,如果家庭户内某一个成员死亡,不发生宅基地使用权继承,仅需调整权利登记主体而已;当宅基地上面建有房屋时,房屋产权人死亡的,而按照房地一致原则,房屋产权人也是宅基地“户”内的人,此时,却不能直接通过更换“户”内成员的方式办理房地一体的权属登记,而要先行办理房屋和宅基地的继承。这种处理方式似乎存在不一致。

---

① 《民法典》第55条规定:“农村集体经济组织的成员,依法取得农村土地承包经营权,从事家庭承包经营的,为农村承包经营户。”

② 《民法典》第1122条规定:“遗产是自然人死亡时遗留的个人合法财产。依照法律规定或者根据其性质不得继承的遗产,不得继承。”

③ 《民法典》第230条规定:“因继承取得物权的,自继承开始时发生效力。”《民法典》第1121条规定,“继承从被继承人死亡时开始”。

第六,房屋所有权可以继承并同时继承房屋下面的宅基地使用权,为什么单独的宅基地使用权就不能继承呢？房屋所有权和单独的宅基地使用权,一个是所有权,一个是用益物权,但同样都是财产权,为什么所有权可以继承,而单独的用益物权却不能继承？

或许跳出法学逻辑论证的封闭圈子,从经济学视角观察更好理解。如果土地承包经营权和单独的宅基地使用权作为个人财产可以继承,那么承包地和宅基地将通过继承的方式一直为某一民事主体及其继承人所控制。长此以往,集体将无地可分,新增人口也可能分不到地,人地关系将存在严重失调的可能;而房屋倒塌灭失导致宅基地闲置或是家庭承包经营户内已没有成员的,则农民集体可以收回土地,然后重新分配,合理利用,促进土地资源的优化配置。

4.“一户一宅”原则与宅基地使用权的取得似乎存在矛盾

按照《土地管理法》第 62 条规定,“农村村民一户只能拥有一处宅基地,其宅基地的面积不得超过省、自治区、直辖市规定的标准”,但在社会生活事实上,房屋及其下面的宅基地使用权可以合法继承。在以往的司法实践中,主流观点认为,城镇户籍子女通过继承只能取得农村房屋所有权,对于房屋下面的宅基地使用权,认为其具有身份属性,城镇户籍子女不能继承取得,但因地上房屋的继承可以继续占有使用宅基地。这个观点是值得商榷的,首先,它不符合我国不动产物权变动的规则,正如上文所述,因继承取得物权的,自继承开始时发生效力,在被继承人死亡时,作为城镇户籍子女的继承人即已取得了农村房屋所有权和宅基地使用权,不需要登记的完成,后面的不动产登记仅仅是对城镇户籍子女已取得农村房屋所有权和宅基地使用权事实的确认,而非城镇户籍子女取得农村房屋所有权和宅基地使用权的依据和要件;其次,按房地一体原则,农村房屋所有权与下面的宅基地使用权紧密相连,一体转让,不可分离,城镇户籍的子女继承取得农村房屋所有权,当然也取得了房屋下面的宅基地使用权;最后,按我国财产法物权与债权二元划分体系,城镇户籍子女通过继承取得房屋所有权,对于房屋下面的宅基地使用,那么城镇户籍子女对其占有使用权是一种什么性质的权利,作为一种财产权,要么属于物权,要么属于债权,显然它不属于债权,因此,只能将城镇户籍子女对宅基地的占有使用定位于用益物权。[①]

按法律规定,宅基地户内有成年子女的,该成年子女可以另行以户为单位申请宅基地,但在操作实践中,一些地方的户籍管理部门一般要求先有房才能分户,而原国土部门一般要求先分户才审批宅基地。对此,需要两个部门协调处理。国土资源部《关于进一步加快宅基地和集体建设用地确权登记发证有关问题的通知》(国土资发〔2016〕191 号)规定,“符合当地分户建房条件未分户,但未经批准另行建房分开居住的,其新建房屋占用的宅基地符合相关规划,经本农民集体同意并公告无异议的,可按规定补办有关用地手续后,依法予以确权登记;未分开居住的,其实际使用的宅基地没有超过分户后建房用地合计面积标准的,依法按照实际使用面积予以确权登记”。根据以上规定,达到分户条件而名义上未分户的,也可以实质上的户另行取得宅基地,履行相关手续后纳入登记。由于上述情形并未分户,从而出现了一户两宅,但这只是一种表现,本质上是两户两宅,仍然符合一户一宅基本要求的。有的地方户籍管理部门采取先为成年子女办理临时户,以方便其以户的名义申请宅基地,待房屋建成取得产权后,消掉临

---

① 2020 年,自然资源部经商住房城乡建设部、民政部、国家保密局、最高人民法院、农业农村部、国家税务总局等 7 部委针对“十三届全国人大三次会议第 3226 号建议(关于农村宅基地使用权登记问题)”作出答复,“农民的宅基地使用权可以依法由城镇户籍的子女继承并办理不动产登记。被继承人的房屋作为其遗产由继承人继承,按照房地一体原则,继承人取得房屋所有权和宅基地使用权,农村宅基地不能被单独继承”。最高人民法院也参与了此次答复,这有利于司法实践中统一标准,消除分歧。但是需要明确的是,城镇户籍子女可以继承农村房屋所有权和宅基地使用权,不动产登记机构应当为其办理不动产权证书,城镇户籍子女通过继承取得农村房屋所有权和宅基地使用权后,不得对该房屋翻建、改建、扩建等,不过可以进行必要的保养维护以保持其基本的居住功能,如果房屋垮塌灭失失去居住功能后,宅基地使用权应由本集体经济组织收回。2019 年农业农村部、自然资源部《关于规范农村宅基地审批管理的通知》规定,宅基地原址翻建、改扩建和异址新建,需要启动宅基地审批程。城镇户籍子女由于不具有本集体经济组织成员身份,是不能获得审批的,而对于本集体经济组织成员,其宅基地上的农房倒塌灭失的,房屋所有权人可以通过审批原址重建继续使用宅基地。

时户，办理正式户籍。

5. 房地一致原则在农房适用中有争议

我国相关法律法规确立了“房地一致”原则，在不动产统一登记前，对此原则可分解为：初始登记时，遵循“先地后房，房随地走”原则，转移登记时，遵循“先房后地，地随房走”原则。房地一体的不动产统一登记后，首次登记时，仍然遵循“先地后房，房随地走”原则，但转移登记时，由于房地一体都由不动产登记机构同时办理登记，也就不存在以前房地分离时代的“先房后地，地随房走”做法了。不过，从现行有效法律层面规定的考证入手，这些规定都适用于国有土地及其地上建筑，而集体土地及其地上建筑是否也适用以上规则，至少在法律层面未明确规定，一般认为，集体土地及其地上建筑可参照适用。比如原建设部《房屋登记办法》第 8 条规定，“办理房屋登记，应当遵循房屋所有权和房屋占用范围内的土地使用权权利主体一致的原则”，该规定为《房屋登记办法》第二章“一般规定”所列，说明其可通用于国有土地和集体土地上的房屋登记，自然资源部《不动产登记暂行条例实施细则》第 2 条规定，“房屋等建筑物、构筑物和森林、林木等定着物应当与其所依附的土地、海域一并登记，保持权利主体一致”，该规定列于“总则”章，说明其可通用于国有土地和集体土地上的不动产登记。不过这些规定作为部门规章，效力较低。

诚如上文所述，首次登记时应遵循“先地后房，房随地走”原则，但针对国有土地而言，也有例外，《民法典》第 352 条规定：“建设用地使用权人建造的建筑物、构筑物及其附属设施的所有权属于建设用地使用权人，但是有相反证据证明的除外。”该规定明确的是首次登记时应遵循“房地权利主体一致”为原则，该条“但书”是表明“房地权利主体不一致”为例外。在一般情形下，谁取得了土地使用权，那么其在该土地上建造的建筑物、构筑物及其附属设施的所有权就归其所有,但也有例外情形。①

针对集体土地上的农房而言,首次登记适用房地一致原则,也面临以下一些争议问题。

第一,城镇居民可否回乡申请原宅基地使用权和农村房屋所有权登记。即宅基地使用权取得时他是本集体经济组织成员,但当时并未颁发权属证书,并且在当时也修建了房屋,后来因参军、考学、外出工作等种种原因失去本集体经济组成员身份而成为城镇居民,现回乡申请原农村房屋权属登记。由于他已不符合取得宅基地的身份要求,有的国土部门认为不应为其颁发宅基地使用权证,又由于首次登记遵循“先地后房”原则,后续房地一体的不动产权证书也不应颁发。但是,按照《民法典》第 231 条的规定:“因合法建造、拆除房屋等事实行为设立或者消灭物权的,自事实行为成就时发生效力。”可见,如果农民在取得宅基地使用权和修建农村房屋时已具有本集体经济组织成员身份,那么在农村房屋修建事实行为成就时,即农村房屋修建完毕具备居住功能时,农民就取得了农村房屋的所有权。不动产登记机构事后的登记行为仅仅是对已经生效房屋所有权事实的确认,而非房屋所有权产生的依据。在我国广大农村,多数农村房屋都没有纳入登记,没有颁发不动产权属证书,但不能因为没有登记即否认他们对农村房屋的所有权,即

① 第一,在现在的城市房地产建设中,一部分市政公共设施,是通过开发商和有关部门约定,由开发商在房地产项目中开发配套建设的,但是初始登记时,所有权归国家,所有权人直接登记为政府相关部门。第二,按建设部《房屋登记办法》第 31 条的规定,房地产开发企业申请房屋所有权初始登记时,对建筑区划内依法属于全体业主共有的公共场所、公用设施和物业服务用房等房屋一并申请登记,但该部分的权属在登记簿所有权人这一栏记载为全体业主共有。第三,借地(或租地)建房,建设部《关于城镇房屋所有权登记中几个涉及政策性问题的原则意见》的通知(建房字〔1989〕512 号)规定,历史上遗留的“借地(或租地)建房不拆房”的房产,凡过去已根据国家和省的有关规定作过产权处理的,按处理结果登记;未作过处理的,其契约内容符合法律政策规定的,按契约规定予以登记,在此情形下,房地权利主体有可能不一致。第四,双方合作建房,一方出地,另一方出资,待房屋竣工后,双方按照合作建房协议的约定,对合建的房屋进行分配,在办理房屋初始登记过程中,全国有两种操作方式:一是房屋直接登记给土地使用权一方,然后再根据双方的合作建房协议约定,办理房屋的转移登记(这种情形仍保持了房地权利主体一致);二是根据双方的合作建房协议直接为双方办理初始登记。参见刁其怀:《〈物权法〉第 142 条与第 106 条是物权行为理论的体现吗?——以房屋登记为视角的探讨》,载梁慧星主编:《民商法论丛》(第 46 卷),法律出版社 2010 年版,第 551 页。

便现在政府在推进农村房地一体确权登记工作时，他们已经不属于本集体经济组织成员，如不对原农村事实取得的房屋所有权登记，恐违法理和公平。[①] 针对上述情况，登记机构应当纳入登记。需要强调的是，登记机构在进行确权登记时，应严格把握城镇居民在取得宅基地使用权修建农村房屋时是否具有本集体经济组织成员身份，可要求乡村组三级集体经济组织出具证明并予以公示。

第二，当事人申请宅基地使用权时未婚，宅基地使用权证只有他一人的名字，后来当事人结婚，且该结婚对象因是城镇户口等原因不能取得本集体组织成员资格，双方结婚后完成农房的修建，该农房可否纳入夫妻共同财产进行登记。同样，按照《民法典》第 231 条的规定，农房所有权产生于农房修建完毕之时，此时当事人已结婚，按《民法典》第 1062 条的规定，夫妻在存续期间所得的财产在双方没有约定的情况下应属夫妻共同财产，即在上述情形下，有的认为农房应属夫妻共同财产，登记机构应登记为双方共有，但是宅基地使用权证仅有一方当事人名字，又违背了“房地一致”原则，但不作夫妻共同财产登记，似乎又有违《民法典》“婚姻编”的规定。对此，可以理解为，城镇户口对农房投资的修建是一种债权债务行为，但农房物权的取得仍然要保持与土地权利的一致。因此，房地一体确权登记的权利主体应为宅基地使用权人，不应将其纳入夫妻共同财产登记为夫妻共有。

6. 农房可处分与宅基地使用权交易受限的冲突

农民拥有宅基地上农房的所有权，当然应享有对农房的占有、使用、收益及处分的权利。[②] 目前，限制农房交易的规定多是一些部门

---

① 2011 年，原国土资源部、中央农村工作领导小组办公室、财政部、农业部《关于农村集体土地确权登记发证的若干意见》国土资发〔2011〕178 号规定，“非农业户口居民(含华侨)原在农村合法取得的宅基地及房屋，房屋产权没有变化的，经该农民集体出具证明并公告无异议的，可依法办理土地登记，在《集体土地使用证》记事栏应注记‘该权利人为非本农民集体成员’”。2016 年原国土资源部《关于进一步加快宅基地和集体建设用地确权登记发证有关问题的通知》规定，“农民进城落户后，其原合法取得的宅基地使用权应予以确权登记”。

② 《民法典》第 240 条规定：“所有权人对自己的不动产或者动产，依法享有占有、使用、收益和处分的权利。”

规章,[①]根据最高人民法院的司法解释,[②]判定合同无效的依据原则上为法律和行政法规,行政规章、地方性法规及规范性文件等原则上不得作为判定合同无效的依据。故这些规章不能作为判定城里人购买农村房屋合同无效的依据。不过,立足于我国现实,为了保持国家的法律、规章及相关政策适用上的统一性,即便此类买卖仅仅是违背了部门规章及相关政策,但按照2019年最高人民法院《全国法院民商事审判工作会议纪要》的规定,如果规章的内容涉及金融安全、市场秩序、国家宏观政策等公序良俗的,违背规章,也应认定合同无效。[③] 在司法实践中,大多数法院会判决此类农房买卖合同无效。[④] 不过,也有判例确认此类

① 比如1999年国务院办公厅《关于加强土地转让管理严禁炒卖土地的通知》、2004年原国土资源部《关于加强农村宅基地管理的意见》、2008年原建设部《房屋登记办法》以及2008年原国土资源部《关于进一步加快宅基地使用权登记发证工作的通知》都规定有"禁止城镇居民在农村购买住宅"的规定。但这些文件都属于行政规章或规范性文件,效力较低。

② 1999年最高人民法院《关于适用〈中华人民共和国合同法〉若干问题的解释(一)》第4条规定:"合同法实施以后,人民法院确认合同无效,应当以全国人大及其常委会制定的法律和国务院制定的行政法规为依据,不得以地方性法规、行政规章为依据。"2009年最高人民法院关于《关于适用〈中华人民共和国合同法〉若干问题的解释(二)》第14条规定:"合同法第五十二条第(五)项规定的'强制性规定',是指效力性强制性规定。"

③ 2019年最高人民法院《全国法院民商事审判工作会议纪要》第31条规定:"违反规章一般情况下不影响合同效力,但该规章的内容涉及金融安全、市场秩序、国家宏观政策等公序良俗的,应当认定合同无效。人民法院在认定规章是否涉及公序良俗时,要在考察规范对象基础上,兼顾监管强度、交易安全保护以及社会影响等方面进行慎重考量,并在裁判文书中进行充分说理。"

④ 比如,2004年北京市高级人民法院《关于印发农村私有房屋买卖纠纷合同效力认定及处理原则研讨会会议纪要的通知》认为,农村私有房屋买卖合同应当认定无效。主要理由是:第一,房屋买卖必然涉及宅基地买卖,而宅基地买卖是我国法律、法规所禁止的。第二,宅基地使用权是集体经济组织成员享有的权利,与特定的身份关系相联系,不允许转让。目前农村私房买卖中买房人名义上是买房,实际上是买地,在房地一体的格局下,处分房屋的同时也处分了宅基地,损害了集体经济组织的权益,是法律法规明确禁止的。第三,目前,农村房屋买卖无法办理产权证书变更登记,故买卖虽完成,但买受人无法获得所有权人的保护。第四,认定买卖合同有效不利于保护出卖人的利益,在许多案件中,出卖人相对处于弱者的地位,其要求返还私有房屋的要求更关涉到其生存权益。并同时认为,此类合同的效力以认定无效为原则,以认定有效为例外,如买卖双方都是同一集体经济组织的成员,经过了宅基地审批手续的,可以认定合同有效。2008年山东省高级人民法院《关于审理房地产案件若干问题的意见》第56条明确规定,农村宅基地使用权的转移,必须经合法批准……未经审查批准,宅基地使用权不能随房转移给买主,房屋买卖、赠与等行为也应认定为无效。

农房买卖合同有效的。[①]

在2020年《土地管理法》实施前，有论者以原《土地管理法》第63条为依据，认为城里人购买农房违背了“农民集体所有的土地使用权不得出让、转让或者出租于非农业建设”的规定，但是原《土地管理法》第63条的立法本意是控制农用地转为非农建设用地，目的是加强对土地的用途管制，而城里人购买农村房屋，农村房屋所占用的宅基地本身为集体建设用地，而非农用地，因此，不能用原《土地管理法》第63条来判定农房买卖合同的效力。[②] 其次，从文义解释的角度看，第63条不过是禁止将集体土地的使用权以出让、转让或者出租的形式用于非农业建设，并未禁止已在集体土地上合法建造的房屋及其土地使用权的转让，也未禁止农村村民出卖其房屋，当然更谈不上禁止城镇居民购买农村房屋的问题。[③] 相反，原《土地管理法》第62条规定，“农村村民出卖、出租住房后，再申请宅基地的，不予批准”，2020年《土地管理法》第62

① 参见北京市第一中级人民法院(2007)一中民终字第09544号判决。在不动产登记实务中，时有遇到法院出具司法文书要求登记机构将被执行人农民的农村房屋过户给本集体经济组织成员以外的人的情形，登记机构应该如何处理呢？2004年最高人民法院、原国土资源部、原建设部《关于依法规范人民法院执行和国土资源房地产管理部门协助执行若干问题的通知》第24条规定：“人民法院执行集体土地使用权时，经与国土资源管理部门取得一致意见后，可以裁定予以处理，但应当告知权利受让人到国土资源管理部门办理土地征用和国有土地使用权出让手续，缴纳土地使用权出让金及有关税费。对处理农村房屋涉及集体土地的，人民法院应当与国土资源管理部门协商一致后再行处理。”按照现有法律法规及相关政策规定，农村宅基地及农村房屋的自由交易是受限制的，如果法院与国土管理部门协商后，仍需登记机构执行的，由于被执行人名下农村房屋涉及宅基地，登记机构可以提出审查建议，但不宜停止办理协助执行事项。《关于依法规范人民法院执行和国土资源房地产管理部门协助执行若干问题的通知》第3条规定：“对人民法院查封或者预查封的土地使用权、房屋，国土资源、房地产管理部门应当及时办理查封或者预查封登记。国土资源、房地产管理部门在协助人民法院执行土地使用权、房屋时，不对生效法律文书和协助执行通知书进行实体审查。国土资源、房地产管理部门认为人民法院查封、预查封或者处理的土地、房屋权属错误的，可以向人民法院提出审查建议，但不应当停止办理协助执行事项。”在登记实务中，登记机构收到法院司法文书将农村房屋过户给本集体经济组织成员以外的人时，一般会暂停办理，并与法院进行沟通。笔者在实际工作中，曾经代表登记机构处理过几起法院将农民房子判决过户给城镇居民的案子，在向法院出具了不应办理的审查建议后，法院遂收回了司法协助执行文书。

② 参见刁其怀：《宅基地产权制度之历史篇》，载《中国房地产》2010年第3期；刘英全：《农村私有房屋转让中涉及的相关法律问题》，载《法律适用》2008年第11期。

③ 参见戴孟勇：《城镇居民购买农村房屋纠纷的司法规制》，载《清华法学》2009年第5期。

条也规定，“农村村民出卖、出租、赠与住宅后，再申请宅基地的，不予批准”，这些规定也并未禁止农房买卖。

仅仅针对宅基地使用权的自由交易而言，现行法上存在禁止，虽然宅基地使用权可在本集体经济组织内部流转，但受让方也必须受“一户一宅”的限制。在中国农村，农户都可免费取得一处宅基地，何苦再花钱去买？因此，宅基地使用权在本集体经济组织内部基本无市场，但是宅基地使用权不得向本集体经济组织成员之外的人转移。按《民法典》第399条的规定，宅基地土地使用权不得抵押。但当宅基地上建有房屋后，因房屋的交易而宅基地使用权又作何处理呢？在此种情形下，宅基地使用权还受上述限制吗？在现行法律层面未对此做出规定，当然，如果农房也适用“房地一致，一体交易”原则，则又会出现农房可处分而宅基地使用权交易受限的困境。

7. 宅基地使用权的物权性体现不充分

宅基地使用权作为一种用益物权，按照《民法典》第323条的规定，①用益物权包括占有、使用和收益权能，问题是用益物权是否具有处分权能。一般认为，物权法上的处分包括法律上的处分和事实上的处分两种形式，法律上的处分，即对标的物价值形态上的处分，比如转让标的物所有权、设定他物权等，事实上的处分，即对标的物实物形态的处分，比如对物进行消费。同样，讨论用益物权是否具有处分权能也需从法律上处分和事实上处分两方面进行考察。用益物权作为一种权利，基于权利自身性质就应当可处分，比如转让、抵押等，用益物权作为一种独立于所有权的物权，作为一种财产权即应具有流通性，否则会影响物的使用效率。按照《民法典》第353条的规定，②从事实上认可了用益物权具有法律上的处分权能。用益物权的设立构成了对所有权人的一种限制，但在用益物权消灭后，所有人得以恢复对标的物的圆满支

---

① 《民法典》第323条规定：“用益物权人对他人所有的不动产或者动产，依法享有占有、使用和收益的权利。”

② 《民法典》第353条规定：“建设用地使用权人有权将建设用地使用权转让、互换、出资、赠与或者抵押，但是法律另有规定的除外。”

配状态，因此，用益物权人不可能对他人所有之物享有事实上的处分权。虽然基于宅基地使用权的保障功能，使得其有别于注重经济效率的建设用地使用权，但宅基地使用权毕竟是用益物权的一种，那么其法律处分权能应有所体现，比如转让、抵押等权能，[①]如对宅基地使用权处分权能一味限制，恐有违用益物权的基本法理。

8. 宅基地使用权的无期限性与用益物权原理相矛盾

宅基地使用权是一种用益物权，而用益物权相对于所有权而言是一种定限物权，所有权与用益物权区别之一即是期限，所有权是无期限的物权，用益物权是有期限的物权。[②]“用益物权属定限物权之一，定限物权于时于量，皆有一定之限度，不如所有权内容之丰富”，[③]“所有权与永佃权，皆系永久存续，故为无期物权，其他皆为有期物权”。[④]用益物权如果永续存在，所有权将为虚有权，用益物权一般是通过与所有权人达成合意的形式取得，而合意中即应有使用收益的期限限制，否则，所有权人将永远不得恢复对标的物的圆满支配状态，也有违所有权支配权之本质。《民法典》第359条规定“住宅建设用地使用权期限届满的，自动续期”，这表明住宅建设用地使用权本身是有期限的，只是期满后自动续期，而对于宅基地使用权，现行法上并没有明确宅基地使用期限，一般认为是无期限的，这恐与用益物权基本法理相矛盾。

9. 宅基地使用权的无偿性具有较大的负外部性

如果农民可以免费取得宅基地，同时其保有环节也无成本，这一缺乏经济约束的宅基地使用制度可能具有较大的负外部性，带来如宅基地的多占、超占，甚至占用耕地建房等问题，并可能进而破坏农村规划、乡村风貌，引发社会不公现象。在经济发达的城郊地带，在经济利益的驱动下，宅基地无偿使用可能诱使农民多占宅基地建房并进而获利，为

---

① 参见高圣平：《宅基地制度改革与民法典物权编编纂——兼评〈民法典物权编（草案二次审议稿）〉》，载《法学评论》2019年第4期。

② 参见杨遂全：《农村个人房地产产权的制度缺陷与补漏》，载《中国房地产》2009年第3期。

③ 郑玉波：《民法物权》（修订版），台北，三民书局1992年版，第131页。

④ 史尚宽：《物权法论》，中国政法大学出版社2000年版，第16页。

宅基地使用权的隐形市场提供助力。

(二)改革方向

1.强化宅基地使用权登记的物权效力

我国在宅基地使用权登记上要转变立法观念,认识到从重行政管理到重登记的私法意义,强化宅基地使用权登记私法上的物权效力,有利于加强对登记权利人的私法保护,维护物权秩序,保护交易安全。《民法典》在宅基地使用权物权变动模式上,并未明确是登记对抗主义还是登记要件主义,①在宅基地使用权取得环节,农村村民申请经政府审批后即取得宅基地使用权物权,登记并不是农村村民取得宅基地使用权物权的要件,并未实行宅基地使用权物权设立登记要件主义,也不同于土地承包经营权设立采取的意思主义,②而且农村村民在申请经审批后取得的宅基地使用权没有登记也可直接对抗第三人,显然也不同于登记对抗主义。宅基地使用权物权设立并不强制要求登记,这是因为:第一,在我国广大农村,有些地方没有开展过农村土地确权登记工作,但不能因为政府没有开展登记工作就否定农村村民一直占有使用的宅基地物权;第二,宅基地限于居住,定位于保障功能,宅基地使用权流转受限,宅基地使用权基本上没有财产属性,登记意义不大;第三,农村是一个熟人社会,登记与否,村民间都知道宅基地权属状况,占有即可公示其权属状况,村民之间没有争议;第四,登记也会产生成本,加重村民负担,农村村民尚没有登记的主动意识。我国没有宅基地使用权流转市场,在"一户一宅"政策下,村民之间互换、转让宅基地的也很少见。因此,立法也没有规定宅基地使用权的流转采取什么登记模式,而土地承包经营权存在互换、转让的情形,立法采取的是登记对抗模式。③不过,从长远来看,随着宅基地"三权分置"的提出,宅基地使用权流转

① 《民法典》第365条规定:"已经登记的宅基地使用权转让或者消灭的,应当及时办理变更登记或者注销登记。"

② 《民法典》第333条规定,"土地承包经营权自土地承包经营权合同生效时设立"。

③ 《民法典》第335条规定:"土地承包经营权互换、转让的,当事人可以向登记机构申请登记;未经登记,不得对抗善意第三人。"

增多,宅基地使用权财产属性显现,立法应当对宅基地使用权的物权变动作出明确的规定,强化宅基地使用权登记的物权效力。甚至有学者认为,宅基地使用权人只有取得登记后才能受到国家法律的保护,否则他只有使用的权利,在其权利受到侵害时得不到法律的保护。①

2. 改革宅基地使用权取得的审批制度,恢复宅基地使用权取得的私法结构

按照我国《行政许可法》第12条的规定,有限自然资源开发利用等需要赋予特定权利的事项,可以设定行政许可,此处的有限自然资源的开发利用主要指矿产、水能资源的开发利用,而宅基地使用权在取得后主要用于修建房屋,并非用于自然资源的开发利用。因此,宅基地使用权的取得不应纳入行政许可的赋权行为。基于土地的公益性,土地受公法调节在所难免,但是也需对其进行准确定位,行政机关的审批更多的是基于宅基地管理的需要,而非越俎代庖行使农民集体应有的职权。宅基地使用权作为一种用益他物权,依据他物权取得的原理,他物权的取得一般是基于设定他物权的合同,宅基地使用权的母权是农民集体土地所有权,宅基地使用权的取得是通过农民与农民集体签订合同予以设立,农民取得宅基地使用权无须支付合同的对价,它是农民基于集体经济组织成员应享有的权利。当然,宅基地作为一种关系国计民生的重要资源,国家对其管制是理所当然的,因此,可考虑农民集体与其成员之间签订的宅基地使用权合同应以行政审批为要件。②

3. 明确"户"内的自然人才是宅基地使用权的权利主体,宅基地使用权因地上房屋继承而同时继承

"户"不是民事法律主体,"户"通常是因婚姻、血缘等关系而以家庭的单位呈现,宅基地使用权申请时以"户"为单位,但宅基地使用权的权利主体不是抽象的"户",而是"户"内具体的自然人,相应的,登记簿

---

① 参见陈小君等:《农村土地法律制度的现实考察与研究》,法律出版社2010年版,第227页。

② 参见蔡立东:《宅基地使用权取得的法律结构》,载《吉林大学社会科学学报》2007年第3期。

记载的宅基地使用权人为“户”内具体的自然人，在没有约定份额情况下，这些自然人对宅基地的权利为共同共有。宅基地上未建有房屋的，只要宅基地“户”内还有人员，宅基地“户”内某个成员死亡的，不发生宅基地使用权的继承，直接调整“户”内其他成员为登记权属主体即可。基于人地关系和谐和土地优化配置考虑，宅基地使用权单独不发生继承，宅基地“户”内不存在其他成员的，闲置宅基地应由农民集体收回。宅基地上建有房屋的，因继承宅基地上的房屋而同时继承宅基地使用权。

4. 改一户只能拥有一处宅基地为一户只能申请一处宅基地

《土地管理法》提出“农村村民一户只能拥有一处宅基地”的规定，是对宅基地初始取得的限制规定，而非宅基地使用权继受取得的限制性规定。显然，法律不应限制农民基于合法原因取得两处以上的宅基地使用权。[①] 作为一种带有福利性的保障措施，农民可免费申请一处宅基地实现农民的基本居住保障。在城市，夫妻双方作为一个整体只能享受一次福利房改分房，但是事后，夫妻双方还可通过正常的交易行为再取得其他人的房改房。因此，建议将“一户只能拥有一处宅基地”的限制性规定改为“一户只能申请一处宅基地”。仍然坚持“农村村民出卖、出租、赠与住宅后，再申请宅基地的，不予批准”的原则。

5. 采取农房交易时房地的适当分离制度

我国《城市房地产管理法》、原《物权法》以及现行《民法典》都规定了房地交易时的“房地一致”原则，即房或地交易时须保持房和地的权属主体一致，[②]不过，这些法条规定仅仅是针对国有土地而言，一如上文所述，原建设部的《房屋登记办法》第 8 条及自然资源部的《不动产登记暂行条例实施细则》第 2 条都规定了无论国有土还是集体土地，都应遵

---

① 参见高圣平、刘守英：《宅基地使用权初始取得制度研究》，载《中国土地科学》2007 年第 2 期。

② 原《物权法》第 146 条规定，“建设用地使用权转让、互换、出资或者赠与的，附着于该土地上的建筑物、构筑物及其附属设施一并处分”；第 147 条规定：“建筑物、构筑物及其附属设施转让、互换、出资或者赠与的，该建筑物、构筑物及其附属设施占用范围内的建设用地使用权一并处分。”《民法典》第 356、357 条仍然沿用了原《物权法》第 146、147 条的规定。

循房屋所有权和房屋占用范围内的土地使用权权利主体一致的原则，但是《房屋登记办法》和《不动产登记暂行条例实施细则》是部门规章，效力较低，而且这是在办理静态登记时，要求房地权属主体一致，至于房地动态交易时，是否也要求房地一致，并不明确。

那么农村房屋抵押是否适用房地一体抵押呢？20 世纪 90 年代中期出台的《城镇国有土地使用权出让和转让暂行条例》和《城市房地产管理法》都明确规定了房地一体抵押规则，不过从这些法规的标题就可以看出，它们是针对国有土地上的城镇房屋而言的，在法无明文规定情形下，不能推断农房抵押也适用此规则，况且在此阶段，当时的法律是许可农村房屋转让的，转让都不禁止，为何要限制抵押。原《物权法》第 182 条要求建筑物及其所占用范围内的土地使用权一并抵押，不过全国人大常委会法工委对此条的解释是，“本条规定所指建筑物，主要指国有土地上建筑物和乡（镇）、村企业的厂房等建筑物”，①《民法典》第 397 条仍然沿用了原《物权法》第 182 条的规定，如此，又排除了农房抵押适用该条规定的可能。总之，现行法上禁止宅基地使用权单独抵押，但并未禁止宅基地上农房抵押，况且现行有效法律都是认可了农房在一定范围内的转让性，如若一概禁止农房抵押，必然引起立法冲突。②

综上所述，关于房地一体交易的规定，我国主要是针对国有土地及其地上的房屋，对于集体土地上的房屋却未作规定。当然从维护法律适用的统一性出发，集体土地上的房屋交易仍需遵循房地一体交易的原则。目前，农房交易的困境实际来源于地下宅基地的受限。因此，重构房屋与宅基地的关系或许有助于推动农房的交易。

如何处理土地与建筑物的关系，目前世界上有两种立法例，一种称

---

① 胡康生主编：《中华人民共和国物权法释义》，法律出版社 2007 年版，第 400 页。最高人民法院物权法研究小组对该条的解释是：“地随房走”仅适用于国有土地上的房屋抵押，以及集体所有土地上的乡（镇）、村企业的厂房等建筑物抵押，而不包括集体所有土地上的其他房屋抵押，不得随意扩大范围。参见最高人民法院物权法研究小组编著：《〈中华人民共和国物权法〉条文理解与适用》，人民法院出版社 2007 年版，第 546 ~ 547 页。

② 刁其怀：《城乡统筹背景下的农房抵押——以四川省成都市为例》，载《农村经济》2010 年第 12 期。

为一元主义,罗马法可为代表,其规定一切建筑物从属于土地,建筑物系土地的重要组成部分,而非独立的物,不得单独为权利的客体,《德国民法典》第94条规定,"定着于土地和地面的物特别是建筑物,……属于土地的重要组成部分"。另一种称为二元主义,其规定建筑物与土地分属独立之物,可分别为权利之客体,日本《不动产登记法》规定,建筑物和土地可分别成为所有权客体,可相互分离分别进入交易。

由于土地的稀缺性,利用他人土地建造建筑物较为普遍,而一元主义模式下,建筑物为土地的组成部分,不得单独为权利客体,修建人不能取得建筑物所有权,如此对建筑人甚为不利,也不公平,于是产生了地上权制度,地上权为建造房屋、隧道、沟渠等工作物及培植竹林、树木、使用他人土地之权。[①] 1919年,德国颁布了《地上权条例》,加强对地上权人的保护。地上权人对在他人土地上修建的建筑物拥有所有权,当建筑物毁灭时,地上权并不随之消灭,地上权人有权重建建筑物,地上权设定后,建筑物不再是土地组成部分,二者可分别成为权利客体,并分别转让抵押,当建筑物或土地分别转让而由第三人取得而导致房地权利主体不一致时,视为有地上权之存在。而在二元模式下,建筑物和土地本就相互独立,可分别转让抵押,当出现房地权属主体有别时,也可通过创设地上权或租赁权制度予以调和。

我国立法一贯承认土地和房屋可分别成为所有权客体,似乎采取了二元主义立法模式,但在处分时又要求一体处分,以保持房地权属主体的一致。既然房地可单独成为权利客体,则权利人应可分别处分之,参考其他国家立法例,我国也可实行房地分别交易机制,房地分离模式较好地契合了当前宅基地使用权交易受限的政策目标,[②]当分别交易后出现房地权属主体不一致时,可通过地上权或租赁权予以调适。[③] 我国

---

① 史尚宽:《物权法论》,中国政法大学出版社2000年版,第187页。

② 参见高圣平:《宅基地制度改革试点的法律逻辑》,载《烟台大学学报(哲学社会科学版)》2015年第3期。

③ 参见孙宪忠:《论物权法》(修订版),法律出版社2008年版,第295页;王卫国、朱庆育:《宅基地如何进入市场?——以画家村房屋买卖案为切入点》,载《政法论坛》2014年第3期。

法上的农村宅基地使用权本质上是传统法上的地上权,利用农民集体的土地修建住房的权利,现行法上禁止单独宅基地使用权(地上权)抵押和严格限制转让,在此约束条件下,并考虑法律层面并未禁止农房的转让和抵押,在农房转让和抵押时,由于用益物权性质的宅基地使用权(地上权)取得受身份属性的限制,可通过引入租赁权制度,农村房屋的受让人可基于债权性质的宅基地使用权租赁权取得房屋的所有权。①

6. 明确宅基地使用权法律上的处分权能

正如上文所述,宅基地使用权作为用益物权之一种,法律上的处分权能应有所体现,比如转让抵押租赁等权能,现行法基于宅基地的生存保障功能而对宅基地使用权设立了诸多限制,但在现行法律层面上的限制仅仅是针对纯宅基地使用权的处分而言,针对当宅基地上建有房屋后,因房屋的处分而致宅基地使用权流转的却未作规定。为了防止炒地皮现象的出现,对于取得宅基地使用权后不用于修建房屋而单纯对外转让的行为应予禁止。

事实上,我国城市中的房改房取得也有身份限制,但在补交相关费用后将部分产权转变为全产权,房改房也可上市自由流通。一如上文所述,宅基地使用权作为《民法典》明定的一种用益物权,应当体现私法应有的财产属性,赋予其一定的流通性,以优化资源利用、发挥其最大功用。中央也多次提出保护农民的私有财产,提高农民收入,而明确宅基地使用权法律上的处分权能有助于以上目标的实现。

不过考虑当前社会现实,立法也可采取适时推进的办法,而非一步到位,比如可引入优先购买权制度,进行农房交易时,本集体经济组织及其成员在同等条件下有优先购买农房的权利。一方面这有利于优先解决本集体经济组织成员的住房保障问题,另一方面也照顾到了农村房屋财产属性的体现。

---

① 参见韩世远:《宅基地的立法问题——兼析物权法草案第十三章"宅基地使用权"》,载《政治与法律》2005年第5期;刘凯湘:《法定租赁权对农村宅基地制度改革的意义与构想》,载《法学论坛》2010年第1期。

7. 确立宅基地使用权的有期限性

宅基地使用权无期限性一方面与用益物权法理不符,使所有权虚化;另一方面也使宅基地使用权处于不稳定的状态,因为它随时面临被宅基地所有权人终止的可能。因此,可以参照国有土地住宅建设用地使用期限的规定,农民宅基地使用权的期限确定为70年,使用年限自宅基地使用权得到批准之日起算,考虑社会的稳定与城乡建设用地规则的一致,仍可规定农村住房宅基地使用权期满的,自动续期。

8. 区分不同情况实行宅基地有偿使用制度

不可否认,在广大农村宅基地仍承担着重要的保障的功能,对于宅基地使用权初次取得的,仍需坚持宅基地的保障功能,实行无偿取得,[①]而对于宅基地使用权初次取得无偿使用所导致的多占乱占等外部性问题,应通过加强宅基地管理制度予以解决,而且,宅基地使用权初次取得无偿使用也有利于与现有制度相协调,避免引发新的不公平。宅基地有偿使用应重在针对存量的宅基地及其宅基地上农房交易,即在无偿取得的宅基地上建有农房,农房欲再次流转的,应实行宅基地有偿使用制度,有偿使用制度可以借鉴城市划拨土地上市需补交土地出让金的做法。

第三节　现行宅基地产权制度的法学与经济学分析

一、现行宅基地产权制度的物权法分析

(一)宅基地农民集体所有的物权法分析:是“从归属到利用”还是“轻归属重利用”

一如前文所述,随着社会的变迁,罗马法的“以归属为中心”的绝对物权观导致资源的浪费,日耳曼法的“以利用为中心”的思想受到重视,

---

① 参见杨遂全:《农村个人房地产产权的制度缺陷与补漏》,载《中国房地产》2009年第3期。

现代物权法出现了从强调归属到强调利用的转变，这种思想传入我国后，也深刻影响了我国学术界，学术界主流观点即是物权法应采用"从归属到利用"的指导思想。[①] 同样，土地立法观念也应强调"从归属到利用"，一些学者提出集体土地所有制改革方向即是虚化所有权，做实使用权。[②]

笔者并不否定现代物权法所秉持的"从归属到利用"的物权观，不过需要澄清的是，"从归属到利用"的立法观是在"归属"清晰前提下的重"利用"，而非"归属"不明前提下的重"利用"。很多学者在没有深刻理解"从归属到利用"的物权观念下，盲目迎合现代物权法发展趋势，鼓吹从归属到利用的转变，这些学者所倡导的"从归属到利用"实质是"轻归属重利用"。可以说，这种观念也影响了我国立法，反应在集体土地上，即立法重视集体土地他物权的规定，而对集体土地主体的规定较少，且对集体土地的主体农民集体的表述也比较原则化；学术界也重视对土地利用方式的研究，而轻土地归属钻研。

土地的归属是土地利用的前提，解决好土地归属有助于定分止争、物畅其流，充分发挥物之效用，有助于和谐物权秩序的构建。土地用益物权源自土地所有权，虽然现代社会强调物的使用效率，用益物权作用日益被重视，但是用益物权作为设定在所有权之上的他物权，如果作为所有权的地基建构都存在问题，可以想象，存在于地基之上无论多么发达的用益物权都是脆弱的。诚如学者所言，"从归属到利用"的物权观念转变，虽然推动了我国集体土地利用制度的发展，客观上促进了集体土地利用法律体系的完善，但它也在无形中影响了集体土地所有权主体制度的重构。[③] 因此，在现阶段，仍要解决好包括宅基地在内的所有集体土地的归属——权属主体的问题。当然，笔者强调"物的归属"，并

---

① 参见陈小君等：《农村土地法律制度的现实考察与研究》，法律出版社 2010 年版，第 206 页。

② 参见党国英：《土地制度改革要坚持用途管制》，载《中国土地》2010 年第 6 期。

③ 参见陈小君等：《农村土地法律制度的现实考察与研究》，法律出版社 2010 年版，第 207 页。

非轻“物的利用”,而是要在“物的归属”清晰前提下强调“物的利用”,这与科学的现代物权法倡导“从归属到利用”的观念是一致的。

(二)宅基地使用权物权限制分析

物权限制与物权法定密切相关,物权法定使得物权法具有了强行法的性质,即当事人不得任意变更,只能依法行事。但一如上文所述,基于物权法定自闭与保守等弊病,物权法定出现了缓和迹象,要求承认社会惯性上产生的、不悖于物权的绝对支配性,并有适当的公示方法的新类型“物权”的合法性。[①] 以日本农地有益物权发展为例,根据日本民法学者我妻荣的论述,在日本,农耕地的法律关系极为复杂,很多情形下都依习惯和社会力量来规范,并不受民法约束。因经济发展被抛下的农民,其权利意识逐渐觉醒,强行实施民法规定的不当结果,已到了无法忍受的程度。可以说引发农田改革的原因也正在于此。现在,以往沿袭下来的惯例上的物权,有些已通过判例肯定了它们的存在,而随着经济交易的发展,从现实社会所产生的物权关系,通过判例或立法,在某种程度上已渐渐被法律体系所接受。[②] 同样,我国基于宅基地交易受限性,一般认为农房交易是受限的,但农民自身资产并不多,房屋是其最为重要的不动产,而农民也有抵押融资交易等需求,但现行制度上的禁止,使得农民特别是城郊的农民资产资本化的需求不能实现,于是农房“以租代售”等形式出现,并得到习惯的认可。农房交易无须登记,大多通过契约按印的方式进行,这种方式在农村也较为普遍,但鲜有纠纷。[③] 而且,一如上文所述,法院对待农村房屋交易的态度也在发生变化,早期一般都判定农房交易合同无效,但近来也有农房交易合同有效的案例。

从终极目的上讲,法律的制定应当是保护和促进自由,只是为了社会公益等目的的需要,需要对自由予以限制,但限制自由的目的也是保护

---

① 参见陈华彬:《物权法》,法律出版社 2004 年版,第 83 页。

② 参见尹田:《物权法理论评析与思考》,中国人民大学出版社 2004 年版,第 129 ~ 130 页。

③ 参见刁其怀:《登记要件主义:房屋物权变动不能承受之重》,载《中国房地产》2009 年第 5 期。

和扩大自由。笔者认为,在宅基地产权制度改革方面,自由是原则,限制是例外。同时,只有在限制所带来的利益大于限制的成本时,限制才是必要的。财产的自由是人自由的基础,是私法自治的体现,是法治社会的表现,财产的自由可以激发人们去创造更多更大的财富,社会财富的增加会实现更大的自由。当财产的自由妨碍社会更大福利的取得时可对其限制,而限制往往是有成本的,限制措施的制定实施需要成本,财产的限制往往以牺牲效率为代价,人们为了规避宅基地使用权交易限制,会付出更多的时间与代价去完成权利的行使,效率即在这个过程中降低。

二、现行宅基地产权制度的经济学分析

(一)宅基地农民集体所有:产权理论视角

根据产权主体隶属于个人的程度,产权可作如下划分:私人产权,是指将产权分配给特定的个人,由个人排他性地行使该权利并独享其利益;联合产权,是指将产权分配给若干特定的个人,由个人排他性地行使该特定权利并获取相应的利益;集体产权,又称社团产权,是指产权归属于某个社区全体,由内部成员来选定资源的用途并排斥外来者;国家产权,即产权主体为国家的产权形式;共有产权,是指产权被任何人共有且无人单独拥有的排他性权利,当共有产权都被限定在一定的主体范围之内,例如国家、集体或若干个人,就相应形成了国家产权、集体产权或联合产权。①

西方新制度经济学中的产权理论,从个人主义哲学立场出发,采用新古典经济学边际分析方法分析产权约束下的经济绩效,认为产权界定是产权交易的前提,清晰的产权界定和完整的产权可以减少交易的不确定性,促进资源优化配置,提高资源的配置效率,甚至认为以上几种产权形式中私有产权才是最有效率的产权形式,“非私有的产权会降低资源的使用与可预见的市场价值之间的一致性。……集体产

---

① 参见吴易风、关雪凌等:《产权理论与实践》,中国人民大学出版社2010年版,第100页。

权……资源就可能得不到充分的利用”。[①] 从中国现有的意识形态、界定产权的成本等角度考虑，更多务实理性的学者还是坚持维护并完善现行的集体土地所有制度。[②] 但是，在如何完善现行农村集体所有制度方面，多数学者往往从完善使用权方面入手，而忽略了对集体土地所有的权属主体研究。[③] 这种轻所有权而重使用权能的研究与国内学者误解西方产权理论有关。一般认为，西方的产权理论，以产权概念代替大陆法系传统的所有权概念，认为产权是一组权利构成的权利束，可以进行权能的分解，在不触及所有权的情形下，可以大力发展其使用方面的权能，甚至认为生产资料的产权归属并不重要，其对经济关系并不起决定意义，重要的是产权的各项权能，所有权在经济学中不重要，重要的是使用权，[④]它关注物的使用收益及其对经济绩效的影响等。[⑤] 斯蒂格利茨甚至认为：“产权无须清晰界定，市场改革同样可以成功进行。”[⑥]

事实上，西方产权理论也强调清晰界定产权的重要性，不过这里界定的产权并不仅仅指所有权，只要产权的使用人是清楚的，也是清晰的产权，也对其予以保护。所有权并不比使用权重要，它们都受到法律的一体保护，但是有一点是要强调的，西方的产权理论是建立在私有制基础之上的，其所有权的主体归属本身是明晰的。我国部分学者出于各方面的考虑，抛开对土地所有权的研究，而在使用权能上大做文章。根据西方产权理论，可以推导出宅基地使用权的市场化改革，但是同样也

---

① ［美］A. 阿尔钦：《产权》，薛兆丰译，载［美］史蒂文·N. 杜尔劳夫、劳伦斯·E. 布卢姆主编：《新帕尔格雷夫经济学大辞典：第六卷》（第2版），经济科学出版社2016年版，第625页。

② 参见屠世超、许金标：《农村建设用地使用权流转的法经济学分析》，载《福建论坛（人文社会科学版）》2007年第4期；杨继瑞：《我国农村集体土地所有权改革的探析与思考》，载《农村经济》2008年第5期。

③ 参见屠世超、许金标：《农村建设用地使用权流转的法经济学分析》，载《福建论坛（人文社会科学版）》2007年第4期；杨继瑞：《我国农村集体土地所有权改革的探析与思考》，载《农村经济》2008年第5期。

④ 参见张五常：《经济解释卷四：制度的选择》（神州增订版），中信出版社2014年版，第154～155页。

⑤ 参见刁其怀：《产权界定与西部自然资源利用——对西部自然资源利用机制的反思》，载《云南社会科学》2011年第1期。

⑥ Joseph E. Stiglitz, *Whither Socialism?*, MIT press, 1994, p. 262. 转引自吴易风、关雪凌等：《产权理论与实践》，中国人民大学出版社2010年版，第245页。

可推导出清晰界定产权(包括所有权)的重要性。

产权(包括所有权)的清晰界定并不能推导出土地所有权的私有化,比如国家产权、集体产权以及个人产权,只要产权主体是明确的,都是清晰的产权。现行法上的国家所有权与集体所有权的主体都难以融入民法主体概念。根据民法基础理论,所有权的主体必须是一个具体法律意义上的人,它可以是法人、自然人或其他组织,而抽象的国家和集体都难以纳入具体法律意义上的人,因此必须通过民法理论对其予以重构,其中国家所有权可将抽象的国家予以公法法人构造,分别规定为中央政府、地方政府及有关公法法人所有权。①

按照上面的产权分类,包括宅基地在内的集体土地所有制属于集体产权,又称社团产权,集体土地产权应归属于某个社区全体。因此,包括宅基地在内的集体土地产权主体改革方向是以农村社区法人取代农民集体所有,这一点已在前文从法学角度予以论述。

因此清晰界定产权甚为重要,但比清晰界定产权更为重要的是,要建立起保护合法产权的法律制度。诺思和托马斯在《西方世界的兴起》一书中已证明,18—19世纪英国成为世界顶级经济强国,与其高度健全的保护产权制度密不可分。

(二)宅基地使用权流转的法经济学分析

在当前宅基地使用权能否自由流转的争论中,法学界多从公平角度考虑,主流观点是禁止流转,而经济学界多从效率角度考量,主流观点是允许流转。学者间基于不同的价值判断标准从而得出不同的结论,实属正常,而且从抽象价值角度出发,很难界定孰是孰非。因此,争论者必须遵守一些共同的前提,以此前提出发,才能得出令争议双方较为信服的观点。这些前提是:第一,资源是稀缺的,一个好的制度必须使稀缺的资源物尽其用,避免其浪费,提高资源的使用效率;第二,现实世界是有摩擦的世界,即存在正的交易成本,为了收益最大化需要减少成本;第三,在多数情形下,每个人的偏好大致是稳定的,都是自身利益

① 参见孙宪忠:《论物权法》(修订版),法律出版社2008年版,第15页。

最大化的判断者。在这些前提下,我们将公平与效率对照分析,并对制度的选择作出取舍,简而言之,经济学上的效率就是总成本与总收益之间的关系,法学上的公平即是收入如何分配问题。当然,如果资源无穷丰富,不存在稀缺,公平与效率自无冲突,即便资源极其匮乏,但如何分配都令人满意,公平与效率也就无冲突。但是这些假设都是不成立的,公平与效率确有冲突,那么在二者存有冲突时,我们选择谁呢?

试举一例,假设甲乙是邻居,政府要建一工厂并影响到甲乙二人,在工厂未建之前,甲有 100 元,乙有 50 元,共计 150 元。工厂建设花费成本 40 元(其中包括乙投入的 30 元),在工厂建成后,产生 50 元的收益,而这 50 元的收益全归甲所有,那么工厂是否应该修建呢?从效率的角度来看,应当建,因为 50 元的收益减去 40 元的成本,产生了 10 元的净收益。但它显然是不公平的,因为工厂建成后的全部收益都被甲占有,建厂前,甲有 100 元,建厂后增加至 150 元,建厂前乙有 50 元,建厂后却只有 20 元,这种结果对乙而言显然是不公平的。我们可以假设 50 元的收益甲占 30%,乙占 70% 是令双方都满意的比较公平的方案,即工厂建成后,甲增至 115 元,乙增至 55 元(减去乙的建厂成本 30 元)。

但是,我们假设工厂建成后的 50 元收益只归甲所有,在甲乙之间不可能进行重新分配,那么只有两种选择:一是建厂,甲增至 150 元,乙减少至 20 元,有效率但不公平;二是不建厂,甲仍是 100 元,乙仍是 50 元。此时,如果公平变得极为重要,那么只有舍去效率。现假设 50 元收益可以无成本地在甲乙之间按上文所述双方满意的比例进行分配,双方的福利都得以改善,那么工厂就应建,因为它既促进了效率,也满足了公平。不过这里隐含一个前提,即收入的再分配并无成本,人们可以按照他们满意的方式进行分配,由于追求效率所导致的收入分配不公可通过无成本的方式得以矫正,那么追求效率是理所当然的,因为收入越多,个体的福利水平也越高。①

---

① 参见[美]A. 米切尔·波林斯基:《法和经济学导论》(第 3 版),郑戈译,法律出版社 2009 年版,第 7~8 页。

收入分配的方式可通过两种方式进行，第一种是通过税收和转移支付的方式进行收入再分配，第二种是通过法律规则的选择实现收入的再分配。[①] 这两种方式的进行都需花费成本，但相比之下，第一种方式的成本低于第二种。通过法律制度进行收入再分配涉及法律制度的运行成本，诸如当事人的诉讼费用、法院系统行政费用等，由于法律是类型化调整问题，通过法律制度来分配正义存在法律分配机制的“不精确性”，违背了法律分配促进公平正义的目标。通常情况下，通过法律系统进行收入再分配只发生在有纠纷的场合，但是并非每一阶层所有成员都会卷入纠纷，因此，在不同收入阶层之间进行收入再分配，法律制度不如税收制度精确。总之，法律规则作为收入再分配的工具，一般来说比税收和转移支付涉及更高的成本，而且也不精确，法律规则的选择主要应当基于效率方面的考虑。[②] 当收入再分配的成本很高时，效率和公平的潜在冲突应在政府的税收和转移支付体系设计中被考虑，而非一般性地在法律规则的选择中被考虑。[③]

效率的确有导致不公平的分配状态，因此公平分配是配置效率之外的一个目标，许多经济分析学者一致认同再分配的必要性，因为市场机制不会带来社会总财富的公平分配。但是他们反对在引入每个提高效率措施的同时补偿受损者的要求，也不认为可以容忍由于分配政策而受到严重的效率损失。通常效率和公平分配需要通过不同的相互独立的社会制度实现，再分配总是和一定的效率损失分不开的，如果用来引导资源流向的法律规范还要履行再分配的任务，那么问题将变得无法解决，更好的方法就是为此设计独立的法律安排。[④]

---

① 参见[美]A. 米切尔·波林斯基：《法和经济学导论》（第3版），郑戈译，法律出版社2009年版，第118页。

② 参见[美]A. 米切尔·波林斯基：《法和经济学导论》（第3版），郑戈译，法律出版社2009年版，第123～125页。

③ 参见[美]A. 米切尔·波林斯基：《法和经济学导论》（第3版），郑戈译，法律出版社2009年版，第8页。

④ 参见[德]汉斯－贝恩德·舍费尔、克劳斯·奥特：《民法的经济分析》（第4版），江清云、杜涛译，法律出版社2009年版，第6～7页。

按我国现行法上的宅基地使用权禁止流转制度,宅基地使用权只有被征收为国有土地或是转化为集体经营性建设用地后才能出让,宅基地的资源配置不存在市场机制的空间,宅基地征收或是转化为集体经营性建设用地后才能流转,这样增加了宅基地使用权流转的环节,也就增加了交易成本。显然,现行法上的宅基地使用权禁止自由流转的制度设计不是基于效率考虑的。

那么现行法上的宅基地使用权禁止自由流转制度设计的目标是什么呢？根据前文宅基地制度变迁的描述及分析可以看出,我国设计宅基地使用权制度的目标有两个,一是保护耕地,二是实现居有其屋,保障农民的生存权。首先,宅基地使用权能否流转涉及产权制度,而保护耕地涉及宅基地管理制度,从纯理论角度来说,宅基地作为存量的集体建设用地,其使用权流转并不会减少耕地,保护耕地的关键在于控制农用地转化为非农建设用地的数量,而不在于是否放开宅基地使用权的流转,[1]恰恰相反,放开宅基地使用权流转使得闲置宅基地得以利用,反而有利于减少占用耕地建房的行为。因此,放开宅基地使用权流转并不会危及耕地保护。其次,宅基地使用权能否流转是从产权的权能方面考虑,而农民的住房保障是政府的公共职能之一,两者也不能混为一谈。所谓社会保障,是社会(特别是政府、企业、社区等社会组织)承担的义务,虽然被保障者有时也要承担一定的义务,但总体而言,作为一国的公民,接受社会保障是他应享受的权利,特别是对于那些弱势群体。在农村,政府为农民提供居住保障的表现就是农民可以无偿取得宅基地,满足了农民的基本居住需求,并以此替代了政府的住房保障。但是,农民取得宅基地使用权后,宅基地使用权作为《民法典》明定的一种用益物权,也应当体现私法应有的财产属性,赋予其一定的流通性,以优化资源利用,发挥其最大功用。在一定程度上,赋予农民对房屋的处分权利实质是将宅基地的实物生存保障转变为价值替代保障,因为

---

① 参见刁其怀:《农村房屋产权流转:一个实证描述及分析——以成都市三区(市)县九乡镇为例》,载《西南民族大学学报(人文社会科学版)》2010 年第 6 期。

农民还可用此部分房款取得替代的生存保障。[①] 国家为农民无偿提供宅基地是其承担住房保障的表现,但是国家严格限制宅基地的财产属性和流通属性却不是国家承担社会保障的表现。农村住房保障的建立还需要政府加大投入,而不是一味地在限制财产流通上做文章。客观地讲,通过限制宅基地使用权自由流转的方式并不是实现农村住房保障的最好方式,正如上文所述,由于法律具有类型化特征,通过法律制度来分配正义存在法律分配机制的"不精确性"问题,可能违背法律分配促进公平正义的目标。禁止宅基地使用权自由流转不利于资源优化配置,也不利于农民利益的保护。法律规则应以效率为目标,放开宅基地使用权流转市场,促进效率,进而通过税收和转移支付的方式进行收入再分配,从而实现农民的住房保障。

法律规则经济分析的结论是,法律规则应当以效率为首要目标,但是法律规则的经济分析也有其局限性,有时成本和收益难以用货币予以量化,每个人主观评判标准也存在差异,不过这并不妨碍经济分析对法律规则价值的判断,只是在进行法律规则的经济分析时需更加完善前提条件,从而使结论也更具普遍性。另外,在某些情况下,效率也并非法律制度的首要目标,诸如涉及消费者保护、限制经济力量、保护弱势群体以及一些不可侵犯的权利方面。[②]

在我国,农村住房保障制度仍有待完善,通过税收和转移支付的方式建立农村住房保障的制度构建也正在进行中,农村虽分化为传统型农村和现代型农村,但总体而言,农民仍是一个弱势群体,抵御外来风险能力不强。国际经验也表明,土地的行政干预是各国的通例。土地并非一般商品,具有不流动性和稀缺性,人人都需要,从而具有人权的性质,因此,仍需考虑市场机制在宅基地使用权流转中的限度。

---

① 参见陈荣文:《生存保障 vs. 资源优化:我国农村宅基地使用权制度的解构与重建》,载《福建政法管理干部学院学报》2007 年第 2 期。

② 参见[德]汉斯－贝恩德·舍费尔、克劳斯·奥特:《民法的经济分析》(第 4 版),江清云、杜涛译,法律出版社 2009 年版,第 7～9 页。

小　结

本章从公法和私法两个方面对当前农村宅基地制度进行了研究，在公法管理方面，提出要加强宅基地规划管理、宅基地用途管制，大力推进宅基地的节约和集约化利用水平。在私法方面，认为应当明晰宅基地的所有权主体，以村社法人取代农民集体所有，同时以私法理论重构了宅基地的若干微观机制，比如强化宅基地使用权登记的物权效力，改革宅基地使用权取得的审批制度，确立宅基地使用权的有期限性，改一户只能拥有一处宅基地为一户只能申请一处宅基地等。在宅基地使用权流转方面，从现有立法规定入手，区分宅基地使用权的单独流转和宅基地上建有房屋后因房屋处分导致的宅基地使用权流转，通过引入租赁权制度，重构了农房交易房地异主问题。从法学与经济学理论分析的结果，认为宅基地使用权作为私法上的一种用益物权，应当在一定程度上体现私法应有的财产性和流通性，公法不应过多限制宅基地使用权的流转。但是，正如本章结尾所述，在当前农村的社会保障体制还尚不够健全，各种配套机制仍有待完善的情况下，基于土地与一般商品的区别，仍需考虑市场机制在宅基地使用权流转中的限度。本章重在从理论方面重构宅基地管理制度和产权制度，但缺少实践的研究，仍需从微观层面研究在宅基地公法与私法构建方面创新的既有案例。

第六章　宅基地制度改革与宅基地市场发育:成都实践

第一节　2007 年全国统筹城乡综合配套改革试验区成都市宅基地制度改革研究(2008—2011 年)

一、改革背景[①]

如何破除城乡二元结构,实现城乡统筹发展,一直以来是我国各地发展的重要课题,作为我国西部特大型城市的成都同样面临这样的问题。成都市辖 6 个中心城区,14 个郊区(市)县。2003 年统计数据显示,成都市共有 1029 万人,其中农村人口为 663 万人,占到成都市总人口数的 64%。当时成都耕地面积约有 12,000 平方公里,每一平方公里耕地上约有农村人口 553 人左右,农村劳动力剩余情况明显,城镇化率低,当时成都面临城市化无地可用,村民进城无处可去,土地规模经营无地可租的困境。为此,2003 年成都率先在全国启动了城乡一体化的实践,对统筹城乡发展进行了积极探索,提出了"三个集中"来推进城乡一体化,即"工业向集中发展区集中、农民向城镇和新型社区集中、土地向适度规模经营集中",经过几年的实施,

① 参见陈庆:《成都试验》,载《四川党的建设(城市版)》2010 年第 9 期。本小节主要参考了陈庆的《成都试验》内容,在此致谢。

城乡统筹发展取得了显著成效。[①] 但是在推进“三个集中”的过程中，一些问题也逐渐暴露出来。自2003年成都实施城乡一体化改革以来，投入“三农”的资金从2003年的10亿元激增到2007年的117亿元，投入成倍增长，但城乡居民收入差距改观效果有限，2003年成都城乡居民收入差距为2.66:1左右，2007年降至2.61:1。起初，成都提出“三个集中”来实现城乡一体化，其目的之一就是要缩小城乡差距，为何巨额的成本花费效果却并不明显呢？成都市委、市政府意识到，虽然农村大量富余劳动力进入城镇，但是长期以来，农民在农村的土地和房屋等资产的权利不够清晰，权能也不够完整，导致资产难以转化为资本，于是农村市场化被提上议程，即通过农村产权制度改革，明确产权，赋予权能，使农村土地和房屋从资产变为资本，通过城乡生产要素的流动，激活农村发展活力，为深入推动城乡统筹发展，破解城乡二元结构提供持续动力。

自2005年至2006年，上海浦东和天津滨海先后成为中国的两个国家级综合配套改革实验区后，2007年6月，成都又获批全国统筹城乡综合配套改革试验区，这既是对成都五年来通过“三个集中”推进城乡一体化发展成果的认可，更是希望成都能够在深化统筹城乡发展的道路上探索出新路子，为其他地区统筹城乡发展、破除二元结构起到示范和带动作用。在深入研究本市前期推进城乡发展一体化的做法及面临的问题后，成都市委、市政府将农村产权制度改革作为成都市统筹城乡综合配套改革试验的重要领域。2008年1月1日，成都市委、市政府下发了《关于加强耕地保护进一步改革完善农村土地和房屋产权制度的意见（试行）》，其中心思想是，“坚持城乡统筹，深化农村土地和房屋产权制度改革，建立健全归属清晰、权责明确、保护严格、流转顺畅的农村产权制度，切实推动农村资产资本化，促进农民生产生活方式转变，为统筹城乡科学发展创造条件”。一场以农村土地和房屋确权颁证为基础，农村土地和房屋流转为核心的产权制度改革的帷幕徐徐拉开，“成都模式”悄然进行。本章节重

---

① 2007年，原先分散零乱的116个工业园区整合为20个配套完善的产业园区，通过规划选点，新建600余个集中居住的新型社区，至少27万农民入驻，土地规模经营达到154万亩左右。参见陈庆：《成都试验》，载《四川党的建设（城市版）》2010年第9期。

点详述自2008年至2011年,成都有关宅基地及地上房屋的改革制度。

二、宅基地管理制度改革

(一)乡村规划:城市规划→城乡规划→全域成都规划→世界现代田园城市

成都市在“三个集中”的基础上,提出了“六个一体化”,即“城乡规划、城乡产业发展、城乡市场体制、城乡基础设施、城乡公共服务、城乡管理体制六个方面的一体化”,继续破除阻碍城乡一体化的体制障碍。为此,成都市大力推行乡村规划,在当时,成都市规划管理局也改名为成都市城乡规划管理局,在全国率先将城市规划职能延伸至乡村,由单一的城市规划转变为城乡协调的城乡规划,乡村规划注重文体、商业、医疗、教育等公共配套设施的完善,着力农民居住环境的改善和居住品质的提高,特别是成都获批改革试验区以来,成都市以“全域成都”为理念,将成都1.24万平方公里作为一个整体进行规划,在城市化进程中,同步提升农村的现代化。

在2008年“5·12”地震后,面对农村大量倒塌的农房,是仅仅把震倒的房屋重新建起来,还是让灾区来一次重生呢?成都市选择了后者,通过统筹城乡来推动灾后重建,创造性地提出了“四性”规划重建原则:一是发展性,强调产业支撑和后续增收;二是多样性,建筑形貌各一,避免千篇一律;三是相融性,强调重建与周边自然环境的和谐共融;四是共享性,强调建立覆盖城乡一体的公共服务。[①] 通过如此规划的灾后重建,不仅满足了居住基本功能,而且一些灾区经规划重建后已变成观光旅游的胜地。

2009年年底,成都立足本土,放眼全球,提出了长远的规划,规划在未来30年里,要把成都建设成为“自然之美、城乡一体、社会公正”的世界现代田园城市,同时提倡以人为本,要求生态保护,注重可持续发展,将成都市城乡规划又提到一个全新的高度。

---

① 参见梁小琴:《城乡统筹的改革样本——成都市统筹城乡发展、推进城乡一体化调查报告》,载《人民日报》2010年3月2日,第1版。

(二)集中居住

早在2004年,成都提出探索建立新型农村宅基地和房屋产权管理制度,积极推行农村居民居住用房统一规划、集中建设政策,鼓励和支持农民在城镇规划的住宅区统建住房或到规划的中心村及农村居民点建房,农民退出的宅基地还耕后,扣除新建住房所占耕地,多出的面积可用作小城镇发展的建设用地指标。针对农村的集中居住,按照方便农民生产生活的原则,宜集中则集中,宜分散则分散,鼓励集中,推动集中。① 同时规定,在促进农村居民生产生活居住环境改善的同时,确保项目区农民集中人数不低于总人口的35%。②

1. 集中居住与农民利益保护

成都在推进住房集中建设中,注重尊重农民意愿,保护农民利益。集中建房使用集体土地的,建设用地和实施方案须经该集体经济组织2/3以上成员或者2/3以上村民代表同意。在进行农民住房集中建设时,除按规定的标准建设应安置农民住房面积外,可增加修建不超过30%的商业用房、居住用房或配套用房面积,该房屋可由农村集体经济组织经营管理,将经营收益分配给农民,也可由农民自行经营,或由政府组织统一进行经营管理,其经营收益全部用于解决农民生产生活的补助;为保持农民有长期的收入来源,该房屋可以出租,但不得出售(转让)。③ 农民集中居住区的规划和建设都有相应的标准,进入农民集中居住区居住的农户,可按统规自建的方式按规定标准建房,也可按成本价购买项目实施单位修建的统建房。④ 比如,郫县唐昌镇战旗村在修建新型社区时,尊重农民的意愿,考虑农民的实际,对选择统规自建的,政府按每平方米80元补贴给

---

① 参见《关于统筹城乡经济社会发展推进城乡一体化的意见》(成委发〔2004〕7号)、《关于加快重点镇建设的意见》(成委发〔2004〕50号)及《关于推动城乡一体化有关用地问题的意见(试行)》(成国土资发〔2005〕94号)。

② 2005年成都市国土局印发《关于进一步加强土地整理工作的意见》。

③ 参见《关于推动城乡一体化有关用地问题的意见(试行)》(成国土资发〔2005〕94号)。

④ 2008年成都市国土局印发《成都市集体建设用地整理与集中使用管理暂行办法》规定,农民集中居住区的规划和建设标准按《中共成都市委成都市人民政府关于进一步提高农民集中居住质量的意见》(成委发〔2008〕5号)执行。

农民，对选择统规统建的，政府按每平方米300元的最优惠价格卖给农民，这些措施充分考虑到了农民的实际，减轻了农民的负担，得到了农民的广泛认可。①

2. 集中居住的有利之处

一是村民的原房屋价值得以大幅度体现，村民的财产性收益增加。原有的一套旧房即可换取一套宽敞明亮的新房，农民的财产性收入得以增加，以前的宅基地房不得上市交易，价值不能体现，村民财产性收入受损。而通过宅基地换房取得的是国有土地上的商品房的话，即可上市流通，自由买卖，相比以前的宅基地房，村民的财产性收益必然增加。

二是有利于打破城乡二元结构，推动城乡一体化进程。通过宅基地换房，村民集中居住后，有的村民仍然享有土地承包经营权，农民仍可以继续从事农业生产，或是将土地承包经营权流转出去，这样除了具有稳定的流转收益外，还可自谋职业，增加收入。村民的土地全部被征用的，将和城镇居民一样享受社会保障待遇，村民与市民的差异也将逐渐缩小，农村户口和城镇户口的划分也逐步被取消。

三是改善村民居住环境，提高生活质量。集中居住区一般都参照城市居住小区实施物业管理，农民的居住环境得以改善，集中居住区的基本生活配套设施、教育、医疗等条件大幅改善，村民的生活质量得以改善。

四是农民集中居住，能够在一定程度上缓解我国人口不断增长带来的土地压力。②

3. 集中居住存在的问题及改革

一是宅基地换房，农民集中居住，是否充分尊重了农民的意愿，还值得深思。该政策是在政府主导下实施的，宅基地换房虽然总体上对村民是有利的，但不排除可能存在村民不愿意置换，不愿意集中居住的现象，在这种情形下，应当尊重村民意愿。

二是在宅基地换房过程中农民的利益如何保障。村民原有的房屋差

---

① 参见余仕伟：《"三个集中"下的民生谋划》，载《四川党的建设（城市版）》2010年第9期。

② 参见杨遂全：《比较民商法》（修订版），法律出版社2007年版，第150页。

异较大,地理位置各不相同,村民对宅基地的价值并不清楚,在宅基地换房过程中,村民始终是处于弱势地位的,村民的合理补偿如何实现呢？因此有必要建立科学的宅基地及其上房屋的价值评估体系,让村民清楚宅基地及其上房屋的价值,那么村民在进行宅基地换房时也就有了谈判的底线,同时还要提高村民的组织化程度,不是单个的村民去谈,村民应组成联盟,或是以集体经济组织的名义去谈,政府在这方面应给予扶持。

三是在宅基地换房后,原有的宅基地虽然可复垦为耕地,虽然耕地数量并未减少,但复垦后的质量不一定符合标准,复垦出来的耕地质量可能下降。因此,对复垦过程必须加强指导,对复垦的耕地加强查验,以保证耕地质量。

四是农民在集中居住后的生活习惯、生活成本等问题也可能相继出现。集中居住打破了以往的别门独院的生活方式,原有村庄内部人与人之间的伦理生活秩序在集中居住后被重新塑造;集中居住打破了原有的生活习惯,水、电、气、物业服务费等生活成本增加,集中居住区可能离承包地更远,村民的交通等成本也相应增加,耕作变得不尽方便;村民原有的一些家庭产业经营在集中居住后也变得不可能,一些农民的家庭收入也下降了。①

五是集中居住区的房屋是安置给特定的农民,禁止从事变相的房地产开发,但在各地实际运行过程中,集中居住修建的房屋除了安置农民外,往往还有剩余,一些建设单位将其对外出卖,获取利润。总之,宅基地换房、集中居住这种方式有其独特性,它主要适用于经济较发达的城乡接合部,或者有产业支撑的村落。

(三)确权颁证

1.集体土地所有权确权登记

2008年成都市委、市政府出台的《关于加强耕地保护进一步改革完善农村土地和房屋产权制度的意见(试行)》(成委发〔2008〕1号)在执行之前,成都市6个中心城区农民大多持有国土部门统一颁发的《农村宅基

---

① 比如成都金堂三溪镇明月村荷塘明月农民集中居住区,按每平方米2角钱收取物管费,农民耕作半径最远的有6里路。

地使用证》,以此可作为征地拆迁补偿的依据,而成都市下辖的 14 个区(市)县农村宅基地发证率却不高。农村房屋的颁证率更是低下,有的地方甚至从未开展农村房屋权属登记工作。产权界定是产权市场化的前提,清晰的产权有助于产权的流转。成都在认真分析现行法律规定以及中华人民共和国成立以来农村集体组织演变的基础上,按照"三级所有、队为基础"的原则,对农民集体进行了重构,将乡镇一级农民集体明确为"乡镇集体资产管理委员会",村一级农民集体明确为"农业合作联社",组一级农民集体明确为"农业合作社",以"农业合作社"作为最基本的集体土地所有权主体,[①]将抽象的农民集体回归于具体的民事主体,解决了集体土地所有权主体虚位的问题。

2. 宅基地使用权确权登记

按照原国土资源部《关于印发试行〈土地分类〉的通知》(国土资发〔2001〕255 号)的规定,建设用地实际包含了宅基地。因此,成都对于宅基地和集体建设用地均颁发了《集体土地使用证》,集体建设用地使用权包含了宅基地使用权,成都对于农村宅基地使用权主要有以下三方面的规定:[②]

一是关于确权。宅基地使用权以户为单位进行确权,宅基地使用人能够提供国土、建设等政府部门之前出具的与房屋土地相关生效文件的,按照文件上明确的占地面积确定农户的宅基地使用权;如果不能提供相关佐证的,按现行规定执行;对于房屋占地面积超过当地规定宅基地面积的多出部分,通过村民会议 2/3 以上成员通过,可确定给独自使用土地的农户,或是确定给集体经济组织。

二是关于设宗。将房屋占用的宅基地、院坝及林盘等部分集体建设用地规定为一宗,土地使用权类型确定为"批准拨用宅基地及其他",土地用途确定为"农村宅基地及其他"。

三是一些特殊问题的处理。对于拥有多处宅基地的,确认一处宅基地,剩下的确定给集体;对于在 1987 年《土地管理法》实施前修建的房屋,

① 参见《都江堰市集体土地所有权确权颁证工作指导意见》(都产改办〔2008〕1 号)。

② 参见《成都市集体土地所有权和集体建设用地使用权确权登记实施意见》(成国土资发〔2008〕127 号)。

后未经拆除、改建或翻建的,按实际使用面积,以房屋滴水为界确认其集体建设用地使用权;对于未分户的村民,现占用的宅基地面积没超过分户后应取得面积的,则确定为共有宅基地。

3. 农村房屋所有权确权登记

2008 年开始,成都也开展了宅基地上的农房确权登记工作。[①] 由于历史久远,多数散居农户人已不能出具当年建房相关材料,因此只有采取由申请人书面保证,当地乡(镇)及村委会出具证明的办法来代替相关申请资料,考虑到农村实际,散居房屋的面积仍以滴水为界,并由村民交叉丈量,确保结果的公正,[②]对于新建的农民集中居住区,严格按照相关规定办理登记。

为什么叫确权登记呢?纵观当时有效并实施的《物权法》、《土地登记办法》和《房屋登记办法》的规定,都未有此种登记类型,与此相似的是初始登记。确权登记不是法律法规层面上的土地及房屋登记类型,这次成都进行的土地及农房登记,主要针对农民业已取得的土地及房屋物权,但基于各种原因一直未办理登记,但它的物权在当时已产生,如果按照现行的登记要件进行登记,这些历史上形成的土地及农房大多不符合现有登记要件,但是登记机构又必须尊重这种历史上既成的物权事实,故取名确权登记,而非初始登记。

4. 确权数据统计

自 2008 年成都开展宅基地及农民住房确权登记工作以来,截至 2011 年初,全市共 257 个乡镇(涉农街办)、2661 个村(涉农社区)和 35, 857 个组的集体经济组织开展农村产权制度改革。根据统计,全市集体土地所有权证应颁证数为 35, 857 张,实际颁发 33, 806 张,颁证比例为 94. 28%;全市集体土地使用证应颁证数为 1, 823, 984 张,实际颁发 1, 657, 959 张,颁证比例为 90. 90%;全市房屋所有权证应颁证数为 1, 933, 909 张,实际颁发 1, 571, 225 张,颁证比例为 81. 25%。[③] 著名社会学家陆学艺称赞,

---

① 参见《关于开展集体土地上房屋所有权确权登记试点工作的指导意见》(成房发〔2008〕30 号)。

② 参见刁其怀:《成都实践:农房确权、抵押及租赁进行时》,载《中国房地产》2011 年第 3 期。

③ 数据来源成都市统筹委。

“成都做了一件了不起的事情,在历史上第一次摸清了农村的家底”。①

5. 确权登记中的经验

长期以来,农村宅基地及房屋的产权,不够清晰的产权安排所导致的各种矛盾在此次确权登记过程中逐渐暴露出来,比如宅基地和房屋的面积及权属等基本情况,各种争议能否及时有效得到解决直接影响改革进程。中国农村作为一个熟人社会,其运行有其自身逻辑,各种非正式的制度安排起着调节作用,比如最早进行农村产权制度改革试点的都江堰市柳街镇,一方面通过制定“乡(村)规民约”加强农村诚信体系建设;另一方面发挥村民自治作用,在村民小组一级成立由组长及村民代表组成的调解小组,负责处理本组内部争议,在村一级成立由村干部及村民代表组成的议事会,负责处理本村内部对集体财产归属的争议,同时,由村内有威望的长辈组成督查组,行使监事会职能,对确权过程进行监督。②

对于宅基地及房屋等数据的统计,都江堰市柳街镇鹤鸣村的群众发挥智慧,将各家四至范围等相关信息描绘于纸上,在入户调查时随身携带,农户对描述现状存有争议的,交由议事会处理,达成一致意见后由农户在纸上按指印确认,自然形成了一张张由红色指印组成的“鱼鳞图”。可以说,此次确权也是基层民主及其治理的生动体现,是成都市“四大基础工程”之一“农村新型基层治理机制建设”的有机组成部分。

(四)宅基地退出③

1. 宅基地退出模式

(1)“双放弃”模式

2006 年,成都的温江区出台“双放弃”政策,④鼓励农民自愿放弃其宅

① 夏珺、梁小琴:《落实科学发展观的生动实践——成都统筹城乡综合配套改革试验的调研与思考》,载《人民日报》2011 年 2 月 28 日,第 1 版。

② 参见《都江堰市村民自治章程》(都民政〔2008〕74 号)文件、《都江堰市村民会议议事规则(试行)(都民政〔2008〕74 号)等文件。

③ 参见刁其怀:《宅基地退出:模式、问题及建议——以四川省成都市为例》,载《农村经济》2015 年第 12 期。

④ 参见温江区《关于鼓励农民向城镇和规划聚居区集中的实行意见》(温委发〔2006〕66 号)。

基地使用权和耕地承包经营权,进入城镇规划区集中居住,通过宅基地使用权换城镇住房,按照人均 35 平方米左右予以安置住房,通过耕地承包经营权换城镇社会保障,将符合条件的农民纳入城镇社会保障体系。"双放弃"模式下,农民宅基地是绝对的退出,农民既放弃宅基地使用权和耕地承包经营权,也放弃集体经济组织成员身份。"双放弃"的土地统一流转给政府的平台公司农业投资公司统筹安排使用。

"双放弃"模式的主要问题是:

第一,农民长久生计保障问题。"双放弃"政策给予了农民的最低保障,农民却永远失去了宅基地和承包地等基本生活生产资料。

第二,政策推行成本问题。"双放弃"政策的推行,政府需要为每个农民投入 12.5 万元左右,如果仅仅把成都市农村人口 663 万人转移一半出来,也需要政府投入 4128 亿元,超出了成都市过去 10 年财力收入的总和。[①]

第三,农民参与度不够。该模式主要由政府平台公司实施运作,政府介入多。

基于以上种种原因,特别是在土地综合整治政策推行后,"双放弃"模式已无存在必要,因此,该模式仅在 2006 年至 2008 年间短期适用,现在已经停止。

(2)宅基地指标交易模式

成都市农村宅基地闲置状况也较为严重,现有制度层面下宅基地使用权无法自由流转,而城市化的推进又急缺建设用地,2010 年成都城市建设用地刚性需求为 68,000 亩,而同年国家下达给成都市区的土地利用计划仅有 13,000 亩,缺口严重。在国家严格耕地保护政策下,直接通过将农用地转为建设用地的增量供地方式显然是行不通的,于是立足内涵,盘活存量,成为解决建设用地缺口的首选,即通过农村集体建设用地的整理,复垦农村集体建设用地为耕地,经验收合格将节余的建设用地指标用于非农建设,一方面解决耕地保护下的城市用地荒,另一方面也增加了农

① 参见杨中旭:《确权难题待深解》,载《财经》2011 年第 1 期。

民的收入。

成都农村集体建设用整理地主要以宅基地为主，这主要是由于宅基地节约集约利用潜力大，加大宅基地整理，有利于成都市提出的“三个集中”的实现，同时整理宅基地也可与农村规划、社会保障、户籍等制度实现联动，有利于新农村建设。如果存在农民集中建房的话，宅基地指标交易模式下的农民宅基地退出是相对的退出，因为农民集中建房仍需占用一定的集体建设用地。成都市宅基地指标交易前后经历了三个阶段。

①第一个阶段：宅基地置换与拆院并院

宅基地置换是指在规划建设用地区内，对农民原有宅基地实施拆院并院、集中建房后腾出的土地的置换。原有宅基地腾出的土地面积扣除集中建房用地后的剩余部分，在符合规划的前提下，可置换集中安排使用，原址符合规划的，可在原址作为建设用地使用。

②第二个阶段：挂钩项目

2005 年原国土资源部提出“城镇建设用地增加与农村集体建设用地减少相挂钩”，①挂钩项目要求在一个项目区内运行，节余的建设用地指标在本项目区内封闭运转。

其实早在 2004，成都市的郫县就进行了挂钩项目的试点。2008 年，成都市原国土资源印发《成都市集体建设用地整理与集中使用管理暂行办法》，进一步规范集体建设用地整理与集中使用，推进节约集约用地，通过实施土地整理，将原有零星分散的集体建设用地复垦为耕地后，原集体建设用地面积扣除新建农民集中居住区用地面积后，节约的集体建设用地按照“城镇建设用增加与农村建设用地减少相挂钩”的方式，集中用于城镇建设，它包括由原国土资源部、四川省原国土资源厅批准的城镇建设用增加与农村建设用地减少相挂钩项目（以下简称挂钩项目）以及成都

① 2005 年原国土资源部出台的《关于规范城镇建设用地增加与农村建设用地减少相挂钩试点工作的意见》规定，依据土地利用总体规则，将若干拟复垦为耕地的农村建设用地地块（即拆旧地块）和拟用于城镇建设的地块（即建新地块）共同组成建新拆旧项目区（以下简称项目区），通过建新拆旧和土地复垦，最终实现项目区内建设用地总量不增加，耕地面积不减少，质量不降低。

市人民政府批准的城镇建设用增加与农村建设用地减少相挂钩项目(以下简称拆院并院项目)。挂钩项目或拆院并院项目由拆旧区和建新区(包括农民集中居住区和城镇建新区)两个部分构成,也可只安排拆旧区和农民集中居住区,节约的集体建设用地由市、县国土部门统筹安排使用。

挂钩项目与拆院并院有以下区别:挂钩项目的"建新区"可根据需要报征为国有或保留集体建设用地性质,拆院并院项目的"建新区"保留集体建设用地性质。挂钩项目节约的集体建设用地可跨乡镇或跨区(市)县使用,这一点突破了当时原国土资源部要求的指标只能在县域内置换的规定,而拆院并院项目节约的集体建设用地只能在本乡镇范围内使用。挂钩项目使得建设用地指标可在一个项目区内运转,突破了宅基地置换模式下的地域限制,挂钩项目节余的建设用地指标通过货币化补偿,资产流动性增强。

③第三个阶段:宅基地"地票交易"

宅基地置换和挂钩项目的执行为成都市推出宅基地"地票"交易做出铺垫,2010 年 7 月,成都市原国土资源局等相关部门联合出台了《关于完善土地交易制度促进农村土地综合整治和农房建设工作的实施意见(试行)》,明确提出建立建设用地指标和耕地占补平衡指标交易制度,推进城乡统筹发展。"地票"就是建设用地指标的简称。

建设用地指标是指通过实施经批准立项的农村土地综合整治项目,通过整理农村集体建设用地(包括宅基地及其附属设施、乡镇企业用地、农村公共设施和公益事业建设用地等)并复垦为耕地,扣除农民集中居住区占地、预留给农民集体的发展用地,以及有效新增耕地面积后,经验收合格节余的建设用地面积,由市国土资源管理部门登记并发放《建设用地指标证书》。农民集体和农户自行筹资实施整治项目,产生的建设用地指标归农民集体和农户所有,其他投资者投资实施整治项目,产生的建设用地指标归属依据农民集体、农户和投资者签订的合同确定。建设用地指标和耕地占补平衡指标可通过实施整治项目和市场交易两种方式取得,自然人、法人和其他组织均可到农交所参与建设用地指标、耕地占补平衡指标竞买。

土地综合整治与挂钩项目不同,土地综合整治是将土地盘整与城乡建设用地增减挂钩相结合,土地盘整通过对农用地及非农用地的整理,获得新增耕地,以平衡城市建设用地占用耕地;挂钩项目仅仅立足于与城乡建设用地增减挂钩相结合,通过整理农村集体建设用地新增耕地,将节余的建设用地指标用于挂钩项目的城市建设用地。

宅基地"地票"交易,通过先整理集体建设用地并复垦为耕地,在耕地总量不变的情况下,增加城市建设用地,解决了城市用地荒问题。农民将闲置宅基地等集体建设用地通过"地票"交易可直接获得货币化的土地级差增值收益中的绝大部分,农民收入增加,"地票"通过农交所公开挂牌交易,"地票"拍卖价格与地租和项目区都无关,"地票"交易促进了市场化程度提高,也突破了挂钩项目下指标只能在一个项目区域内运行的局限,实现了农村城乡建设用地大范围长距离的转换,大大提升了远离城市边远农村的土地价值。"地票"交易本质上是土地发展权的转移。"地票"交易为探索全国范围内跨区域建设用地指标交易和构建城乡统一的土地市场提供了借鉴。

总之,宅基地指标交易,使农民分享了土地级差收益,在目前城市化高速发展,城市建设用地紧缺的情况下,通过宅基地整理从而增加城市建设用地有其合理之处,宅基地指标交易实现了宅基地发展权在城乡之间的优化配置。

宅基地指标交易模式存在的主要问题是:

第一,城乡建设用地增减挂钩项目立项难,程序复杂,周期较长,制度运行成本较高。① 实施城乡建设用地挂钩必须在国家下达的指标以内,将拆旧地块和建新地块共同组成项目区整体报批,由原市国土资源局审核(会审)后转报原省国土资源厅审批,立项难度较大。

第二,拆院并院项目,也叫农民集中建房项目,2011 年前立项的项目,在

---

① 参见程世勇:《"地票"交易:模式演进和体制内要素组合的优化》,载《学术月刊》2010 年第 5 期。

其立项时并没有确定指标落地的城镇建新区。因此,该项目整理出来的集体建设用地指标处于“空挂”状态,落地需要主管部门的审批,具有不确定性。

第三,“地票”交易模式对边远地区的农民具有吸引力,而对于经济发达的城郊地区,由于农民的宅基地少有闲置,而且通过出租等方式已实现有效利用,再加之可能被征收,基本上不存在整理宅基地的动力。

第四,“地票”交易模式下,建设用地指标主要流向于大城市,整理地区的集体建设用地减少,其产业发展受到制约,不利于小城镇建设,而且指标的价格受“地票”组合方式的影响,如果购买者操纵“地票”组合方式即可操纵指标价格,因此存在损害农民利益的可能。[①]

第五,国有建设用地出让捆绑“地票”交易,企业拍地需先行取得建设用地指标,实行“持证准入”,企业拍地成本增高,有可能抬高房价,这与当时房地产调控形势不符,成都“地票”交易模式于 2010 年 12 月底被原国土资源部叫停。[②]

(3)货币化补偿模式

2013 年,成都的邛崃市借助芦山“4·20”地震灾后重建契机,结合农村土地整理,采取集中安置和货币终结等方式,引导农民自愿有偿退出宅

---

① 参见王守军、杨明洪:《农村宅基地使用权地票交易分析》,载《财经科学》2009 年第 4 期。

② 2010 年 11 月 16 日,原成都市国土资源局发布《关于进一步完善国有经营性建设用地使用权出让“持证准入”制度的公告》,要求凡参加成都市 2011 年 1 月 1 日后公告的国有经营性建设用地使用权竞买的申请人,必须持相应面积的《建设用地指标证书》方可报名,而竞买人只能通过实施土地综合整治项目和在成都农村产权交易所购买两种方式取得相应面积的建设用地指标。之前,成都城市建设用地的竞买通过缴纳保证金报名方式进行,农村建设用地的流转仅在成都各郊区(市)县的土地部门间进行,此文件的出台,取消了缴纳保证金报名竞拍城市建设用地的方式,将农村土地综合整治与城市建设用地出让捆绑,将农村建设用地指标从国土部门间扩展到房地产企业。此举意在让更多的社会资本参与农村土地综合整治,减轻政府的整治成本,同时增加城市建设用地的供应,而城市建设用地供给的增加会抑制房价的过快上涨,不过从短期来看,“持证准入”制度提高土地出让门槛,开发商取得土地的成本增加,有可能抬高房价,与房地产调控形势不符,成都“地票”交易于 2010 年 12 月底被原国土资源部叫停。被叫停的原因大致还有:一是因为实行前没报原国土资源部批准,二是指标交易突破了县域内置换的原则,地震后,原国土资源部为支持灾后重建,曾允许指标跨县域内置换,但灾后重建完成后,此特殊政策继续执行已无依据。2011 年,原成都市国土局发布了新的《关于完善建设用地指标交易制度促进农村土地综合整治的实施意见》,重启“地票”交易,由之前的“持证准入”改为“持证准用”,在“持证准用”规则下,开发企业拍地,无须先行持有“地票”,只是拍地成功后必须有相应的建设用地指标才能签约。

基地。对于只拆不建选择货币补偿的,且户主及家庭成员(含下一代)书面承诺今后不再以任何理由申请宅基地,并在本市县城及下面的夹关镇、羊安镇、火井镇等重点集镇购房的,对退出的宅基地按照每亩30万元的标准给予一次性货币补偿,另外,根据农民购买商品房面积大小,再给予房价总款1% ~1.5%的购房补贴,对于选择在上述范围以外的地方购房的,退出的宅基地则按照每亩10万元的标准给予一次性货币补偿,其目的是鼓励农民就地买房,就地城镇化。[①] 在实施过程中,为解决退出宅基地的农民购买商品房的首付款问题,土地整理投资方还给予农民无息贷款予以支持。

货币化补偿模式存在的主要问题是:

第一,参与对象具有选择性。选择货币化补偿退出宅基地的,一般都在城镇有稳定的就业和居所,但大多数农民而言还不具备这些条件,因此,该模式具有选择性。

第二,完全采取货币化补偿模式,需要庞大的资金支持,一些经济欠发达地区将面临不小的资金压力。

(4)宅基地收储模式

针对宅基地粗放利用情形,为提高集体土地利用效率,参照国有土地储备模式,成都市的金堂县出台了农村集体建设用地收购储备管理暂行办法,将本县符合条件的农村集体建设用地(含宅基地)纳入收储和托管,由县土地储备中心具体负责实施,土地储备中心和集体建设用地(含宅基地)的使用权人双方通过平等协商,确定收购价格,或是土地储备中心通过市、县农交所、县国土局发布相关流转信息,待市场交易成功后,再将流转收益扣除相关税费后返还给原集体建设用地使用权(建设用地指标)的单位和个人。[②] 支持农民自主实施零星农村集体建设用地整理,节约指标与城镇周围农民集体土地挂钩,促进农民向城镇

---

① 参见2013年邛崃市政府颁发的《关于加快“4·20”芦山地震灾后农村住房重建的实施意见》相关规定。

② 参见2011年金堂县人民政府颁发的《金堂县农村集体建设用地收购储备管理暂行办法(试行)》相关规定。

集中。

宅基地收储模式存在的主要问题是：

第一，零星宅基地分散不均，农民退出意愿存在差异，面积数量达不到规模，难以达到土地整治的立项要求，零星宅基地的退出道路不畅，操作困难。

第二，宅基地收储同样面临着巨大的资金压力，对宅基地整理形成的指标收储需要垫付大量的资金，给当地财政带来不小压力。①

2. 进一步推进宅基地退出工作的建议

(1)充分尊重农民意愿，保障农民权益

2015 年中央一号文件指出，现阶段不得将农民进城落户与退出土地承包经营权、宅基地使用权、集体收益分配权相挂钩。土地承包经营权、宅基地使用权、集体收益分配权等是法律赋予农民的财产权利，无论他们是否还需要以此来做基本保障，也无论他们是留在农村还是进入城镇，任何人都无权剥夺。建立宅基地退出机制必须充分尊重农民意愿，赋予农民多样化的选择权利，既可以是现金补偿也可以是实物补偿。

(2)优化改进土地综合整治模式

针对依托增减挂钩的土地综合整治，在挂钩周转指标 750 亩以内，建议拆旧地块可以突破以行政村为单位设置的限制，允许以行政乡镇为单位，将农民退出的宅基地打捆包装进行项目申报，以便盘活更大范围内的农村闲置宅基地。② 已批准立项的农村土地综合整治地区，对自愿退出宅基地的农民实行一次性货币化终结补偿，不再对其进行住房安置，鼓励并支持其到当地城镇安家就业，对于宅基地复垦形成的耕地，确权给农民，并引进农业产业，推动承包地规模流转。改变过去通过城乡建设用

---

① 据估计，成都市约有 30 多万亩农村居民点可用于整理，按照当时集体建设用地指标每亩 30 万元的标准计算，资金测算计 900 亿元左右。

② 按照 2009 年四川省国土资源厅出台的《四川省农村土地综合整治——“金土地工程”项目管理暂行办法》的规定，挂钩周转指标一般控制在 750 亩以内，拆旧地块原则上以一个完整的行政村为单位设置。

地增减挂钩宅基地退出复垦为耕地以增加城市建设用地指标的做法，采取集体经济组织按照市场价格回购农村闲置的宅基地的方式，在符合规划的情况下，将农民自愿退出的宅基地转变成集体经营性建设用地，然后再推动其入市流转。同时，改变实施城乡建设用地增减挂钩项目节余的集体建设用地指标在建新区必须报征为国有的做法，鼓励其仍可保留集体建设用地性质在符合相关规划情形下落地用于商业服务旅游等用途。①

(3)积极引入社会资金，化解宅基地退出中的资金约束

在农村，很多农民认为宅基是地属于自己的私有财产，不会轻易退出，必须给予相应的补偿才能实现，因此，无论是货币终结还是实物安置，都需要大量的资金支持，但如此庞大的资金如何筹措解决，是制约当前宅基地退出的重要原因。宅基地退出工作的资金约束对于财力相对宽裕的地区可能不是特别困难，但在经济欠发达的地区，大规模的宅基地退出将面临巨大的资金压力，当然也可考虑政府财政补助、土地出让收益、城乡建设用地增减挂钩节余的指标收益等途径，但总体来说，宅基地退出工作的资金缺口太大。要积极引入社会资金进入宅基地退出工作，以减轻地方财政压力。各级地方政府应积极为社会企业等投资主体参与宅基地整理退出工作搭建平台，实施税费减免政策，鼓励社会企业参与宅基地项目整理利用工作，拓宽宅基地整理投资融资渠道。社会企业投资整理宅基地形成的集体建设用地指标可由投资主体就地利用，以促进当地产业发展、农村经济发展和农民增收，助推小城镇建设，实现农民就地城镇化。

(4)成立农村集体建设用地储备中心

在多数情形下，农民的宅基地分散较为零星，退出意愿也参差不齐，在空间上和时间上不能相对统一，如果面积数量达不到一定规模，就难以达到增减挂钩立项要求，同时，零星宅基地断续退出也使建新地块处于不

① 按照2011年四川省人民政府《关于严格规范城乡建设用地增减挂钩试点切实做好农村土地整治工作的实施意见》的规定，实施城乡建设用地增减挂钩项目节余的集体建设用地指标在建新区必须报征为国有。

确定状态。因此,零星宅基地的退出操作困难,而零星宅基地的退出又是宅基地退出的关键所在。针对零星宅基地退出操作困难的情形,建议修订相关法律法规,借鉴国有土地收购储备制度,地方政府可成立农村集体建设用地储备中心,通过市场化手段,对农民自愿退出的闲置宅基地、其他集体建设用地以及地上房屋进行统一收购储备,并参照市场价值对农民予以补偿,当零星宅基地收储达到一定规模后,就实现了"化零为整",最后储备中心对宅基地进行集中打捆整合,通过农村土地综合整治项目申报实施,盘活零星宅基地,实现规模化利用。零星宅基地的收储需要大量的资金投入,储备中心要拓宽资金来源,增强融资功能,可以通过向银行等金融机构贷款筹措资金。同时,考虑到宅基地的住房保障性质,储备中心可将收购的宅基地住房转让给符合条件的受让人,以满足农村新增人口的住房需求。①

三、宅基地产权制度改革

(一)联建②

2007年,成都市出台了《成都市集体建设用地使用权流转管理办法(试行)》,该办法第32条曾规定:"远离城镇不实施土地整理的山区、深丘区,农村村民依法取得的宅基地在符合村庄规划、风景名胜区保护等规划的前提下,可以通过房屋联建、出租等方式流转。房屋报建按村镇规划建设管理的有关规定执行。"根据该条规定,农民的宅基地可以通过房屋联建的方式予以流转,不过,该办法在2008年被《成都市集体建设用地使用权流转管理暂行办法》所取代,新办法并未规定在一般情形下,农民的宅基地可以通过房屋联建的方式予以流转。但在2008年"5·12"地震后,宅基地联建政策重新被提起,不过此时的联建,特指"5·12"地震后,是针对地震灾区出台的一项新的城乡住房重

---

① 参见韩娜、曹君、褚茜:《关于宅基地回购制度的构建设想》,载《重庆科技学院学报(社会科学版)》2008年第2期。

② 本段落主要参考了成都市国土资源局黄晓兰同志的《成都市灾后农村住房联建调查研究》报告,在此致谢。

建政策，[①]即由受灾村民提供自己的宅基地同出资人联合，完成农房修建，政府按照投资者和农户的建设约定分割办理土地使用证、房产证，保证双方权益。

1. 联建的程序[②]

农户使用合法取得的宅基地（已办理土地登记）引入社会资金联合重建灾毁住房的，按下列程序办理。

第一，农户向所在的农村集体经济组织提出联合建房申请，经集体经济组织同意后，可将其合法取得的宅基地扣除自住用地后剩余的集体建设用地，交由农村集体经济组织进行流转。

第二，农户及农村集体经济组织按照《城乡规划法》的相关规定，向市（县）规划管理部门提出用地规划申请，由市（县）规划管理部门审核后出具相应的建设规划许可意见及规划用地条件。农户自住用地的土地用地性质确定为住宅，扣除自住用地后剩余的集体建设用地的土地用地性质按规划许可用途确定为非住宅（包括商业、旅游业、服务业等）。

第三，农户、农村集体经济组织与联建方依据规划许可意见及规划用地条件，就集体建设用地流转的面积、价格等协商一致后，由农村集体经

---

① 中共成都市委成都市人民政府《关于加快灾后城乡住房重建工作的实施意见》（成委发〔2008〕27 号）规定："各区（市）县政府负责结合农村住房重建安排落实土地整理和'拆院并院'项目，筹集建设用地'增减挂钩'项目的建设资金，节约的建设用地可由当地政府引进社会投资开发建设。"成都市人民政府《关于坚持统筹城乡发展加快灾后农村住房重建的意见》（成府发〔2008〕46 号）规定："通过农村产权制度改革和集体建设用地流转政策，充分调动群众的积极性，支持群众或集体经济组织自筹资金实施重建。积极引导社会资金直接投资重建项目，吸引社会资金与农户、农村集体经济组织合作，联合重建。"成都市人民政府办公厅《关于加快农村产权制度改革推进灾后农村住房重建的意见》（成办法〔2008〕66 号）规定："受灾农户和集体经济组织可以利用确权后的宅基地、集体建设用地，引入社会资金按规划联建房屋，并办理相应的产权和手续。"中共成都市委统筹城乡工作委员会成都国土资源局《关于重灾区农户灾毁住房联建等有关事项的通知》（成统筹〔2008〕93 号）规定："农户使用合法取得的宅基地（已办理土地登记）引入社会资金联合重建灾毁住房。"都江堰市人民政府《关于加快灾后农村住房重建的实施意见》（都府发〔2008〕73 号）规定："为加快农村灾后重建，利用城镇建设用地'增减挂钩'政策（即'拆院并院'）和国家相关扶持政策，鼓励社会资金参与，结合我市实际予以政策扶持。"

② 参见《关于重灾区农户灾毁住房联建等有关事项的通知》（成统筹〔2008〕93 号）。

济组织与联建方签订集体建设用地使用权出让合同。

第四,农户与联建方按规划许可及规划用地条件和流转合同实施联合建设。

第五,农户与联建方共同向市(县)国土资源局提出土地登记申请,市(县)国土资源局对农户的原宅基地使用证进行变更,为农户自住用地发放集体建设用地使用证,土地用途为住宅;为联建方使用的剩余集体建设用地发放集体建设用地使用证,土地用途为非住宅(包括商业、旅游业、服务业等),土地使用年限参照国有建设用地出让年限或自行协商确定。

2. 联建的模式

(1)一家联建

即一家农户与联建方联合建房,通常利用符合规划的原址建房,建房占地总面积仍在农户原宅基地批准面积之内。该方式以农户为主导,联建方投入资金少,解决了农户一家人的住房需求,双方的交易成本不高,简便易行,不过这要求联建双方互有诚信。该模式并未打破原有农村散居特点,宅基地仍是粗放利用,集约节约利用效率不高,一家联建方式决定了农户用于流转的宅基地规模受限,难以形成有效的产业支撑,因此该模式下综合整体效益不高。

(2)多家联建

即两家及以上的农户与联建方联合建房,这实质是一种异地建房,将农户原有的旧房拆除,另辟新址,为农户修建住房,农户原有宅基地面积扣除农户新址建房所占面积的剩余集体建设用地由联建方享有。该模式由多家农户与联建方谈判,通过市场机制配置土地资源,由于联建方投入资金较多,多家联建要求多家农户目标一致,联建方需与多家多户交涉,以满足不同农户的需求,故交易成本较高,难以推广。多家联建模式聚集了农户集中居住,宅基地节约集约利用化水平相对提高,通过市场机制配置农村土地资源,提高了宅基地利用效率。多家联建模式下用于流转的宅基地规模增大,有利于发展产业,也提高了当地经济发展水平,因此该模式下综合整体效益提高。

(3)宅基地整理联建

即以村民小组为单位,组上所有农户将其宅基地交由农民集体,农民集体与外部企业谈判,由企业负责对该组的集体建设用地进行整理,在符合规划的前提下,农户可以选择统规统建或统规自建方式集中居住,其中节余的集体建设用地流转给企业享有。此种模式以农民集体为主导,通过集体建设用地整理获得节余的土地用于联建,联建方投入资金很大,因此对联建方实力要求很高,不过联建方只需与农民集体交涉,与多家联建相比,谈判成本显著降低。通过土地整理节余出集体建设用地并用于流转,集体建设用地使用效率明显提高,也能够产生较高的收益,从而弥补宅基地零星整理的成本。农民集中居住,宅基地节约集约化利用水平明显提高,同时也有利于各种公建配套的完善,农民的生活环境大为改善;以农民集体为单位的联建,用于流转的宅基地规模很大,有利于一些大项目大产业的发展,也有助于当地经济综合实力的提高。因此,与前两种联建模式相比,该模式下的综合整体效益最高。

3.联建的制度创新及其局限

灾后联建政策的出台实质是对现有农村宅基地产权制度的一种创新,它既满足了农民灾后重建住房的需求,也实现了非本集体经济组织成员对宅基地利用的需求,①制度供给与需求实现了均衡。联建的制度创新在于:

一是在一定程度上实现了集体土地与国有土地的平等。党的十七

① 灾后联建政策的出台,吸引了大量的社会资金参与,加快了灾后重建的步伐。截至2009年2月,都江堰市城乡房屋重建已经开工29,521户,其中社会资金开发房屋重建开工达3420户,共48万余平方米。2008年12月22日,都江堰市大观镇茶坪村村民王正良和联建者成都市民邓小林,分别领到了一本鲜红的《集体土地使用证》。这是四川地震灾区为农房联建办理的首张集体建设用地使用权证,它标志着作为全国统筹城乡综合配套改革试验区的成都市,在灾后重建过程中又向城乡土地"同证同权"迈出了坚实一步。从王正良持有的土地证上可以看到,其中"地类(用途)"栏中填写的是"农村宅基地","使用权类型"栏填写的是"批准拨用宅基地"而在邓小林持有的土地证上,"地类(用途)"栏填写的是"住宿餐饮用地","使用权类型"栏填写的是"出让",使用年限确定为40年。这样,以前的宅基地使用权在联建方就转变成了集体建设用地使用权。参见都江堰市国土资源局:《灾区房屋联建发出首张"土地证"标志着成都在灾后重建中又向城乡土地"同证同权"迈出坚实一步》,载《资源与人居环境》2009年第2期。

届三中全会提出“逐步建立城乡统一的建设用地市场”，党的十八届三中全会提出“建立城乡统一的建设用地市场”，2022 年国务院办公厅出台的《要素市场化配置综合改革试点总体方案》提出“建立健全城乡统一的建设用地市场”。集体建设用地使用权的流转是构建城乡统一建设用地市场的重要组成部分，而宅基地使用权的流转又是集体建设用地使用权流转的有机组成部分。通过联建模式，宅基地转化为集体建设用地，除禁止房地产开发外，与国有土地一样，可用于旅游、服务、工业、商业等用途，在符合规划的前提下，用于联建的集体建设用地与国有土地实现了平等。

二是在一定范围内实现了宅基地使用权流转，实现了宅基地资源的有效配置，增加了农民收益。通过联建方式，在保障农民自住所需宅基地面积情况下，多出的宅基地转化成集体建设用地用于流转，宅基地利用效率提高，农户可选择单家联建、多家联建及宅基地整理等方式，以实现其宅基地价值的最大化，市场机制在联建中发挥了重要的作用，联建的达成实质是在市场机制作用下联建双方博弈的结果。引入社会资金进行联建，实现了宅基地资源的有效配置，带动了相关产业的发展，农民可持续收入增加，产生了积极的外部效应。

从本质上来看，灾后联建与一般情形下的城乡房屋联建并无区别，作为制度的供给方政府可否把灾后联建作为一般模式推广呢？在笔者看来，联建政策有以下局限：

一是农户宅基地规模较小的不适宜联建。只有农户自身宅基地面积较大，扣除自住宅基地面积后还有较多剩余情形下才会用于联建，即便宅基地有所节余，如果面积太小，对联建方吸引力也不大。如果严格执行成都市规定的人均 35 平方米的宅基地初始取得制度，除去一些因继承等特殊原因造成的农户人均宅基地面积远远超过 35 平方米外，农户在扣除自住宅基地面积后仍有节余的肯定不多。

二是联建导致土地流转方农户的收益容易受损。联建中农户的直接收益仅仅是获得新的住房，而联建方的直接投入成本在于为农户修建住房的建设成本，即通过建筑材料、人工劳务等方面的投入换取了农户节余的宅基地。而众所周知,土地的价值远远高于地上房屋修建时投入的建筑材料及劳务等方面的价值。因此,成都推出的联建政策也仅仅针对都江堰、彭州、崇州、大邑、邛崃五个重灾区,[①]联建政策在推出不久也被叫停。[②]

(二)租赁

在农房确权基础上,成都市还开展了农房租赁工作,将城市房屋租赁管理职能延伸至农村。2010年5月,由市、区两级房地产管理部门组建的全国首个农村房屋租赁服务中心在成都崇州街子镇正式成立,城乡统一的房屋租赁市场逐步建立。农村房屋租赁服务中心的建立,搭建了城市与乡村资源互动的桥梁,乡村的房屋通过租赁形式资本化,而城市的资本合法进入乡村。由代表政府行使职权的房屋租赁服务中心发布租赁信息,并对信息进行筛选甄别,避免了欺诈发生,政府公信力得以体现。同时,房屋租赁服务中心免费提供格式化的租赁合同范本,对租赁当事人的权利义务进行明确规定,避免纠纷的发生,节约了双方当事人的交易成本。[③] 截至2011年11月30日,在全市14个郊区(市)县共建立了29个农村房屋流转(租赁)服务中心,通过区(市)县房管部门租赁服务平台收集租赁信息约12,020条,实际成交约948宗。[④]

(三)抵押[⑤]

原《物权法》与原《担保法》及现在的《民法典》禁止宅基地使用权单独抵押,成都市也与之保持一致,在出台集体建设用地使用权抵押办法时,明

---

① 虽然联建并未突破土地的用途管制,但一些联建方急于资金回笼,要求在自己取得的集体建设用地上修建的房屋按商品房预售程序进行销售。

② 参见刁其怀:《宅基地产权制度之现状篇》,载《中国房地产》2010年第4期。

③ 参见刁其怀:《成都实践:农房确权、抵押及租赁进行时》,载《中国房地产》2011年第3期。

④ 参见2011年成都市城乡房产管理局《关于农村房屋产权制度改革工作情况的报告》。

⑤ 参见刁其怀:《城乡统筹背景下的农房抵押——以四川省成都市为例》,载《农村经济》2010年第12期。

确排除了宅基地使用权的单独抵押,[①]但为了支持“5·12”灾后的农房重建融资工作,成都市对宅基地使用权的单独抵押放开了口子,[②]不过这仅仅是针对灾后重建,一般情形下的宅基地使用权单独抵押仍是不允许的。

1. 农屋抵押现状描述:以成都市出台的相关文件为背景

一如上文所述,现行法上虽然禁止宅基地使用权单独抵押,但并未禁止宅基地上的农房抵押,基于此,成都市正式出台了关于农房抵押的文件,支持农房抵押。但现行法上又禁止宅基地使用权单独抵押,通常认为,农房抵押虽然是将房子作为抵押物,但其担保的金额包含了房屋和房屋所占宅基地的价值,而宅基地使用权又不得抵押,基于“房地一体交易”的认识,为绕开宅基地使用权不得抵押的限制性规定,2009年成都市出台文件采取的办法是,农村房屋抵押时,抵押人需补交一定的土地价款先行将宅基地使用权变更为集体建设用地使用权,并且必须征得本集体经济组织同意并承诺房屋抵债后另有居所。[③]

---

① 2009年,成都市人民政府办公厅转发了市政府金融办等部门《关于成都市农村产权抵押融资总体方案及相关管理办法的通知》(成办发〔2009〕59号),作为此转发文件之一由成都市政府金融办与成都市国土局联合出台的《成都市集体建设用地使用权抵押融资管理办法(试行)》第2条规定:“本办法所称集体建设用地使用权(不含宅基地)抵押融资是指借款人在不转移土地占有、不改变土地用途、保持土地所有权不变的情况下,将集体建设用地使用权作为抵押担保向金融机构申请贷款的行为。当借款人到期不履行债务时,抵押权人有权依法处置该集体建设用地使用权并用所得的价款优先受偿。”从该条规定可以看出,该办法明确排出了宅基地使用权的单独抵押。

② 2008年8月,成都市委、市政府下发《关于加快灾后城乡住房重建工作的实施意见》,该意见规定受灾农户可以宅基地使用权作抵押,向市和区(市)县农村产权流转担保公司申请提供贷款担保,经审核批准后由金融机构发放农村灾后住房重建专项贷款。

③ 作为《市政府金融办等部门关于成都市农村产权抵押融资总体方案及相关管理办法的通知》(成办发〔2009〕59号)转发文件之二由成都市政府金融办、成都市国土局与成都市房管局联合出台的《成都市农村房屋抵押融资管理办法(试行)》第2条规定,“本办法所称农村房屋抵押融资是指借款人以借款人或第三人所有的农村房屋作为抵押担保向金融机构申请贷款的行为”。该管理办法明确了农村房屋可以抵押,但是现行法上又禁止宅基地使用权抵押,于是办法第5条又规定,“抵押人办理农村房屋抵押应同时具备以下条件:一是合法取得《集体土地使用证》(使用权类型为集体建设用地使用权)和《房屋所有权证》,且征得本集体经济组织同意;二是承诺设定抵押的房屋在依法偿债后有适当的居住场所。抵押人办理土地性质为宅基地使用权的农村房屋抵押时,应将该房屋所占用范围内的宅基地使用权变更为集体建设用地使用权,向集体土地所有权人申请办理集体建设用地使用权的出让,承诺今后不再申请宅基地,并在国土资源管理部门办理集体建设用地使用权登记手续,办理集体建设用地使用权出让的土地价款,由农村集体经济组织按照集体建设用地使用权基准地价的一定比例合理确定”。

成都市的上述文件规定内容用意非常明显，我国现行法上禁止宅基地使用权抵押，而在农房抵押时，却要求先行将宅基地使用权变更为集体建设用地使用权，其意在避开宅基地使用权禁止抵押的立法规定。但是正如笔者上面分析的，我国现行立法虽然禁止宅基地使用权抵押，但并未禁止农村房屋抵押，现行法上找不到农村住房也适用一体抵押的明确规定。如果要求抵押人补交一定的土地价款才能将宅基地使用权变更为集体建设用地使用权，就会加重农民负担。据笔者了解，在实际操作过程中并未作此要求，因此 2009 年成都后续出台的文件，在农房抵押时去掉了宅基地使用权先行转为集体建设用地使用权的规定。①

成都市出台的文件同时规定，处置抵押的农村房屋时，本集体经济组织及其成员在同等条件下有优先购买权。② 按原《物权法》第 59 条现《民法典》第 261 条的规定，宅基地属于本集体成员集体所有。但何谓成员集体所有，原《物权法》和现《民法典》都并未作出解释，有观点认为，成员集体所有实质是一种集体共有，是集体公有制基础上的集体成员共同所有，由于在共有之前加上了集体定语，因此，这种集体共有区别传统民法中所谓的私人所有的按份共有和共同共有，它是对传统共有含义的发展，是一种特殊的所有权形式。③ 在处置抵押的农房时，农房的交易必然涉及宅

---

① 成都市房产管理局下发的《成都市集体建设用地上房屋抵押登记（暂行）规定》（成房发〔2009〕202 号）提出了农房抵押时去掉了宅基地使用权先行转为集体建设用地使用权的规定。当然，2016 年至 2018 年期间，在全国人大授权“两权”抵押试点，并暂停实施宅基地使用权不得抵押的法律条款背景下，在试点区进行农房抵押时，无须先行将宅基地使用权转化成集体建设用地使用权。

② 《市政府金融办等部门关于成都市农村产权抵押融资总体方案及相关管理办法的通知》（成办发〔2009〕59 号）转发文件之二由成都市政府金融办、成都市国土局与成都市房管局联合出台的《成都市农村房屋抵押融资管理办法（试行）》第 2 条规定，“如果借款人无法正常偿还贷款的，抵押权人可与抵押人协商以抵押房屋拍卖或变卖所得的价款受偿，也可由农村房屋所在集体经济组织或者由农村产权抵押融资基金收购，协商不成的，抵押当事人可根据合同约定，向仲裁机构申请仲裁或者向人民法院提起诉讼，处置抵押的农村房屋时，本集体经济组织及其成员在同等条件下有优先购买权”。

③ 参见韩松：《国家所有权和集体所有权、私人所有权》，载王利明主编：《物权法名家讲坛》，中国人民大学出版社 2008 年版，第 134 页。

基地的处置,无论农房受让人是取得宅基地使用权还是宅基地使用权的租赁权,由于宅基地具有集体共有性质,本集体经济组织及其成员在同等条件下有优先购买农房的权利是合乎逻辑的推论,一方面这有利于优先解决本集体经济组织成员住房保障问题,另一方面也照顾到了农村房屋财产属性的体现。

成都出台的文件也规定,在办理农房抵押时,要求本集体经济组织同意,①可能有如下原因,一方面农房抵押一旦失败后,有可能导致农房所有权的转移,而按照原《房屋登记办法》第 86 条的规定,"申请村民住房所有权转移登记的,应当提交农村集体经济组织同意转移的证明材料";另一方面村民取得宅基地一般是无偿的,带有福利性质,而农房交易价值所包含的宅基地利益,作为宅基地所有权主体的集体经济组织应当取得。因此,农房抵押需要集体经济组织的同意。基于城乡财产权的平等,城乡要素自由流动的考虑,2011 年,成都市后续出台的文件取消了农房抵押时需要集体经济组织同意的要件。②

自 2008 年中旬成都市开展农村房屋抵押登记工作以来,截至 2013 年 12 月底,全市共计办理集体土地上房屋抵押 3298 宗,抵押金额约 61, 976. 37 万元,抵押面积约 1, 267, 457. 14 平方米,通过农房抵押,有效增加了农民的财产性收入。③

2. 农房抵押中存在的问题及其对策

(1)抵押登记基础较为薄弱

自 2008 年年初,成都市开展农村房屋确权登记工作以来,房管部门

① 参见 2009 年《成都市农村房屋抵押融资管理办法(试行)》和《成都市集体建设用地上房屋抵押登记(暂行)规定》。

② 2011 年,成都在农房抵押方面前行一步,成都市城乡房产管理局制定的《成都市城乡房屋登记规则(试行)》(成房发〔2011〕11 号)去掉了农房抵押时需要提交农村集体经济组织同意抵押的证明材料的规定。《成都市城乡房屋登记规则(试行)》第 31 条规定,"申请抵押权登记,应当提交下列文件:(一)登记申请书;(二)申请人的身份证明;(三)房屋所有权证书;(四)抵押合同;(五)主债权合同;(六)其他必要材料"。

③ 参见刁其怀:《宅基地使用权流转三个主要问题的相关研究——以成都市为例》,载《农村经济》2014 年第 7 期。

与国土部门在工作协调上不尽一致,从法律上讲,确权初始登记中,应遵行先地后房原则,但实践中存在房管部门在土地确权并未完成之前,先行对房屋进行了确权登记,房地权属主体不一致的情况。对于此问题,房管部门在办理农房抵押时,要求当事人提供土地权属证书,对存有房地权属主体不一致的,要求先行通过更正登记程序予以纠正。

(2)金融机构仍存顾虑

由于农房抵押贷款具有金额小、成本高、利润低、风险大的特点,许多国有银行及股份制银行仍未介入此项工作。真正从事农房抵押融资业务的仅有农村信用合作社(现多数已改制为农商银行)一家金融机构,农户贷款渠道单一的现状在短期内很难改变。由于农业生产具有周期长、收益低、风险大的特点,作为债权人的信用社也面临资金回收的风险,在调研中发现,为使风险最小化,信用社采用了上浮贷款利率的方法。① 一些农村信用社反映,信用社自身的贷款业务数量本来就很大,无力顾及农房抵押事宜,而且对于大量的小额贷款,实行信用担保即可,无须用农房抵押担保。农民不能如期还款导致抵押失败时,即便在办理抵押登记时,已承诺设定抵押的房屋在依法清偿后有适当的居住场所,在农民无其他住房保障情形下,金融机构要依法执行抵押农房几乎是不可能的,如此一来,金融机构必然会形成坏账,这也是一些金融机构不愿在农村提供金融服务的理由。②

但是,我们应站在统筹城乡、如何支持农村发展的高度来审视此问题,毕竟农业是国民经济的基础,没有农村经济的发展,也就不会有整

① 2001 年,中国人民银行发布的《关于农村信用合作社农户小额信用贷款管理指导意见》第 18 条规定:"农户小额信用贷款利率可以按中国人民银行公布的贷款基准利率和浮动幅度适当优惠。"但在实际操作中,因涉农贷款的运作成本比其他贷款要高,只有采用市场利率,才可能实现金融机构和这项业务的可持续发展。

② 目前,较早试点农房抵押的安徽宣城已经暴露出这个问题,该市自 2002 年启动农房抵押工作以来,截至 2008 年底,共办理农房抵押贷款 8703 起,抵押贷款额 619 亿元,这其中不良贷款有 10%,由于无法处置抵押房产,成了纯信用贷款,只能等待债务人有还款能力时再还,但若超过了诉讼时效,便成了纯损失。参见李孟然、汪立军:《看起来很美——安徽省宣城市农屋抵押贷款调查》,载《中国土地》2008 年第 10 期。

个经济社会的协调发展,金融机构应承担起应有的社会责任,一些贷款可能确实收不回来形成坏账,对金融机构是一种损失,当然也是一种社会财富的损失。但是,整个农村通过贷款而创造的社会财富远远大于坏账造成的社会财富的损失,这对整个农村经济的发展是更有利的。客观地讲,农民也是一个理性的自然人,当他们把农房用于抵押贷款时是比较谨慎的,一定也考虑了自己的还款能力,大多数农民通过农房抵押取得贷款后,会积极投入生产,创造更多的财富,如约还清银行的贷款,抵押最终并不导致所有权的转移。当然,金融部门也要加强自身防范措施,对当事人真实借款意图进行调查,对贷款去向加强监督。担保公司也可对农村房屋抵押实行担保,各级政府也可按一定比例出资设立农村房屋抵押融资风险基金,用于收购抵债资产。2010 年,成都市人民政府办公厅转发了市财政局、市政府、金融办《关于成都市农村产权抵押融资风险基金筹集与使用管理暂行办法的通知》(成办发〔2010〕8 号),该通知规定,政府应当建立风险基金,用于收购到期不能偿还债务的抵押农村房屋。此文件的出台降低了金融机构的风险,目前,风险基金筹借的量还需增大,覆盖的区域也要更宽。

(3)集体经济组织消失

上文成都市出台的相关文件要求在农房抵押时,集体经济组织需出具同意的证明材料。按照原《物权法》第 60 条(《民法典》第 262 条)的规定,只有"农民集体"才是集体土地所有权主体,村民委员会、村民小组以及集体经济组织仅是代表"农民集体"行使所有权而已。一如上文所述,在经济欠发达的中西部地区,很多地方并不存在集体经济组织,成都市同样如此,有的地方已不存在集体经济组织这种形式,特别是在农民集中居住区,一个集中居住区内往往安置有几个集体经济组织的人员,这打破了农民以前以地域划分形成的集体经济组织,集中居住区已不存在集体经济组织这种形式。那么集中居住区的农房抵押时,如何出具集体经济组织的同意证明材料?① 事实上,农民通过宅基地置换集中居住后,集中居住区一般都参照城市居住小区实施物业管理,由于集中居住区的集体土地是由该小区内的成员集体共有。因此,可引入业主大会和业主委员会制度,在农民集中居住区成立业主大会和业主委员会,由业主大会或业主委员会对农房抵押出具同意证明材料。

(4)名为抵押、变相买卖

虽然农房抵押可以解决农民融资难问题,但是这种抵押一般限定在农民与农民、农民与金融机构之间,现有的农民意将农房抵押给城镇居民贷款,这种抵押的真实意图不易掌握,它有可能是名为抵押,实为农村房屋的买卖,直接与国家禁止城镇居民在农村购买农房的政策相违背,因此,对于农民将农房抵押给城镇居民贷款,目前在全国试点农房抵押的城市都没有开展此项工作,②成都市同样如此。而农民将农房抵押给金融机构,金融机构无意取得农村房屋的所有权,它关心的只是农民能否如约偿还借款。况且金融机构自有一套防范贷款风险的措施,对于审查不符合条件的农房抵押,金融机构是不会发放贷款的。因此,农房抵押给金融机构最终导致农房所有权转移的概率远远低于农房抵押给城镇居民导致所有权转移的概率。由此可见,在当前农房还承担着住房保障功能情形下,禁止农民将农房抵押给城镇居民是可取的。

---

① 据笔者调研了解,成都市下面的崇州等区市县的集中居住区仅仅是打破了组的界限,还没突破村一级,因此,他们要求村级集体经济组织(村民委员会代行村集体经济组织的职能)出具同意证明材料。但是集中居住区的土地并不是归村农民集体所有,因此由村集体经济组织作出表示仍是有问题的。

② 2015 年,第十二届全国人大常委会通过《关于授权国务院在北京市大兴区等 232 个试点县(市、区)、天津市蓟县等 59 个试点县(市、区)行政区域分别暂时调整实施有关法律规定的决定》,对"两权"抵押贷款试点地区进行了法律授权,但"两权"抵押试点的抵押权人都限定为银行业金融机构。2016 年,中国人民银行等 6 部委出台的《农民住房财产权抵押贷款试点暂行办法》第 2 条规定:"本办法所称农民住房财产权抵押贷款,是指在不改变宅基地所有权性质的前提下,以农民住房所有权及所占宅基地使用权作为抵押、由银行业金融机构(以下简称贷款人)向符合条件的农民住房所有人(以下简称借款人)发放的、在约定期限内还本付息的贷款。"2016 年,中国人民银行等 5 部委出台的《农村承包土地的经营权抵押贷款试点暂行办法》第 2 条规定:"本办法所称农村承包土地的经营权抵押贷款,是指以承包土地的经营权作抵押、由银行业金融机构(以下简称贷款人)向符合条件的承包方农户或农业经营主体发放的、在约定期限内还本付息的贷款。"

2013 年,国务院决定实施不动产统一登记改革,确定由国土部门承担不动产统一登记工作,原属房管部门的房屋登记职责统一移交给国土部门负责。2015 年,成都市正式实行不动产统一登记,由隶属国土部门的不动产登记中心统一办理房地一体的不动产登记工作。国土部门一直认为宅基地使用权不得抵押,因此,房地统一登记后,成都市各不动产登记中心停止了以前房地分离时代房管部门办理的农房抵押登记工作,即便是以前办理的农房抵押,现当事人申请抵押展期变更登记,不动产登记中心也不受理。[①]

(四)买卖

农房上市及房下宅基地使用权的自由转让一直是农村产权制度改革的深水区,上文所阐述的联建、指标交易实际上都是想绕开非本集体经济组织成员不能获取宅基地使用权的限制性规定,但是成都市在促进生产要素城乡互动方面继续前进,2011 年成都市城乡房产管理局发布《成都市城乡房屋登记规则(试行)》(成房发〔2011〕11 号),该规则核心思想是城乡房屋可以自由流转,农房受让人身份不再有任何限制,城乡房屋登记要件尽量一致。仅仅针对统规统建集中居住区房屋的首次转移登记,对受让人身份有所限制,即要求受让方应是符合项目安置的对象,只有受让方在取得房屋登记后,再行处分的,受让人不受身份限制,这主要是因为统规统建集中居住区房屋是通过宅基地置换的方式进行的,农民是把自己的宅基地置换出来换取集中居住区的房屋,类似于国有土地上的拆迁安置。因此,统规统建集中居住区完成初始登记后的首次转移登记对象应是以宅基地置换房屋的农民,农民取得置换房屋后再行处分不受任何限制。但是农房交易时,房下宅基地如何处理呢?《成都市城乡房屋登记规则(试行)》(成房发〔2011〕11 号)规定,办理房屋登记,应当遵循房屋所有权和房屋占用范围内的土地使用权权利主体一致的原则,房屋所有权转让的,土地使用权随之转让,即农房交易后,地下宅基地随之交易。那么城里人购买农房后,国土部门是否会为城里人颁发宅基地使用权证

---

① 还有一个原因是成都市不属于 2015 年全国人大授权"两权"抵押试点城市。

书呢? 当时,国土部门对此并没有明确,一种思路仍是借鉴灾后联建经验,将出让方农民的宅基地退回集体经济组织,先行变为集体建设用地,再以集体建设用地的名义转让给受让方,为受让方办理土地性质为集体建设用地使用权的权属证书。正如笔者上文阐述的,禁止城里人购房的规定大多属于行政法规、部门规章及规范性文件,而从法律层面并未禁止城里人购买农房,仅仅是宅基地的取得有身份限制,因此宅基地使用权的单独交易受到限制,但农房交易后,宅基地取得是否仍有身份限制,法律并未明确。显然,相比国土部门,当时的房管部门推动农房交易的自由度更大一些。

为加快实现生产要素在城乡之间自由流动,促进农村房屋产权流转,保障农村房屋交易的公平和安全,成都市城乡房管局拟定了《成都市农村房屋买卖合同(示范文本)》(成房办〔2011〕33 号),此示范文本规定房屋所有权转让后,该房屋占用范围内的集体建设用地使用权一并转让,买受人应持《房屋所有权证》向国土部门申请办理《集体土地使用证》变更登记,出售人出售房屋后,不得另行申请宅基地建房,城里人取得的农房如果面临征地拆迁的,征收补偿涉及出售人的相关权益由双方约定归谁享有,针对农房买卖有可能出现的纠纷,示范文本约定在履行过程中发生的争议,由双方协商解决,协商不成的当事人可提请成都仲裁委员会裁决。之所以规定仲裁,而未提及法院诉讼,主要是为了避免法院在处理此类纠纷时面临的两难。不过,依照契约自由原则,双方当事人完全可以绕开此示范文本,另行约定条款。

农村房屋买卖的放开并不代表"小产权房"的合法,成都市农房上市交易的前提要求是农房已合法取得权属证书。很多学者没有区分开"宅基地房"和"小产权房"两个概念,认为城镇居民在农村购买房屋,由于不能取得产权,故称为"小产权房",①这其实是一种误解。"小产权房"违背土地用途管制,是指在集体土地上违规开发并对外公开销售的房屋,它不

① 参见杨遂全:《农村个人房地产产权的制度缺陷与补漏》,载《中国房地产》2009 年第 3 期。

能取得房地产行政主管部门颁发的权属证书,实质上是无产权,而"宅基地房"是农民在合法取得的宅基地上修建的房屋,可以取得房地产行政主管部门颁发的权属证书,其本身是有产权的。①

有恒产者有恒心,成都农村产权制度改革实行了农村产权长久不变的试点,鼓励农民集体通过自主、自愿、自治方式,形成长久不变的决议,宅基地使用权实行"增人不增地、减人不减地"原则,新增人口可通过继承、赠与等方式取得宅基地使用权,新增人口的就业和保障等问题通过完善城乡一体化的就业和社会保障制度解决,长久不变意在将农民的产权予以固化,现行法上对宅基地使用权并无期限规定,农民虽然在事实上长期使用,但在制度层面并无此规定,农民集体通过自治方式约定宅基地使用权的长久不变,避免农民集体以所有权人姿态对农民权益进行侵害。长久不变的使用权已有架空所有权的味道,这在农房交易要件及其利益分配上已有体现,按原建设部《房屋登记办法》第 86、87 条的规定,"申请

① 刁其怀:《城镇居民购买宅基地上的农房是小产权房吗——对流行观点的批判》,载《中国房地产》2010 年第 10 期。"宅基地房"和"小产权房"还有如下区别:第一,前者修建于宅基地之上,而后者既可能修建于宅基地之上,也可能修建于集体建设用地之上,还可能修建于集体农用地之上;第二,按照《土地管理法》、《建筑法》及《建设工程质量管理条例》等法律法规的有关规定,"宅基地房"修建行为有一套严格的程序,符合这些程序的修建行为本身是合法的,是合法建筑物,而"小产权房"修建行为并未遵照现行的法律程序,其修建行为本身即是违法,应该说是一种违法建筑;第三,前者修建的目的大多是为了自住,而且在农村普遍的观念是宅基地作为祖产,一般是不会出售的,通常在经济发达地区的城乡接合部,农民才会把多余空置的房屋用于销售,而后者是一种开发性建设,修建的目的就是为了对外销售,赚取利润;第四,在初始登记中,按照房地一致原则,农民可取得国土行政主管部门颁发的宅基地使用权证书和房屋行政主管部门颁发的"宅基地房"所有权证书,其产权是明晰的,而"小产权房"的建设主体不能取得国土和房屋行政主管部门颁发的权属证书,其产权是模糊的,它不能用于抵押贷款,拆迁将面临不能被补偿的风险;第五,前者所涉法律关系相对简单,主要是农民和购房者之间的法律关系,而后者涉及法律关系相对复杂,主要涉及农民、村集体、购房者、开发公司、地方政府等利益群体,它实质上反映的是各种利益群体的博弈,它不仅是一个法律问题,还关涉经济、社会、政治等诸方面;第六,从全国范围来看,只要坚持现行的"一户一宅",面积控制的宅基地取得制度,在宅基地还主要承担着住房保障功能的情形下,农民出售"宅基地房"的比例毕竟是少数,因此,它对当前房地产市场影响甚微,而"小产权房"相较于商品房价格更为低廉,其对房地产市场冲击较大。事实上,我国颁布的相关政策规定,也是严格区分了"宅基地房"和"小产权房"这两个概念的,2007 年国务院办公厅《关于严格执行有关农村集体建设用地法律和政策的通知》和 2008 年中共中央、国务院《关于切实加强农业基础建设进一步促进农业发展农民增收的若干意见》中都规定,"城镇居民不得到农村购买宅基地、农民住宅或'小产权房'"。注意,这两个文件中,"农民住宅"和"小产权房"是并列使用的,显然表明两者是有区分的。

村民住房所有权转移登记的,应当提交农村集体经济组织同意转移的证明材料,受让人不属于房屋所在地农村集体经济组织成员的,房屋登记机构应当不予办理”。但是,成都市房产管理局发布的《成都市城乡房屋登记规则(试行)》(成房发〔2011〕11 号)取消了这些限制规定,该登记规则认为宅基地及农房上市交易,并未改变宅基地的所有权,农民在使用宅基地时,集体经济组织已将使用权期限内的收益权让渡给了农民。因此,宅基地及农房上市交易无须经农民集体同意,交易后的收益也全归农民所有,这与国有土地上的房屋交易完全一样,仅有在宅基地被征收后,导致所有权发生变动时,才产生宅基地所有权主体农民集体的收益问题。

允许农房上市交易,在制度上开创了全国先河,不过,从文件效力层次分析,成都市城乡房产管理局发布的《成都市城乡房屋登记规划(试行)》(成房发〔2011〕11 号)属于规范性文件,效力很低,如果城里人与农民就农房买卖出现争议,该登记规则不能被作为法院断案依据,也不能被作为仲裁机构仲裁的依据。从全国法院既有的判例来看,除有判买卖合同有效让毁约方承担违约责任的外,从来还没有判例判定城里人应该取得农房的所有权。如此,即便买卖交易发生,城里人仍有不能取得农房所有权的风险。不过,在成都这样的风险已转嫁给政府,因为代表政府的房地产行政主管部门如果为城里人颁发农房所有权证书,如果事后这样的交易被法院撤销,城里人可以启动行政诉讼主张相应的赔偿。虽然成都从制度层面上规定了农房上市交易,但是否存在真实的交易案例却不得而知,而且在当时房地分离管理体制下,国土部门是不会同意为城里人购买农房颁发宅基地使用权证书的。因此,成都市城乡房产管理局突破农房上市交易限制而制定的城乡房屋登记规则,可以理解为是职能部门在推动农村产权制度改革时表现出来的一种积极姿态。①

---

① 由于法律上规定农村土地实行组村镇三级所有,但在哪一级实行并不明确,因此,有的地方将农房交易扩大到镇域范围,笔者在成都市温江区调研中了解到,在农村产权制度改革期间,该区将农房买卖扩大到本区范围。

四、宅基地产权市场化的配套措施

（一）户籍制度改革取消城镇居民和农民的界限

按照《土地管理法》的规定，本集体经济组织成员可以免费取得一块宅基地，而在实践中，判定某某是否为本集体经济组织成员的标志主要是户籍。传统上，只要户籍在本集体经济组织，集体经济组织就要免费给予其宅基地。但是有关户籍制度改革的呼声一直不断，以户籍来判定集体经济组织成员身份，并以此来判定其是否可以享有宅基地使用权，这在实践中也行不通。比如，通过考学、参军取得城市户口，并享受城镇保障体制的，正如上文阐述的，其原合法审批的农村宅基地使用权，虽然在法律上应当予以认可并予以登记确权，但这会造成“人走地留，两头占地”现象，也有违公平。此种情况下，宅基地使用权应当退出是比较合理的，但在实践中，对于此类宅基地，特别是宅基地上仍有房屋的，很少有退出的。在一些城乡接合部或是有产业的集体经济组织，农民享受的福利比城镇居民还好，因此一些城镇居民也想非转农，通过户口迁入或是集体经济组织民主决议的方式变为集体经济组织成员。那么集体经济组织会考虑给其一块宅基地吗？这显然也是不现实的。在城乡户籍自由迁移松动的大背景下，以户籍来判定是否享有宅基地使用权将带来混乱。[①]

2010 年 11 月，成都市出台《关于全域成都城乡统一户籍实现居民自由迁徙的意见》（成委发〔2010〕23 号），建立户口在居住地登记、随居民流动自由迁徙的统一户籍管理制度，城乡居民凭合法固定住所证明进行户口登记，户口随居住地变动而变动。按照此文件精神，在成都，城镇居民和农村居民都可相互自由迁徙，不受任何限制，农民不再是身份而是职业，农民进城不以牺牲承包地、宅基地等财产权为代价，充分保障了农民的基本权益，全域成都范围内的所有人口都是城乡居民，享受均等的基本

① 参见杨遂全：《农村个人房地产产权的制度缺陷与补漏》，载《中国房地产》2009 年第 3 期；赵海怡：《农村宅基地流转法律制度的经济分析》，载《西北大学学报（哲学社会科学版）》2008 年第 2 期。

公共服务和社会保障等国民待遇。比起重庆推行的“土地换户籍”和广东推行的“积分落户”政策,成都市的户籍改革被认为是最彻底的户籍改革。①

成都户籍制度改革彻底取消城镇居民和农民的界限,由于户籍可自由迁移,所有人口都是城乡居民,以户籍身份来判定宅基地拥有已无依据,现行法规有关禁止城镇居民到农村购房的限制也因城乡身份一致而无法操作。城镇居民迁徙到农村后,并不代表其自然就可分得集体土地等利益,因为成都此次土地房屋等都已确权颁证到户,并长久不变。当然,城镇居民迁徙到农村后,也可享受基本服务和公共资源等。

(二)农村住房保障制度解决农房流转后的居住问题

在农村,由于宅基地一直承担着住房保障的功能,很多人担心农民失去宅基地后,其住房保障成为问题,并进而影响社会稳定。《关于全域成都城乡统一户籍实现居民自由迁徙的意见》明确提出,要建立分区域统一的城乡住房保障体系,首次将住房保障由城镇延伸至农村。作为《关于全域成都城乡统一户籍实现居民自由迁徙的意见》的配套文件之一,成都出台了《关于建立农村住房保障体系的实施意见(试行)》(成办发〔2011〕43号),该试行意见规定了农村居民住房保障统一纳入全市住房保障体系,居住在农村的居民,户籍登记在居住地,符合当地住房保障条件,可在居住地申请住房保障。按照此文件的设想,成都住房保障体系将覆盖农村,实现城乡居民居有所屋的目标。可以说,农村住房保障制度的建立,将彻底解决农房上市的后顾之忧,恢复农村土地和房屋生产要素的本来面目,现行政策限制农房上市从而将其视为农民住房保障的政策基础也将不复存在。

(三)发放耕保基金促进宅基地使用权流转

一种观点认为,放开宅基地使用权流转有可能危及耕地保护,正如笔者前文论述,从理论层面分析,放开宅基地使用权流转不会危及耕地保

① 参见《穿着“风衣”农民进城不失地》,载《成都商报》2010年11月17日,第3版。

护,反而有利耕地保护。不过从现实情况来看,目前在土地管理体制仍有待健全,加之农村社会保障有待进一步跟进的情况下,放开宅基地使用权流转后,宅基地失去方虽可再通过购买方式取得宅基地,但这种方式需要成本,而通过直接占用耕地建设房屋,无须任何交易成本。由此看来,放开宅基地使用权流转,在现实中确有危及耕地保护的可能。因此在加强宅基地管理的同时,也需要调动农民保护耕地的积极性,从而避免放开宅基地使用权流转后对耕地保护造成的危害。为此,2008 年,成都市出台了《成都市耕地保护基金使用管理办法(试行)》,该管理办法规定,成都市、县两级政府每年在财政预算中安排 28 亿元设立耕地保护基金,根据全市耕地质量和综合生产能力,通过农村产权制度改革所进行的耕地调查,对耕地实行分类别保护与补贴,其中,基本农田为一亩一年 400 元,一般耕地为一亩一年 300 元,通过耕地保护责任人与区(市)县政府签订《耕地保护合同》,对耕地保护的地块、面积、类别、期限和补贴资金及违约责任等内容进行约定。耕地保护基金的使用方式有三种:一是耕地流转担保资金和农业保险补贴;二是承担耕地保护责任农户的养老保险补贴;三是承担未承包到户耕地保护责任的村组集体经济组织的现金补贴。以耕地保护补贴标准为依据,扣除耕地流转担保资金和农业保险补贴后,农民所获得的耕地保护补贴首先用于为其购买养老保险。耕保基金的发放一方面促进了耕地的保护,避免了占用耕地建房行为的发生,另一方面耕保基金首先用于农村社会保障,实质上置换了宅基地的保障功能,也有利于宅基地使用权的流转。

(四)建立农村宅基地产权流转有形市场

随着社会主义市场经济体制的逐步建立,土地要素市场从无到有,逐步完善,但制度层面的农村宅基地市场一直处于空白状态,建立规范有序的农村宅基地流转市场,有利于土地资源的优化配置。为此,2008 年 10 月 14 日,依托原成都联合产权交易所,成都市在全国成立了首家农村产权交易所,2010 年 7 月 7 日,成都市房管局、国土资源局、农委等部门按一定比例出资,联合成立了公司化运作的成都市农村产权交易所,在这个交易所里,农村房屋所有权、林权、集体建设用地使用权、土地承包经营权等农村产权都可挂牌公开流转,同时引进评估、中介、金融、税务、法律事务所等服务机构,为农村产权的流转提供“一站式”的服务平台。全市统一的农村产权交易市场的建立,促进了农村产权资源市场化配置,有力推动了农村产权流转。2010 年 5 月,成都市在崇州市街子镇成立了全国首个农村房屋租赁服务中心,将城市房屋租赁管理职能延伸至农村,城乡统一的房屋租赁市场逐步建立。①

出于担心宅基地及农房在交易时农民权利受损的考虑,政府需要完善市场交易的各种配套制度,比如,2009 年成都市房产管理局发布了《成都市农村房地产估价规范(试行)》,该规范要求推动农村房屋产权流转,规范农村房地产估价行为,保护农村房地产权利,同时,成都还加大了对农村产权制度改革的宣传力度,让农民清楚自己的权利,一些区(市)县也着手制定了集体建设用地基准地价,以保护农民利益,在市、区两级都建立了农村产权调处机制,切实化解各种矛盾和纠纷。

五、宅基地制度改革特点及述评

(一)地方政府主导下的宅基地制度改革

在以前,地方政府往往都是宅基地制度变迁的被动执行者,但是在中央严加耕地保护、土地用途管制的背景下,地方政府在宅基地制度变迁中变得积极主动,特别是热衷于宅基地整理,表现为农民的集中居住,成都市实施的“三个集中”“拆院并院”“挂钩项目”“土地综合整治”“‘地票’交易”都与此相关。成都市大规模的宅基地整理,难免有忽视个人利益的情形,比如集中建房须经 2/3 同意,那剩下 1/3 持不同意见人的利益如何保护?笔者在彭州房管局调研时,了解到一农户仅晚上住在集中居住区,白天就在本应拆除的农房里生活,理由是种地和经营家庭副业方便。宅基地置换抑或宅基地指标交易,农民应得的最大化利益如何保障都值得深入研究。据调查,成都市通过宅基地整理置换出来的集体建设用地指

① 参见刁其怀:《成都实践:农房确权、抵押及租赁进行时》,载《中国房地产》2011 年第 3 期。

标用于城市建设,土地价值大幅提升,按每亩宅基地可产生0.3亩净非农建设用地,按当时拍卖价250万元计算,除去每亩100万元的成本,可产生150万元的净收益,[①]而如何确保这部分土地增值收益全部返还农村,用于支持农业农村发展和改善农民生产生活条件,防止农村和农民利益受到侵害还值得研究。

政府启动城乡统筹改革后,市场因素逐渐发芽,市场对资源配置的作用逐渐加强,此时需要合理界定政府干预市场的边界。[②] 成都通过确权颁证启动统筹城乡改革后,界定清晰的产权为产权流转奠定了基础,农村产权迅速发展,大量资本涌入农村,政府在此阶段应重在规范市场的行为,而非直接参与市场经营,此时,政府应是一个裁判员,而非运动员。

城镇化率是一国发展的指标之一,但城镇化率不能仅仅体现在指标方面,城镇化过程是集体土地转变成国有建设用地的过程,更是农民变市民的过程。仅仅通过宅基地整理去推动农民向城镇集中,如果没有城镇各种工商产业等的发展,没有城镇中的充分就业和各种切实的保障,宅基地的快速城市化就不代表农民真正的市民化。

(二)综合配套为宅基地产权流转提供制度环境

成都的农村产权制度改革不是仅涉及宅基地和农房的确权及流转,而是一个综合配套改革,而且各项改革互有关联,相互促进,这就是成都市的"四大基础工程",其中包括农村产权制度改革、农村新型基层治理机制建设、村级公共服务和社会管理改革以及农村土地综合整治四个方面。成都市通过确权颁证,明晰了产权,为产权流转奠定基础,对于在确权过程中面临村民间的诸多争议,通过村民自治——村民议事会的方式较好地化解了此类矛盾。"村民议事会"实际上就是农村新型基层治理机制建设的萌芽,2009年成都市在所有村建立了议事会制

① 参见蒋青、吴建瓴:《探索促进农民变市民的机制》,载《成都发展改革研究》2007年第4期。

② 参见李萍、胡雯:《统筹城乡发展中的政府与市场关系:成都例证》,载《改革》2010年第1期。

度，并构建了党组领导、议事会决策、村委会执行、其他经济社会组织广泛参与的新型村级治理机制，[①]在村庄规划、集中居住、土地流转、收益分配等方面都由群众自主决定，新型村级治理机制的建立，化解了农村产权制度改革中的各项矛盾，有力推动了农村产权制度改革的进行。村级公共服务和社会管理改革的进行建立起了城乡基本公共服务均等化的机制。2008 年 11 月，成都市出台《关于深化城乡统筹进一步提高村级公共服务和社会管理水平的意见（试行）》，该意见提出，从 2009 年开始，每年从财政拿出 20 万元，建立公共服务和公共管理村级管理专项资金。2008 年至 2011 年成都市又先后颁布了《城乡居民基本医疗保险试行办法》《成都市城乡居民养老保险试行办法》《关于全域成都城乡统一户籍实现居民自由迁徙的意见》《关于建立农村住房保障体系的实施意见（试行）》等文件，大力加强农村社会保障体系的建设，置换了宅基地及农房的保障功能。农村土地综合整治，提高了土地的节约集约化利用水平，直接促进了农村集体建设用地的流转，实现了土地的级差收益。可以说，“四大基础工程”的实施，直接为农村宅基地上市流转提供了制度环境，不过需要考虑的是，从制度到实践往往还有一个过程，而且制度的运行也可能产生偏差。因此，更应该考虑的是在现有制度环境约束下，农民所能实际享受到的社会保障，如仅有纸面上的承诺而无实际的保障，宅基地上市流转后农民的担心就会仍然存在。

第二节　2015 年全国人大授权下的成都市郫都区宅基地“三权分置”改革研究（2018—2020 年）

一、改革背景

2015 年，按照党中央统一部署，第十二届全国人大常委会授权国务

① 参见夏珺、梁小琴：《落实科学发展观的生动实践——成都统筹城乡综合配套改革试验的调研与思考》，载《人民日报》2011 年 2 月 28 日，第 1 版。

院在全国 15 个县启动了农村土地征收、集体经营性建设用地入市、宅基地制度(也称“三块地”)改革试点,到 2017 年扩大至 33 个县,成都市郫都区被列为改革试点县,承担着宅基地制度改革试点任务。2018 年中央一号文件指出,完善农民闲置宅基地和闲置农房政策,探索宅基地所有权、资格权、使用权“三权分置”,落实宅基地集体所有权,保障宅基地农户资格权和农民房屋财产权,适度放活宅基地和农民房屋使用权。2020 年中央一号文件再次重申,以探索宅基地所有权、资格权、使用权“三权分置”为重点,进一步深化农村宅基地制度改革试点。这就是政府对当前宅基地制度改革的回应,通过宅基地“三权分置”改革,以期突破现有宅基地制度面临的困境。

本节主要以成都市郫都区宅基地“三权分置”改革为素材,结合成都市郫都区 2018 年和 2020 年出台的有关宅基地“三权分置”的规范性文件,对宅基地“三权分置”进行研究。

二、宅基地“三权分置”中的“三权”研究

中央文件中的宅基地“三权分置”的“三权”是指宅基地所有权、资格权和使用权,2018 年 6 月成都市郫都区人民政府出台的《成都市郫都区农村住房及宅基地使用权流转管理暂行办法》同样使用了中央文件中的概念,[①]但是,以上文件中宅基地“三权分置”的提法,是否为严谨的法学概念,应当澄清。

(一)宅基地所有权

落实宅基地集体所有权,首先面临的问题是集体土地的所有权人是谁。正如上文所述,按照《民法典》第 262 条的规定,只有农民集体才是农

---

① 《成都市郫都区农村住房及宅基地使用权流转管理暂行办法》(郫府函〔2018〕142 号)第 2 条规定,“本办法所称的宅基地所有权、资格权、使用权‘三权分置’是指:落实宅基地集体所有权,保障宅基地农户资格权和农民房屋财产权,适度放活宅基地和农民房屋使用权。宅基地所有权属集体经济组织所有;宅基地农户资格权是农户基于集体经济组织成员身份,对农村集体所有的宅基地享有的无偿占有、使用、收益的权利;宅基地使用权是宅基地作为农村住房建设用地的一般使用权,具有在一定条件下可以流转的功能权利和使受让人可通过有偿方式取得,在一定期限内对宅基地的占有、使用和适当收益的权利”。

村土地所有权的法定主体,而村民小组、村民委员会以及农村集体经济组织都不是集体土地所有权主体,这些组织仅仅是代表农民集体行使所有权而已。成都市郫都区在试点宅基地"三权分置"时,也将集体经济组织规定为宅基地的所有权人,[①]安徽省旌德县兴隆镇三峰村在试点宅基地"三权分置"过程中,也将宅基地所有权登记为旌德县兴隆镇大礼村民委员会,[②]以上都是混淆了农民集体与集体经济组织及村民自治组织的区别。关于这个问题,原国土资源部早就对此进行了明确,包括宅基地在内的集体土地的所有权主体,规范的表述应为"××乡(镇)农民集体"、"××村农民集体"或"××小组农民集体"。[③]

(二)宅基地资格权

在宅基地"三权分置"中,中央的提法为宅基地所有权、使用权及资格权。但是,根据物权法理,宅基地所有权与宅基地使用权都属于物权,那么宅基地资格权是一种物权吗?宅基地资格权与宅基地所有权和宅基地使用权是一个位阶上的概念吗?它们可以并列使用吗?成都市郫都区出台的宅基地"三权分置"方案,对宅基地资格权进行定义时,基本上与《民法典》中宅基地使用权的概念是一致的。[④] 宅基地资格权,它是农户获取宅基地使用权的前提资格,它并非宅基地使用权本身,两者区分如下:

第一,有宅基地资格权,不一定有宅基地使用权。宅基地资格权是农户取得宅基地使用权的前提,具有宅基地资格权,并不代表实际享有宅基地使用权。正如权利能力与权利一样,某人具有权利能力并不代表某人

---

① 《成都市郫都区农村住房及宅基地使用权流转管理暂行办法》(郫府函〔2018〕142 号)第 2 条规定,"宅基地所有权属集体经济组织所有"。

② 参见《安徽旌德率先颁发首本宅基地"三权分置"不动产权证》,载中国政府网,http://www.gov.cn/xinwen/2018-02/27/content_5269294.htm。

③ 2011 年国土资源部、中央农村工作领导小组办公室、财政部、农业部《关于农村集体土地确权登记发证的若干意见》对此是明确了的,集体土地所有权主体按"××组(村、乡)农民集体"填写。

④ 《成都市郫都区农村住房及宅基地使用权流转管理暂行办法》(郫府函〔2018〕142 号)第 2 条规定,"宅基地农户资格权是农户基于集体经济组织成员身份,对农村集体所有的宅基地享有的无偿占有、使用、收益的权利"。

实际享有权利。宅基地资格权仅仅是农户取得宅基地使用权的前提条件,而非宅基地使用权本身,在农户具有宅基地资格权情形下,如要取得宅基地使用权,还需要由农村集体经济组织分配给农户,如果无地可分,农户也仅具有宅基地资格权,而不能取得实际的宅基地使用权。①

第二,宅基地资格权与宅基地使用权的财产属性不同,前者并非财产性权利,而后者属于。宅基地资格权是取得宅基地使用权的前提资格,但是,取得权利的资格并非取得实体权利本身,因此宅基地资格权不属于实体财产权利,它不是债权,更不是物权。而按《民法典》及《土地管理法》的规定,宅基地使用权是一种实体财产权利,是物权体系中的用益物权。宅基地所有权与宅基地使用权都属于物权,都属于财产性的实体权利。显然,宅基地资格权作为取得宅基地权利的前提资格,在宅基地"三权分置"中,是不能与作为宅基地所有权及放活的宅基地使用权权利本身相提并论的,它们不是同一位阶上的概念。

第三,宅基地资格权与宅基地使用权行使规则不同。通常只有具有本集体经济组织成员身份才能取得宅基地资格权,农户通过行使宅基地资格权,取得宅基地使用权后,其宅基地资格权即消亡,而且农户将宅基地使用权转让后,其再行要求分配宅基地的资格权也消亡。②《土地管理法》第62条规定的"一户一宅、农村村民出卖、出租住房后,再申请宅基地的,不予批准"就是体现。按照《民法典》及《土地管理法》的规定,在宅基地使用权初始取得阶段,要求申请人具有本集体经济组织成员身份,③正如前文所述,在继受取得阶段,受让人即便不具有本集体经济组织成员身份,其还可以采取继承农村房屋的方法取得宅基地使用权。而且在农户首次合法获得宅基地使用权后,其合法取得的宅基地使用权不会因为

---

① 参见宋志红:《宅基地"三权分置"的法律内涵和制度设计》,载《法学评论》2018年第4期。

② 参见宋志红:《宅基地"三权分置"的法律内涵和制度设计》,载《法学评论》2018年第4期。

③ 《土地管理法》第62条"农村村民一户只能拥有一处宅基地,其宅基地的面积不得超过省、自治区、直辖市规定的标准",该法"农村村民一户只能拥有一处宅基地"的规定,即是对宅基地初始取得的限制规定。

其集体经济组织成员身份的丧失而受到影响,中央也一再强调,不得将农民进城落户与退出宅基地使用权相挂钩。①

中央文件中的宅基地资格权就是具有成员身份的宅基地使用权,按照《民法典》及《土地管理法》的条文规定,我国立法上的宅基地使用权本身就包含了宅基地资格属性,这从宅基地使用权的概念即可得以印证,宅基地使用权是本集体经济组织成员享有、没有使用期限、用于修建住宅的集体土地使用权。只有具备本集体经济组织成员身份资格才能要求集体经济组织为其分配宅基地使用权。当前,各地出台的宅基地"三权分置"方案,在对宅基地资格权进行定义时,基本上与《民法典》中宅基地使用权的概念是一致的。虽然中央文件中说的是宅基地资格权,但切不可望文生义,认为中央文件中所提到的宅基地资格权就是农户获取宅基地使用权的前提资格,在宅基地"三权分置"中,倘若农户只享有宅基地资格权,没有宅基地使用权,这既不符合中央文件的本意,也损害了农户的宅基地权利。应当认为,"三权分置"中的宅基地资格权包含农户享有宅基地使用权的资格前提,也包含了农户实际享有的宅基地使用权,只有如此,才符合宅基地"三权分置"的本义。正如上文所述,宅基地中"三权分置"中的"三权"是三种实体权利,而资格权不是实体权利,其作为取得实体权利的资格,显然是不能与其他两种实体权利相并列的。考虑现行法上的宅基地使用权本身即具有成员身份资格属性,因此中央文件中提到的宅基地资格权应当视为现行法上规定的具有成员身份属性的宅基地使用权。不过需要厘清的是,在宅基地"三权分置"方案中,放活的第三种

---

① 如果农户丧失本集体经济组织成员身份,其要求集体经济组织分配宅基地的权利资格即消亡,但农户基于本集体经济组织成员身份已取得的宅基地使用权,并不因户籍的改变等因素丧失集体经济组织成员身份而受到影响,户籍的改变不影响已经取得的宅基地使用权的归属。《宪法》第13条规定,"公民的合法私有财产不受侵犯。国家依照法律规定保护公民的私有财产权和继承权"。2011年国土资源部、中央农村工作领导小组办公室、财政部、农业部《关于农村集体土地确权登记发证的若干问题》明确规定,非农业户口居民(含华侨)原在农村合法取得的宅基地及房屋,房屋产权没有变化的,经该农民集体出具证明并公告无异议的,可依法办理土地登记,在《集体土地使用证》记事栏应注记该权利人为非本农民集体成员。2015年中央一号文件也指出,不得将农民进城落户与退出"三权"(宅基地使用权、土地承包经营权、集体收益分配权)相挂钩。以上这些权利来源于法律的明文规定,不管农民是否需要以此作为保障,不管农民是进入城镇还是选择继续留在农村,任何人都不能剥夺。

权利来源于农户的宅基地使用权,故宅基地资格权就是创设了放活的第三种权利后受到限制的现行法上的宅基地使用权,[①]在立法中,没有必要单列宅基地资格权。至于放活的第三种权利如何定性与命名,将在后面文中详解。

对宅基地资格权的判断主要是通过辨识某个民事主体是否具有本集体经济组织成员身份资格,这实际上关涉到对宅基地成员权的判断,以保障具有成员身份的宅基地使用权,对于如何判断成员权,学术界有三种观点:一是户籍说,以户籍是否在本集体作为判断是否拥有本集体成员的资格;二是事实说,对于没有户籍的,以长期生活于此的事实确定拥有本集体成员的资格;三是权利和义务关系说,以权利和义务关系的形成作为判断标准,对本集体履行了相应的义务,即取得本集体成员的资格。成员权的判断是当前集体土地改革的关键点,在判断谁有资格成为本集体的成员时,以单一或固化的判断标准往往难以操作,成员权的判断涉及户籍、长期生活、权利和义务及生活保障等方方面面,因此应当综合考虑出生、婚姻、权利和义务关系、长期居住、是否以宅基地作为保障等因素来进行判别。同时,只要基于成员权身份就可免费无偿分配宅基地是否合理,是否有利于人口的城镇化,对宅基地成员权可以某一时点进行划断固化,实行"生不增、死不减",[②]农户的宅基地成员权划断后,户籍迁移或是地缘变化都不影响宅基地成员权。

有观点认为,农户宅基地资格权具有用益物权性质,应对其确权颁证,[③]四川省崇州市在宅基地"三权分置"改革试点中,给农民颁发了"农村宅基地资格权证",[④]其实这是没有必要的。在农村宅基地全面确权基本完成的情形下,农户手上已有宅基地使用权证书,再为农户颁发宅基地

① 参见刘国栋:《论宅基地三权分置政策中农户资格权的法律表达》,载《法律科学(西北政法大学学报)》2019 年第 1 期。

② 参见叶兴庆:《宅基地的产权重构》,载《中国经济时报》2015 年 5 月 15 日,第 5 版。

③ 参见张克俊、付宗平:《"三权分置"下适度放活宅基地使用权探析》,载《农业经济问题》2020 年第 5 期。

④ 参见《让宅基地活起来! 崇州率先颁发全省首批农村宅基地"三权分置"证书》,载搜狐网 2018 年 8 月 24 日,https://www.sohu.com/a/249847408_348897。

资格权证书,会引发宅基地使用权证书与宅基地资格权证书的冲突,用宅基地资格权证书否定宅基地使用权证书,引发不必要的制度混乱。同时,按照物权法定原则,在立法还没有将宅基地资格权明文规定情形下,从依法行政角度来看,登记机构也不宜颁发宅基地资格权证书。成都市郫都区不为农民颁发单独的宅基地资格权证书,在农民的宅基地使用权转移、抵押登记或租赁备案给第三方时,在第三方取得的不动产登记簿上和不动产证书附记栏中载明原宅基地使用权人的资格权。①

(三)宅基地使用权

适度放活宅基地使用权,不应把中央文件中放活的宅基地使用权与法律上规定的宅基地使用权等同看待,立法上规定的宅基地使用权要求身份限制,主要定位于其保障属性,其流转本就受到诸多限制。成都市郫都区在试点农村宅基地"三权分置"时,把不具有本集体经济组织成员身份属性的人通过流转取得的宅基地权利也规定为宅基地使用权,同时规定其用途不得为住宅(原因在于只有农户的宅基地使用权才可用于住宅用途,社会主体取得的宅基地不得保留住宅用途)。② 这就混淆了此种放活的不具有身份属性的宅基地使用权与法律上规定的宅基地使用权的区别。

当前,一些学者和实务部门将"农房抵押、宅基地整理、宅基地联建、宅基地退出、宅基地租赁等方式"视为宅基地"三权分置"背景下适度放活宅基地使用权的措施和做法。在笔者看来,上述这些措施和做法都与宅基地"三权分置"无关,实际上,在中央提出宅基地"三权分置"之前,以上这些措施和做法各地都已经在实践了,而且它并没有创新产生一种新的权利,而这正是宅基地"三权分置"所要解决的问题。中央提出宅基地

---

① 《成都市郫都区农村宅基地"三权分置"不动产登记实施细则》(郫府发〔2020〕7号)第9条规定:"不动产登记机构在办理宅基地使用权转移、抵押登记或租赁备案时,应一并将原宅基地使用权人的资格权记载于不动产登记簿中,并在不动产权证书附记栏中载明。"

② 《成都市郫都区农村宅基地"三权分置"不动产登记实施细则》(郫府发〔2020〕7号)第10条规定:"宅基地使用权及房屋所有权初次转让的,当事人须共同向区不动产登记中心申请房屋所有权及宅基地使用权的转移登记,用途不能是住宅。宅基地使用权转让期限,可由当事人根据转让后用途协商确定,最高年限不得高于同类用途的国有建设用地出让年限。"

“三权分置”,其出发点是立足于中国国情,宅基地兼具保障功能与资本功能,宅基地使用权仍归农户所有,保留其保障功能,在农户宅基地使用权上再派生出一种放活的宅基地使用权,发挥其资本功能,此种放活的宅基地使用权是一种新型的权利,它类似于承包地“三权分置”中的经营权,虽然《民法典》并未明确规定经营权是一种用益物权,但是学术界多数观点认为,应当将土地经营权定位于用益物权才具改革意义。[①] 同样的,正如将经营权定位于用益物权一样,也应把这种不具有身份属性放活的宅基地使用权定性为用益物权,如果没有成员身份限制的受让人取得的宅基地利用仍是通过租赁等方式产生的债权意义上的土地利用,则意义不大,政府也没有必要提出宅基地“三权分置”方案,没有必要把放活的宅基地使用权单列出来,在宅基地“二权分置”方案中,采取租赁农村房屋及宅基地使用权的方式,使用人就可以取得对宅基地的债权性利用。只有把放活的不具有身份属性的宅基地使用权定位于用益物权,受让人才能获得物权法上的保障,同时也有利于宅基地抵押融资功能的实现。

宅基地使用权作为一种用益物权,在该种用益物权之上再设定一个用益物权,即在一个客体上存在多个用益物权,这是否符合用益物权产生的基本法理,是否违背了一物一权原则,这是宅基地“三权分置”必须回答的法学问题。按照物权法的基本法理,宅基地使用权作为一种用益物权,是为他物权,而他物权的设立来自所有权,经设立后成为所有权的一种负担,用益物权的设立通常是所有权人与用益物权人达成合意,所有权人同意将标的物的占有、使用、收益权能转移给用益物权人,宅基地使用权的取得就是通过农民与农民集体签订合同予以设立。但是,宅基地使用权作为一种用益物权,按照用益物权法理,用益物权作为一种权利,基

---

① 参见孙宪忠:《推进农地三权分置经营模式的立法研究》,载《中国社会科学》2016 年第 7 期;崔建远:《民法分则物权编立法研究》,载《中国法学》2017 年第 2 期;丁文:《论“三权分置”中的土地经营权》,载《清华法学》2018 年第 1 期;谢鸿飞:《〈民法典〉中土地经营权的赋权逻辑与法律性质》,载《广东社会科学》2021 年第 1 期;陈小君、肖楚钢:《农村土地经营权的法律性质及其客体之辨——兼评〈民法典〉物权编的土地经营权规则》,载《中州学刊》2020 年第 12 期;席志国:《土地经营权性质的法解释论及其制度构造》,载《河南师范大学学报(哲学社会科学版)》2022 年第 6 期。

于权利自身性质就应当可处分,比如转让、抵押等,用益物权作为一种独立于所有权的物权,作为一种财产权即应具有流通性,否则会影响到物的使用效率。按照《民法典》第353条的规定,建设用地使用权人有权将建设用地使用权转让,事实上认可了用益物权具有法律上的处分权能。因此,宅基地使用权人可以对其享有的宅基地权利再行处分,设定一个子权利的次级用益物权权利负担,进而受让人取得次级用益物权。在比较法上,德国当代民法即承认次地上权,土地所有权人设定地上权后,地上权人还可通过合约方式为他人在自己支配的不动产上设立次地上权,[①]从而形成"用益物权—次级用益物权"的权利结构。这种放活的不具有身份属性的宅基地使用权渊源于农户的宅基地使用权,把它定性为次级宅基地使用权,如此以来,中央文件中提到的宅基地资格权即是设立了次级宅基地使用权后权能受限的现行法上的宅基地使用权,为了与《民法典》上农户的宅基地使用权相区分,有的将其命名为宅基地地上权,[②]有的命名为宅基地经营权,[③]笔者赞同将其命名为宅基地地上权。从法律的本质属性看,《民法典》上农村宅基地使用权制度与传统物权法上的地上权具有共通性,都包括了以设置和保有建筑物为目的而使用他人土地。而地上权的某些特征正切合了宅基地"三权分置"中放活的宅基地使用权的需要,只需将传统地上权予以稍加改造,把中央文件中提到放活的宅基地使用权命名为宅基地地上权是行得通的。

有的地方在试点宅基地"三权分置"颁证实践中,将此种放活的不具有身份属性的宅基地使用权仍然沿用《民法典》上的宅基地使用权的概念,模糊两种权利的区别,造成了两种权利概念的混乱,比如,安徽省旌德县兴隆镇三峰村在宅基地"三权分置"试点中,把非本集体经济组织成员

---

① 参见孙宪忠:《德国当代物权法》,法律出版社1997年版,第228页。

② 参见席志国:《民法典编纂视域中宅基地"三权分置"探究》,载《行政管理改革》2018年第4期。

③ 参见宋志红:《宅基地"三权分置"的法律内涵和制度设计》,载《法学评论》2018年第4期。

购买农房的买受人,确认为宅基地使用权人。① 四川省泸县在宅基地“三权分置”试点中,采取的是共建共享方式,即村民以宅基地与第三方共同建设,通过产权分割,各自享有不同楼层的房屋所有权,其中,将第三方房屋所有权下面的土地规定为集体建设用地使用权,而集体经济组织成员房屋所有权下面的土地保留宅基地使用权,②不过,该确权方式仍值商榷。宅基地“三权分置”模式下,放活的宅基地使用权与集体建设用地使用权有其共通之处,比如流通性较强,不具有身份限制,但两者还是有显著区别的。第一,从文义解释上,既然是宅基地“三权分置”,即是表明三方主体共享宅基地的权利,为何又出现了一方享有集体建设用地的权利,在逻辑上就不通;第二,第三方享有的权利产生于农户的宅基地使用权,当然不可能在作为母权的宅基地使用权上派生出作为子权的集体建设用地使用权,集体建设用地使用权一般是派生于集体土地所有权,除非村民将宅基地使用权退回给集体经济组织,集体经济组织将其作为集体建设用地再流转给第三方,但是,这已和宅基地“三权分置”不相干了;第三,两者权利内容各异,宅基地使用权原则上用于修建农户住宅,而集体建设用地使用权通常用于乡镇企业、公共设施、公益事业等非农建设。

三、宅基地“三权分置”中“三权”的立法表达

关于宅基地“三权分置”的提法,中央文件使用的是“所有权、资格权、使用权”,但不应将宅基地“三权分置”中的“三权”界定为“宅基地所有权、宅基地使用权和宅基地资格权”。中央文件的表述仅仅是指明了改革的方向,如何把政策术语转化成科学的法律术语,这正是法学界需要努力的地方。根据上面的研究,我们认为,宅基地“三权分置”中的“三权”应作以下表述。

---

① 参见《农村宅基地“三权分置”改革全面提速》,载百度网站 2018 年 6 月 26 日,https://baijiahao. baidu. com/s? id = 1604297806389866200&wfr = spider&for = pc。

② 《泸县农村宅基地共建共享暨综合开发的指导意见(试行)》(泸县府办发〔2017〕188 号)第 2 条规定:“宅基地共建共享是指:在规划和总量管控下,落实集体所有权、保障农民居住权、放活宅基地使用权,允许一户或多户农户以合法宅基地使用权独资、联合,或与社会资本结合,共享居住、商住或经营,出资方获得一定年限的集体建设用地使用权。”

(一)宅基地所有权

宅基地所有权是指农民集体对宅基地依法享有的占有、使用、收益和处分的权利。宅基地所有权归农民集体所有,它又可分解为组农民集体、村农民集体和乡(镇)农民集体所有。集体经济组织不是宅基地的所有权主体,它仅仅是代表农民集体行使所有权的组织。按照《民法典》的规定,宅基地属于三级集体所有,在宅基地"三权分置"过程中,宅基地所有权不应登记为村委会或村民小组,包括宅基地在内的集体土地的所有权主体,规范的登记应为"××乡(镇)农民集体"、"××村农民集体"或"××小组农民集体"。

(二)宅基地使用权

宅基地使用权是指集体经济组织成员对宅基地依法享有占用使用等权能,并利用它建设住宅及相关附属设施的权利。宅基地使用权具有身份属性,原则上只能在本集体经济组织内部流转,禁止城里人购买。中央文件中提到的宅基地资格权是设立了次级宅基地使用权后权能受限的现行法上的宅基地使用权,没有必要在立法中单列宅基地资格权,也不应将宅基地资格权作为宅基地"三权分置"中的一种权利并列使用,更不宜为农户颁发《宅基地资格权证书》。

(三)宅基地地上权

宅基地地上权是指在农房及宅基地使用权流转过程中,受让方以设置和保有建筑物为目的而使用农户宅基地的权利,其派生于具有成员身份的农户宅基地使用权。宅基地地上权没有身份限制,可以对外流转,其作为一种用益物权,应当登记公示。宅基地地上权,相当于中央文件中提到的放活的宅基地使用权。但是,为了区别于农户的具有成员身份属性的宅基地使用权,应将此种放活的不具有成员身份属性的宅基地权利命名为宅基地地上权。在宅基地"三权分置"中,对不具有成员身份属性的第三方通过流转取得的宅基地权利不应登记为宅基地使用权,而应登记为宅基地地上权。

四、宅基地地上权流转的制度设计

在城乡一体化背景下，基于产权平等理论，产权的权能应是完整的，产权应是可流转的。因此，城市住宅建设用地使用权与农村宅基地使用权应同等自由流转。由于现阶段宅基地仍具有社会保障功能，宅基地完全市场化并不现实，因此中央文件提出宅基地“三权分置”，其中最重要的是“适度放活宅基地和农民房屋使用权”，即通过宅基地产权某种形式的流转，从一定程度上实现宅基地产权与城市住宅建设用地使用权产权的平等。毋庸置疑，宅基地“三权分置”最重要的是“适度放活宅基地和农民房屋使用权”，这种放活的不具有身份属性的宅基地使用权，正如上文所述，我们将其命名为宅基地地上权。

(一)宅基地地上权流转的总体构想

由于宅基地还承担着住有所居的保障属性，基于中国社会现实，宅基地使用权自由流转还是不允许的。因此，宅基地“三权分置”便成为可行的选择，特别是在宅基地所有权、宅基地使用权之外新创设一种宅基地地上权，以此来实现宅基地的资本功能。

在不对外流转的情形下，宅基地上仅有两权，分别是宅基地所有权和宅基地使用权，在对外流转的情况下，宅基地上存在“三权”，分别是宅基地所有权、宅基地使用权及宅基地地上权。为了防止炒地皮现象的发生，我们认为，农户在取得宅基地使用权后，不允许其不修建房屋再行将空宅基地使用权对外转让。因此，宅基地“三权分置”针对的是农户已建有房屋，因房屋的流转而产生的宅基地权利分置。中央文件提的是“完善农民闲置宅基地和闲置农房政策、适度放活宅基地和农民房屋使用权”也表明了这个意思，而且中央文件也强调，不准违法违规交易宅基地，实行最严格的土地用途管控，严禁利用农村宅基地建设别墅大院和私人会馆。

参照承包地“三权分置”放活土地经营权的做法，即土地经营权没有身份限制，可以上市流转，但根据《农村土地承包法》第 38 条规定，土地经营权流转期限受承包期限限制，当经营权流转失败后，继受取得经营权的权利人在权利行使过程中要受到剩余承包期限的限制，待经营权届满后,农户以其成员权资格或者承包权重新获得经营权,至此农户取得完整的承包经营权。同样的在宅基地“三权分置”中,不具有身份属性的次级宅基地使用权(宅基地地上权)派生于具有身份属性的宅基地使用权,将现行法上具有身份属性的宅基地使用权确定为有期限,流转出去的不具有身份属性的次级宅基地使用权(宅基地地上权)期限同样受制于剩余的具有身份属性的宅基地使用权期限限制。当不具有身份属性的次级宅基地使用权(宅基地地上权)到期后,不具有身份属性的次级宅基地使用权(宅基地地上权)自动回归到农户,如果因农房抵押、担保而未按时还款的,则不具有身份属性的次级宅基地使用权(宅基地地上权)流转于他人,待不具有身份属性的次级宅基地使用权(宅基地地上权)期限届满后,农户以其宅基地使用权人的身份重新获得流转出去的不具有身份属性的次级宅基地使用权(宅基地地上权),从而取得完整的宅基地使用权。

(二)宅基地地上权流转的基本原则

一是农村房屋流转后,农户的宅基地使用权并没有消失,仅仅是受到宅基地地上权人的约束与限制;二是农村房屋流转后,并不改变农户集体经济组织成员身份,非本集体经济组织成员的受让方不享有集体经济组织成员的相关权利,农村房屋流转规制的是财产权,集体经济组织成员属于身份权,不存在相互替代关系;三是农村房屋流转应当办理不动产登记,遵照不动产物权变动的公示公信原则,当事人应在当地不动产登记机构办理相应的不动产登记,以保护当事人的合法权益。

《成都市郫都区农村住房及宅基地使用权流转管理暂行办法》(郫府函〔2018〕142 号)相关规定也体现上述原则,[①]但是该办法第 12 条规定有待商榷,第 12 条规定,“农村住房及其宅基地使用权流转经房屋产权人户

① 《成都市郫都区农村住房及宅基地使用权流转管理暂行办法》(郫府函〔2018〕142 号)第 6 条规定:“农村住房及其宅基地使用权流转后不改变其集体土地所有权性质,不改变农户集体经济组织成员身份。”第 8 条规定:“农村住房及其宅基地使用权流转后,非本集体经济组织成员的受让人不享有集体经济组织成员的相关权利,但须尊重当地风俗习惯,并承担相应的公共义务。”第 19 条规定:“为保障受让人的权益,农村住房及其宅基地使用权在转让后,转让双方须持相关资料到区不动产登记中心办理转移登记。”

口簿上登记的全部家庭成员书面同意后方可流转。户内限制民事行为能力和无民事行为能力的家庭成员,依法由其监护人代为行使相应权利”,要求的是须“经房屋产权人户口簿上登记的全部家庭成员书面同意后方可流转”。而按照《民法典》的规定,[①]不动产登记簿记载的权利人即可处分,而受让人只需与不动产登记簿记载的权利人签订协议即可,因此该办法第 12 条规定内容与《民法典》的相关规定似有冲突。[②]

(三)宅基地地上权流转的具体方式

1. 转让

农村房屋转让,是指农村房屋所有权人通过买卖、赠与或者其他合法方式将其房地权利在一定期限内转移给受让人的行为。受让人取得宅基地“三权分置”中的宅基地地上权,基于该宅基地地上权,受让人取得农村房屋的所有权。那么,这里的一定期限是指多久的时间呢?按照前文的论述,将农户的宅基地使用权确定为 70 年,自批准开始起算,那么这里的一定期限应是 70 年减去农户已使用的宅基地期限后剩余的期限,在此期限内,农户对农房及宅基地的权利受到宅基地地上权人的约束,待此期限届满,农户基于宅基地使用权人身份重新恢复对宅基地使用权的圆满支配。同时,一如上文所述,农村房屋上市交易,应当实行宅基地有偿使用,农户应当向农民集体缴纳宅基地有偿使用收益金,根据农户宅基地使用权面积,参照所在区域宅基地基准地价及宅基地有偿使用年限,综合计算出宅基地有偿使用收益金。

《成都市郫都区农村住房及宅基地使用权流转管理暂行办法》(郫府函〔2018〕142 号)第 15 条规定:“农村住房及其宅基地使用权的转让期限为 30 年。农村住房及其宅基地使用权转让,农户须向宅基地的所有权人

---

① 按照《民法典》第 216 条和第 217 条的规定,物权的归属和内容以不动产登记簿记载为准。

② 《成都市郫都区农村住房及宅基地使用权流转管理暂行办法》第 12 条如此规定,可能与农村房屋登记记载不全面有关,房屋权属证书上仅登记了户主,或许还有配偶,但农村宅基地分配以户为单位,该户内的全部家庭成员都享有宅基地使用权,按照房地一致原则,该户内的全部家庭成员也应享有地上房屋的所有权。

一次性缴纳30年的宅基地有偿使用收益金,每年每平方米的具体标准参照所在区域宅基地基准地价的1%缴纳。具体计算公式如下:宅基地有偿使用收益金=宅基地使用面积×宅基地基准地价×1%×30。"我们认为,不用强行规定宅基地使用权的转让期限为30年,应当由当事人双方自行约定,只要在宅基地使用权剩余期限内即可,而且,转让的农村住房具有所有权,是没有期限限制的。

《成都市郫都区农村住房及宅基地使用权流转管理暂行办法》(郫府函〔2018〕142号)第14条规定:"为审慎稳妥探索宅基地使用权转让试点工作,郫都区农村住房及其宅基地使用权转让范围限定为:本办法清单所列的城镇规划区范围外已建成的农村村民集中居住区域农村住房。"即农村房屋的转让限定为已建成的农村村民集中居住区域农村住房。我们认为这是值得肯定的,在宅基地"三权分置"模式下,农户转让农房后,并不丧失其宅基地使用权,但是在转让期限内,作为受让方的宅基地地上权人必然对农户的宅基地使用权进行了约束与限制,在农房转让后,农村房屋由受让方控制、占有及利用,农户虽然取得了农房转让的对价,但事实上在转让期限内失去了对农村房屋的占有及利用等权利,如此一来,农户"住有所居"的住房保障就存在问题。而在农民集中居住区,农户一般都有多套房屋,即便因为宅基地"三权分置"转让一套,仍有其他房屋作为保障,风险可控。

《成都市郫都区农村宅基地"三权分置"不动产登记实施细则》(郫府发〔2020〕7号)第11条规定:"申请宅基地使用权及房屋所有权初次转移登记的,应当提交下列材料:(一)申请人身份证明;(二)宅基地使用权、房屋所有权等不动产权属证书;(三)农村宅基地使用权及房屋所有权流转申请及审查表;(四)转让协议;(五)原宅基地使用权人有其他长期稳定居住场所的证明材料;(六)本集体经济组织成员的村民会议三分之二以上成员或者三分之二以上村民代表同意转让的材料;(七)转让人已足额缴纳宅基地有偿使用收益金,受让人已足额缴纳收益调节金的材料;(八)其他必要材料。"该条规定与前文所述文件不同的地方有,增加了"第(六)"条同意转让的证明材料,这条规定值得商榷。农户转让自己拥有所有权的住房时需经成员或是村民代表同意，但农民对自己房屋有处分权，这也与宅基地“三权分置”放活宅基地权利的改革精神有所偏离，而且在实务操作层面也会增加农户转让房屋所有权的难度。

2. 抵押

农村房屋抵押，是指农村房屋所有权人以其合法的农村房屋所有权及所占宅基地使用权向抵押权人提供债务履约担保，当债务人违约不履行债务时，抵押权人有权对抵押的农村房屋所有权及所占宅基地使用权拍卖所得的价款优先受偿。需强调的是，农村房屋抵押时，抵押的是农村房屋所有权及房屋下面的宅基地使用权，并不是抵押的宅基地地上权，此时，不存在宅基地“三权分置”的情形，只有当抵押失败，涉及农村房屋对外转让时，才产生宅基地“三权分置”，不具有集体经济组织成员身份的受让人基于宅基地“三权分置”中的宅基地地上权取得农村房屋的所有权，同样的，由于宅基地地上权期限受制于剩余的具有身份属性的宅基地使用权期限限制，受让人只能在该剩余的宅基地使用权期限内取得对农村房屋所有权的利用，该期限届满，农户基于宅基地使用权身份收回农村房屋及其宅基地使用权。

根据《成都市郫都区农村住房及宅基地使用权流转管理暂行办法》（郫府函〔2018〕142 号）第 28 条的规定，[①]抵押到期后，实现抵押权的方式有协商处置和司法处置。实际上，关于抵押物的处置方式只有三种：协议、拍卖及变卖。《民法典》第 410 条规定：“……抵押权人可以与抵押人协议以抵押财产折价或者以拍卖、变卖该抵押财产所得的价款优先受偿。……”

---

① 《成都市郫都区农村住房及宅基地使用权流转管理暂行办法》（郫府函〔2018〕142 号）第 28 条规定：“抵押到期后，债务人和农户均不能按期偿还债务的，可以通过以下方式实现抵押权：（一）协商处置方式。1. 农户自行处置抵押物变现后偿还债务。2. 由抵押权人以拍卖方式处置抵押物变现后偿还债务。3. 以向集体经济组织转让债权的方式偿还债务。鼓励集体经济组织向抵押权人购买抵押物，偿还抵押贷款到期未获清偿的债权，然后以集体经营性建设用地入市或调整入市方式盘活农村抵押物不良资产。（二）司法程序处置方式。当农村住房及所占宅基地使用权抵押贷款到期未获清偿，借贷双方不能就处置抵押物以清偿债权事宜达成一致意见的，抵押权人可依法向人民法院起诉，向债务人和抵押人主张债权及相应的抵押权；法院处置时须符合郫都区宅基地使用权转让相关规定，本村集体经济组织回购该农村住房及所占宅基地使用权用于宅基地再分配的，享有优先购买权。”

《成都市郫都区农村住房及宅基地使用权流转管理暂行办法》(郫府函〔2018〕142 号)第 29 条规定:“对法院作出的农村住房及所占宅基地使用权转移登记民事裁定书和协助执行通知书,不动产登记管理部门应当办理不动产权转移登记手续。涉及宅基地使用权转让的,应当按照本办法第十五条规定,由宅基地受让人缴纳土地有偿使用收益金。”此条仅仅是表明根据法院的文书实现抵押权,即通过法院拍卖的方式,转让农村房屋所有权及宅基地使用权,但是,除了上文所述,抵押权实现方式除法院拍卖外,还有协议及变卖两种情形,即使没有法院的文书,在宅基地“三权分置”情形下,登记机构仍应为不具有集体经济组织成员身份的受让人办理农村房屋所有权的转移登记。该条后面还规定了“涉及宅基地使用权转让的,由宅基地受让人缴纳土地有偿使用收益金”。

《成都市郫都区农村宅基地“三权分置”不动产登记实施细则》(郫府发〔2020〕7 号)第 15 条和第 16 条区分了未转让宅基地使用权及房屋所有权和已转让宅基地使用权及房屋所有权情形下办理抵押登记的情况:未转让宅基地使用权及房屋所有权时,产权人办理农房抵押时,需原宅基地使用权人提供有其他长期稳定居住场所的证明材料;已转让宅基地使用权及房屋所有权时,产权人是通过“三权分置”流转取得的社会主体,其办理抵押时,无须提供有其他长期稳定居住场所的证明材料。

但是,《成都市郫都区农村住房及宅基地使用权流转管理暂行办法》(郫府函〔2018〕142 号)“第三节抵押”中的内容以及《成都市郫都区农村宅基地“三权分置”不动产登记实施细则》(郫府发〔2020〕7 号)中的抵押内容,忽略了一个问题,即抵押物的受让人只能在农户剩余的宅基地使用权期限内取得对农村房屋所有权的利用,该期限届满,农户基于宅基地使用权身份仍会收回农村房屋及其宅基地使用权。

3. 出租

《成都市郫都区农村住房及宅基地使用权流转管理暂行办法》(郫府函〔2018〕142 号)还规定了宅基地使用权及农村房屋出租方面的内容,应当说,该方面的内容与宅基地“三权分置”没有关系,在现有宅基地“两权分置”情形下,农村房屋也是可以对外出租的,承租户取得对农村房屋及宅基地债权性利用,此时承租户受《民法典》的保护。而宅基地“三权分置”解决的是:在农村房屋对外流转的情形下,不具有集体经济组织成员身份的受让方取得对农村房屋及宅基地的物权性利用。而农村房屋的出租,承租人的租赁权是一种债权,虽然租赁权有物权化倾向,但本质上仍是一种债权。

(四)宅基地地上权流转管理

宅基地“三权分置”作为一个新生事物,在现有的法律体系还未有明确的法律依据,目前各地也仅仅在试点,全国还未有成熟通行的模式,要从事前、事中及事后三方面加强对宅基地地上权流转的管理。

1. 事前管理

申请流转的农村房屋及宅基地使用权,应当权属清晰,拥有证书。《成都市郫都区农村住房及宅基地使用权流转管理暂行办法》(郫府函〔2018〕142号)第10条规定:“流转的农村住房及其宅基地使用权必须为原农村集体经济组织成员依法取得的,权属清晰无争议,并已取得房屋所有权证书、宅基地使用权权属证书或不动产权证书。”

2. 事中管理

办理农村房屋及宅基地使用权流转时,应当经宅基地所有权人同意,同时,农户应有其他稳定居所。《成都市郫都区农村住房及宅基地使用权流转管理暂行办法》(郫府函〔2018〕142号)第30条规定,“农村住房及所占宅基地使用权流转办理程序:农户有其他长期稳定居住场所的相关证明申请转让的,由宅基地的所有权人初审出具书面意见并报街道办同意后,转报区国土资源局牵头审核备案,并出具备案通知书后方可转让”。

3. 事后管理

农村房屋及宅基地使用权流转给非本集体经济组织成员后,受让方能否改扩建或是作经营性用途呢?我们认为,原则上不允许改扩建,若需改扩建的,应当经政府审批同意后实施。[①] 对于宅基地上能否作经营性

---

① 《成都市郫都区农村住房及宅基地使用权流转管理暂行办法》(郫府函〔2018〕142号)第7条规定:“农村住房及其宅基地使用权流转后,受让人不得擅自改建、重建、扩建房屋及建(构)筑物。”

用途呢,我们认为,宅基地"三权分置"就是为了振兴乡村,而乡村振兴,产业振兴是关键,要在农民闲置住房上大力发展民宿、养老、旅游、教育及文化等产业,因此,必须突破对现有宅基地的用途管制。2018 年 1 月 17 日召开的国务院常务会议曾提出,允许利用宅基地建设生产用房创办小型加工项目,实际上已突破了对现有宅基地用途管制。在乡村振兴战略背景下,应当允许流转后的宅基地用于经营性用途,但也应当符合相关规划要求,并经相关部门同意后实施。《成都市郫都区农村住房及宅基地使用权流转管理暂行办法》(郫府函〔2018〕142 号)第 39 条规定,"流转后的农村住房,在符合村庄规划的前提下,用于发展民宿产业或其他相关产业的,经相关部门审查同意后可按相关程序实施"。

五、推进宅基地"三权分置"的建议

(一)明确"三权"

目前,一些地方比如成都市郫都区仅仅是出台了宅基地"三权分置"的政策文件,还未真正落实到实践,虽然全国已有很多地方在试点宅基地"三权分置",但是根据我们的研究,这些地方颁发的宅基地"三权分置"证书还是值得商榷的。在推进宅基地"三权分置"改革试点过程中,必须要明确是哪"三权",根据本论文的研究可知,宅基地"三权分置"中的"三权"是指宅基地所有权、农户的宅基地使用权及社会主体的宅基地地上权。

宅基地所有权,应确定为农民集体所有,而非农村集体经济组织,它又可分解为村农民集体、村内两个以上农村集体经济组织的农民集体(即组农民集体)和乡(镇)农民集体所有。在宅基地"三权分置"过程中,宅基地的所有权主体规范的登记应为"××乡(镇)农民集体"、"××村农民集体"或"××小组农民集体"。

宅基地使用权,中央文件中的宅基地资格权应理解为《民法典》上的创设了次级宅基地使用权后受到限制的现行法上的宅基地使用权。在立法中,没有必要单列宅基地资格权,不应将宅基地资格权作为宅基地"三权分置"中的一种权利并列使用,也不宜为农户颁发宅基地资格权证书,其取得、行使和转让适用《民法典》《土地管理法》等法律和国家有关规定。

宅基地地上权,相当于中央文件中“适度放活的宅基地使用权”,此种权利没有身份限制,可以对外流转,它作为一种新型的用益物权,派生于同样作为用益物权的农户的宅基地使用权。宅基地地上权应当进行登记公示,取得宅基地地上权的受让人受物权制度的保护。

(二)规范流转

宅基地“三权分置”,最重要的是适度放活的宅基地使用权的制度设计,为了与农户的宅基地使用权相区分,我们将这种没有身份限制放活的宅基地使用权确定为宅基地地上权。宅基地地上权源自农民的宅基地使用权,要放活宅基地地上权,必须先解决现行宅基地使用权的期限和有偿使用两个问题。在城乡建设用地一体化背景下,参照国有建设用地使用权 70 年期限的规定,宅基地使用权也可实行 70 年期限,使用权到期的,也可实行自动续期。同时,宅基地使用权作为一种福利性的制度设计,在广大农村仍然承担着住房保障的功能,针对初次取得宅基地使用权的,仍可实行无偿取得,但在适度放活宅基地使用权过程中,应当配套实行宅基地的有偿使用。

在农户不流转时,宅基地上仅有所有权和使用权,在农房对外流转时,宅基地上分置为“三权”,分别为宅基地所有权、宅基地使用权和宅基地地上权。宅基地地上权派生于具有身份属性的宅基地使用权,将现行法上具有身份属性的宅基地使用权确定为 70 年期限,宅基地地上权期限受制于剩余的具有身份属性的宅基地使用权期限限制,宅基地地上权到期后,农户以其宅基地使用权人的身份重新获得流转出去的宅基地地上权,如此一来,农户对宅基地使用权的支配又恢复到完整状态。在宅基地地上权流转过程中,农户需向农民集体缴纳宅基地有偿使用收益金,缴纳金额根据农户宅基地使用权面积,参照所在区域宅基地基准地价及宅基地有偿使用年限,综合计算得出。宅基地地上权流转主要针对农房转让和抵押两种方式,租赁可以不用规定。

(三)加强管理

在试点宅基地“三权分置”中,要加强监管。要加强宅基地规划管理,按照新农村建设要求,逐步禁止零星建房行为,适时推进农民住宅建设向中心村及小城镇聚集。根据社会经济发展水平,对农村居民点数量和用地规模进行合理预测,制定和完善乡(镇)土地利用总体规划和村庄建设规划,严格控制宅基地数量规模,合理布局农村居民点,防止村庄建设盲目扩张,通过村庄规划,使城乡存量建设用地得到合理安排、统筹兼顾、优化利用。

宅基地“三权分置”的农房应当权属清晰,拥有证书,在办理农村房屋及宅基地使用权流转时,应当经宅基地所有权人同意,为了控制风险,应当要求农户有其他稳定居所,并在条件好的农民集中居住区开展试点。农村房屋及宅基地使用权流转给非本集体经济组织成员后,受让方原则上不允许改扩建,若需改扩建的,应当经政府审批同意后实施。基于乡村振兴和发展产业的需要,要适度放宽宅基地用途管制,允许放活不具有身份属性的宅基地用于经营性用途,使农民闲置住房成为发展乡村振兴的强力载体,在农民闲置住房上大力发展民宿、养老、旅游、教育及文化等产业。

小　结

本章主要从微观层面研究了改革实验区成都市先后两个阶段(2008—2011 年,2018—2020 年)在宅基地管理制度及产权制度方面的一些具体做法。第一阶段:在公法管理方面,成都通过加强城乡规划、农民集中、确权颁证、宅基地退出、建设用地指标流转等方式,让城市资本反哺农村,农民分享土地的级差收益。这也是全国早已实行的做法,不过成都市在此方面力度颇大,但是集中居住利弊并存,需辩证对待,不宜强行要求,要尊重农民意愿并与当地经济发展水平相适应。在宅基地产权方面,成都市的做法重在发挥其应有的私法属性,体现其资本功能,比如联建、租赁、抵押、买卖等,同时通过户籍制度改革、农村住房保障体系等配套制度建设,逐步取消了基于公法目的对宅基地使用权流转的限制。因此,成都市在宅基地制度的公法与私法方面改革的特点可归纳为,公法方面管住规划,推进集中,私法方面放开产权,上市流转。成都前期通过宅基地转化为集体建设用地的方式流转,后期则直接推动农房上市流转,并取消经集体经济组织的同意和利益分配,明显带有激进式制度变迁的特点。成都市之所以这样做,一方面是其进行了相应的配套制度改革,以替换宅基地的保障功能,另一方面是其作为改革实验区具有先行先试的权利。成都市作为大城市带动农村在推进城乡统筹方面本身具有代表性,但对于其一些具体做法是否具有普遍性而适用于其他地区还需考量。第二阶段:通过宅基地“三权分置”产权制度改革,平衡宅基地的保障功能与资本功能,但在宅基地“三权分置”的制度设计上,仍沿用了中央文件的政策术语,并未从法理层面予以探究对待。现有土地利用是“土地所有权—土地使用权”,“三权分置”下的土地利用为“土地所有权—土地使用权—次级土地使用权”,如何形成逻辑自洽的“三权分置”法权方案,并予以妥当安排,包括成都市在内的其他改革试验区未见成熟方案。

第七章　宅基地使用权分层设立:公法与私法平衡的制度设计

第一节　宅基地使用权制度建构目标

宅基地使用权兼具私法与公法的混合,基于私法,应体现其一定的流通性和财产性,基于公法,应服从于政府的管制,宅基地使用权的公私法交错也使宅基地制度的设计变得困难。

自党的十一届三中全会以来,中国走的是一条循序渐进的改革之路,并取得了巨大成功。立足于现有国情,宅基地使用权自由流转肯定不会被认可,禁止流转说考虑到了中国农村现实的一面,即当前宅基地主要承担了社会保障功能,但忽视了宅基地作为土地应有的财产属性。限制流转说坚持有条件的流转,条件具备即流转,不具备即不流转,但其提出的条件现在大多不具备,实质上也可归入禁止流转说。各种流转学说争论焦点的实质在于当前农村社会保障还不健全的情况下,宅基地使用权是否可以市场化。客观地讲,在当前中国农村,宅基地确实承担了社会保障的功能,如果完全放开宅基地使用权流转,有可能造成失地农民的社会问题。农村社会保障体系仍有待健全,而一直让宅基地承担社会保障之责,忽视其资本功能显然也不是明智之举,如果能找到一种方式,既能让宅基地继续承担社会保障功能,同时又赋予宅基地以资本功能,无疑是最好的选择。因此,宅基地使用权的制度重构在于公法(保障功能)与私法(资本功能)设计上的平衡。[①] 宅基地"三权分置"方案的提出也意在平衡宅基地的保障功能与资本功能,但宅基地"三权分置"还处于政策术语阶段,在现行法上还没有依据,《土地管理法》及《民法典》对此也都未作规定。实际上,在宅基地"二权分置"情形下,基于土地空间权理论以及《民法典》有关建设用地使用权分层设立的规定,通过宅基地使用权分层设立也可从一定程度实现宅基地的保障功能与资本功能,从而实现公法与私法平衡的宅基地使用权制度设计。

第二节　土地空间权与宅基地使用权的分层设立

一、空间权:土地产权发展之新动向

一如上文所述,在法制史上,存在罗马法上的土地所有权和日耳曼法上的土地所有权两种对后世影响很大的土地制度,其中,罗马法上的土地所有权制度从维护个人土地绝对私有出发,以"所有"为中心,带有强烈的个人主义色彩,强调土地物权的"归属",而日耳曼法上的土地所有权制度从维护成员间构成的团体利益出发,以"使用"为中心,带有强烈的团体主义和封建法色彩,强调土地物权的"利用"。在自由资本主义时期,随着罗马法的复兴,近代各国大多继受了罗马法上的个人土地绝对观念,强调私人土地所有权神圣不可侵犯,个人行使土地权利的绝对自由。进入垄断资本主义阶段后,基于强调私的土地所有权绝对性

① 笔者在前几章中从现有立法规定入手,区分了现行法虽然禁止宅基地使用权单独流转,但并未禁止宅基地上的房屋流转,并进而考察了立法上的房地一体交易主要适用于国有土地及其上房屋,通过引入租赁权制度,重构了农房交易时房地异主问题,规避了宅基地使用权具有身份限制不得上市交易的限制性规定。不过,此种制度创新是从现有的制度规定入手通过逻辑演绎的结果,并没有进行价值判断,至于此制度创新是不是本应当如此,则另当别论。从实然层面分析,租赁权制度的引入虽然推动了农房上市,但不可避免地使农民失去对宅基地的使用,从政府坚守宅基地仍承担保障功能角度出发,立法是否采纳此一制度还有待进一步考量。

的种种弊端，日耳曼法上强调团体利益、重利用的社会土地所有权观念重又抬头，各国相继规定了禁止权利滥用等原则。现代社会，既强调个人行使土地权利的自由，同时又兼顾社会的公共利益，于是个人与社会相协调的土地所有权观念得以确立。

随着个人私的土地所有权，到社会的土地所有权，再到个人与社会相协调土地所有权观念的转变，土地利用及其立法也发生了从“平面的土地立法”向“立体的土地立法”的显著变化。在罗马法中，土地所有权的范围“上穷天寰，下及地心”，土地所有权具有绝对性。受此影响，大陆法系各国的民法典也承认土地所有权人享有地表及其上下垂直空间，但是随着社会的发展，人口的增加，社会对城市土地资源的需求日益增加，城市土地资源的供给日益紧张，而土地的立体利用可以弥补土地平行利用造成土地资源稀缺的不足。另外，现代社会建筑日益多样化，高架桥、地下商场、地下车库层出不穷，技术上已能实现对空间的有效利用，地上或地下空间具有极大的经济价值。于是如何协调罗马法以降的土地所有权绝对理论和社会发展对土地上下空间利用需求之间的矛盾摆在了人们的面前，土地空间权及其立法应运而生。

1927 年，美国的伊利诺伊州制定了美国历史上第一部关于空间权的成文法——《关于铁路上空的让与和租赁的法律》；1962 年，美国联邦住宅局制定了《国家住宅法》，该法的规定使抵押权的客体囊括了空间权；1973 年，美国俄克拉荷马州制定了《俄克拉荷马州空间法》，按照该法规定，空间是一种不动产，其与一般不动产一样，应成为所有、让与、租赁、担保、继承的客体。此后，大陆法系的德国、瑞士、日本在立法上都引入了土地空间权概念。比如日本在 1966 年修改民法典时，对空间权即以“区分地上权”加以立法化，“区分地上权”又称“空间地上权”或“分层地上权”。①

土地空间权的引入造成了对传统物权法一物一权原则的冲击，按照传统物权法一物一权原则，一个标的物上只能成立一个所有权，而空间权

① 陈华彬：《民法典与民法物权》，法律出版社 2009 年版，第 296～300 页。

概念引入后，一块土地之上可以成立数个所有权，表面上这似与一物一权原则相违背，实际上这关涉对何为“一物”的理解。一物应当进行怎样的划分，一是取决于社会观念的判断，二是取决于不动产登记技术的支撑。如果空间具有独立价值，并可以排他登记以彰显其独立的物权，那么，空间所有权就不违背一物一权原则。[①] 依据空间所处位置的不同，空间权可分为地表之上空间权（空中权）和地表之下的空间权（地中权）；依据空间权利性质的不同，空间权可分为空间所有权和空间利用权，空间所有权一般无期限，而空间利用权诸如空间用益物权一般有期限，空间利用权又可分为物权性空间利用权和债权性空间利用权，其中物权性空间利用权包括空间地上权和空间役权，债权性空间利用权包括空间租赁权和空间借贷权。就我国而言，由于土地属于国家和集体所有，私人不能拥有土地所有权，因而也不存在私人空间权，但是国家、集体及个人都存在空间利用权。因此，在我国，空间权主要就是指空间利用权。

二、我国关于土地空间权的规定

关于物权性的空间利用权特别是空间地上权是否是物权法中一种新型的用益物权，学者间存有争议，一种观点认为其并非物权法体系中新的用益物权类型，而仅仅是对一定空间上设定的各种物权的总称，[②] 立法中不必专门对其规定，只需在不同的用益物权中体现即可，可将其分解为空间基地使用权、空间农地使用权及空间邻地利用权；[③] 另一种观点认为，空间权是一种独立的用益物权，空间权可以与建设用地使用权相分离而设立，且可以通过登记予以公示，空间权并不必然依附于土地，可以成为独立的权利客体，承认空间权为独立物权，有利于明确空间权归属。[④] 大陆法系各国大都将空间权规定于地上权之中，并未与地

---

① 参见陈祥健：《空间地上权研究》，法律出版社2009年版，第32页。

② 参见梁慧星主编：《中国物权法研究》（下），法律出版社1998年版，第591页。

③ 参见中国物权法研究课题组负责人梁慧星主编：《中国物权法草案建议稿附理由》（第2版），社会科学文献出版社2007年版，第395、448、484页。

④ 参见王利明：《物权法研究》（第4版，下卷），中国人民大学出版社2018年版，第139～142页。

上权分离,[①]按我国原《物权法》第 136 条的规定,[②]建设用地使用权可以在土地的地表、地上或者地下分别设立,即土地所有权人可在地表、地上或地下为不同的权利主体设立建设用地使用权,不同的权利主体可基于各自的权利范围建造建筑物、构筑物及其附属设施。"在我国,城市土地属于国家,农村土地属于集体,国家和集体相应拥有城市土地和集体土地上下空间的所有权,当事人只能通过设定建设用地使用权等用益物权的方式取得对土地以及上下空间的使用……在分层出让建设用地使用权时,处于不同位阶的权利人按照相同的规定取得土地使用权,他们在法律上的权利和义务皆相同,仅仅是使用权占用的空间范围有别,因此,通过建设用地使用权的分层设立完全可以解决不同位阶的土地空间利用问题,《物权法》没有引入空间权的概念。"[③]可见,我国原《物权法》最终规定的是大陆法系国家传统地上权立法模式,[④]并未单列空间权,把地表之上空间权(空中权)和地表之下的空间权(地中权)都统一纳入建设用地使用权之中。但为了与地表建设用地使用权相区分,一般将地下和地上的空间利用权统称为空间建设用地使用权。正如学者所言,如果将空间权专设章节单独规定,使之与其他土地使用权相并列,这与用益物权根据用益目的的不同而分类规范的体例不相吻合,将空间权统一纳入建设用地使用权之中,既维持了既有的用益物权体系,也满足了现代社会经济发展对空间利用的需要。[⑤] 我国《民法典》实施后,仍然保留了原《物权法》的上述规定,仅仅

---

① 例如《日本民法典》第 269 条第 2 款规定:"地下或空间,以对工作物的所有为目的确定上下范围后,可以作为地上权的标的。此时,可以通过设定行为,为地上权的行使对该项土地的使用加以限制。"

② 我国原《物权法》第 136 条规定:"建设用地使用权可以在土地的地表、地上或者地下分别设立。新设立的建设用地使用权,不得损害已设立的用益物权。"

③ 胡康生主编:《中华人民共和国物权法释义》,法律出版社 2007 年版,第 309 ~ 310 页。

④ 大陆法系各国大都将空间权规定于地上权之中,并未与地上权分离,比如《日本民法典》第 269 条第 2 款规定:"地下或空间,以对工作物的所有为目的确定上下范围后,可以作为地上权的标的。此时,可以通过设定行为,为地上权的行使对该项土地的使用加以限制。"

⑤ 参见朱岩、高圣平、陈鑫:《中国物权法评注》,北京大学出版社 2007 年版,第 472 页。

在文字表述上有所调整,并增加了环保生态等方面的要求。[①] 事实上,现《民法典》中所列的国家土地所有权、集体土地所有权、土地承包经营权、建设用地使用权、宅基地使用权、地役权等不动产权利概念中,都可纳入空间权的概念。

在原《物权法》出台之前,我国就有空间权的规定,例如原国家土地管理局 1995 年公布的《确定土地所有权和使用权的若干规定》规定,"地面与空中、地面与地下立体交叉使用土地的,土地使用权确定给地面使用者,空中和地下可确定为他项权利",原建设部 1997 年颁发的《城市地下空间开发利用管理规定》也规定了"地下工程应本着'谁投资、谁所有、谁受益、谁维护'的原则,允许建设单位对其投资建设开发的地下工程自营或依法进行转让、租赁"。原国土资源部 2000 年针对广东省原国土资源厅《关于地下建筑物土地确权登记发证问题的请示》给其《关于地下建筑物土地确权登记发证有关问题的复函》,该复函指出,离开地面一定深度单独建造,不能与地上建筑物连为一体的地下建筑物,其土地权利可确定为土地使用权(地下),土地使用权(地下)在不违反地下建筑物规定的用途、使用条件下的前提下,可以对其进行出租、转让和抵押。城市中,由于空间分层利用的情形日益增多,最近几年,很多地方都以规范性文件的形式进行了规定。[②]

三、建设用地使用权分层设立与宅基地使用权分层设立

一如上文所述,《民法典》并未单列空间权,而是将其纳入建设用地使用权之中。显然该规定是针对国有土地使用权而言,《民法典》对有关宅基地使用权并未作此规定,按现行《土地管理法》一户一宅和宅基地面积控制规定,实际上对宅基地的利用只限定在土地的表面,对于宅

---

① 《民法典》第 345 条规定,"建设用地使用权可以在土地的地表、地上或者地下分别设立";第 346 条规定:"设立建设用地使用权,应当符合节约资源、保护生态环境的要求,遵守法律、行政法规关于土地用途的规定,不得损害已经设立的用益物权。"

② 例如 2020 年江苏省政府办公厅《关于加强城市地下空间开发利用的指导意见》(苏政办发〔2020〕58 号),2021 年深圳市《地下空间开发利用管理办法》(深圳市人民政府令第 337 号),等等。

基地地表之上或地下的空间并未涉及。农村宅基地只注重平面利用,其纵向立体利用的价值并未引起人们的重视,宅基地地表上下空间的经济价值并未得到体现。

只要是土地,无论是国有土地还是集体土地,都存在土地的空间利用问题,仅仅是国有土地与集体土地上下空间利用有强弱之分而已,集体土地(包括建设用地,耕地和未利用地)也存在空间利用问题,①正如上述原因,一些学者才把空间权分解为不同的权利类型,归入到空间基地使用权、空间农地使用权及空间邻地利用权等。从国有土地使用权可分层设立的思路出发,笔者认为农村宅基地使用权也可分层设立,理由如下:

第一,从自然属性来看,国有建设用地与农村宅基地并无本质区别,都包括土地的地表、地上或者地下,国有建设用地使用权分层设立在技术能够实现,农村宅基地使用权分层设立同样在技术上可以做到。

第二,从经济属性来看,随着社会经济的发展,对土地的刚性需求只会增加,基于我国人多地少的国情,土地始终是一个稀缺资源,平面利用土地在达到一定极限后,总会向立体利用土地发展,特别是在城市,国有建设用地的地上或地下空间的经济价值日益凸显。同样,随着农村经济的发展,农村宅基地的平面利用受限后,也会向着纵向利用发展,宅基地的地上或地下空间的经济价值也会逐渐显现。

第三,从法律属性来看,建设用地使用权的标的在《民法典》中特指国有土地,而宅基地使用权的标的为集体土地,两种土地有所区分,但这仅是一种人为的二元划分。从法律的本质属性来看,国有建设用地和农村宅基地实质上都属于建设用地,本质上都属于传统物权法中的地上权,即利用他人土地修建建筑物的权利。虽然在我国国有建设用地和农村宅基地行使的规则有所区别,但二者内容也有一致性,国有建

---

① 参见李威:《空间利用权:土地分层与空间分层的立体利用》,载《中国社会科学院研究生院学报》2014 年第 4 期。

设用地使用权人和宅基地使用权人都有权在土地上修建住宅及其附属设施。既然国有建设用地使用权可以在地表、地上及地下分别设立,不同的权利主体可基于其各自的空间权利范围建造住宅及其附属设施,那么宅基地使用权通过分层设立的方式,不同的权利人根据各自的空间范围也可修建住宅及其附属设施。至少,从保守角度来看,本集体经济组织的成员可通过宅基地使用权分层设立的方式取得地表上下的空间宅基地使用权。

第四,从客观现实来看,随着城市的扩展,在城乡接合部宅基地的上方也偶见建筑物等形态,宅基地的下方也出现了对地下空间的利用,这些都需要通过土地使用权的分层设立来予以解决,特别是随着农村经济的发展以及城里人向往田园生活的需要,宅基地的地上空间价值逐渐显现,在一些风景区,城里人利用农民宅基地上的平房再往上搭建一层用于自住的情形已不在少数。①

第三节　宅基地使用权分层设立的制度构建

一、宅基地使用权分层设立的物权变动

(一)取得

一如上文所述,宅基地使用权作为一种用益他物权,依据他物权取得的原理,作为他物权的宅基地使用权的取得是通过农民与农民集体签订契约予以设立。不过在把空间权引入宅基地使用权后,同时考虑宅基地仍承担着保障的功能,可考虑对于附着地表上下四至范围内的宅基地使用权只能由具有本集体经济组织成员身份的农民取得,仍实行无偿、70 年的有期限制度(届满后可自动续期),类似于通过国有土地上的行政划拨取得,禁止城里人购买该部分宅基地使用权,笔者将其

---

① 笔者在四川省都江堰市青城山镇调研时,这种情形已非常普遍。

称为保障性宅基地。

在保障性宅基地确定的上下四至范围之外，宅基地地表之上或地表之下的空间四至范围还可设立宅基地使用权，对于此种宅基地，可参照国有建设用地使用权出让方式，由集体经济组织代表宅基地的所有权主体作为出让方，与受让方签订出让合同，受让方可以是非本集体经济组织成员。实行有偿、70 年的有期限制度（届满后可自动续期），类似于国有土地上的出让方式取得，受让方支付的对价可根据市场价格确定，不得低于当地政府按照国家规定确定的最低价。对于这部分宅基地，笔者称之为资产性宅基地。

宅基地作为一种关系国计民生的重要资源，国家对其管制是理所当然的，因此，无论是保障性宅基地，还是资产性宅基地，无论受让方是否是本集体经济组织成员，都可考虑代表出让方的农民集体与受让方签订的宅基地使用权合同应以行政审批为要件。

（二）转让

对于保障性宅基地使用权，原则上禁止自由流转，即便流转，受让方也应是符合身份的本集体经济组织成员，以发挥其保障功能。对于资产性宅基地使用权，作为一种空间财产权，应充分发挥其流通及资本功能，权利人可以通过转让、抵押、赠与等方式上市流转。

（三）变更

保障性宅基地使用权和资产性宅基地使用权设定后，都存在变更的情形，比如标的范围的扩大或缩小等。按我国现有宅基地使用权制度，宅基地使用权的取得以户为单位，按每人多少平方米计算，如果该户人口增加或减小的，保障性宅基地使用权的面积就相应存在增加或减少的变更可能，而对于资产性宅基地使用权，由于其可上市流转，如果其变更涉及第三人的利益时，应征得第三人的同意。①

---

① 例如，日本《不动产登记法》第 56 条规定，空间地上权的内容发生变更申请登记时，必须附加第三者的同意书以及登记利害关系人的同意书。

(四)消灭

宅基地使用权作为物权的一种,其消灭当然可基于一些消灭物权的共同原因而发生,比如标的物的灭失、混同、征收、抛弃、闲置、无人继承以及约定消灭的事由出现等。《民法典》第 364 条规定了宅基地使用权因自然灾害导致宅基地使用权客体灭失的,使用权人可以要求农民集体重新分配宅基地。① 这主要是针对保障性宅基地使用权,对于资产性宅基地使用权,即便土地已为灭失,但地上空间仍能存在,作为空间性的宅基地使用权也并不当然消灭。对于资产性宅基地使用权,由于实行有偿取得,如果使用人欠费,或是违反约定使用,土地所有权人农民集体也可终止其使用,收回资产性宅基地使用权。

二、宅基地使用权分层设立中的权利及义务

保障性宅基地使用权和资产性宅基地使用权作为用益物权的一种,在内容上具有共通性,比如都有占有和使用的权利、建造住宅及附属设施的权利。②

保障性宅基地使用权和资产性宅基地使用权都具有占有、使用、收益的权能,《民法典》第 362 条只明列了占有及使用权能,并未明示收益权能,这也导致学者间存有争议。一种观点认为,物权的收益权能既包括利用物所得的经济利益,也包括生活方面所获收益,由于宅基地使用权人有权利用该土地建造住宅及其附属设施以满足其居住需要,这本身即是一种收益,因此宅基地使用权具有收益权能;另一种观点认为,由于宅基地使用权人不能通过自由转让其权利来获取利益,因此不具有收益权能。③ 第一种观点为多数说,笔者也赞同,即收益权能应从广

---

① 《民法典》第 364 条规定:"宅基地因自然灾害等原因灭失的,宅基地使用权消灭。对失去宅基地的村民,应当依法重新分配宅基地。"

② 《民法典》第 362 条规定:"宅基地使用权人依法对集体所有的土地享有占有和使用的权利,有权依法利用该土地建造住宅及其附属设施。"

③ 参见陈小君等:《农村土地法律制度的现实考察与研究》,法律出版社 2010 年版,第 223 页。

义来理解,保障居住也是一种利益的体现。

宅基地使用权本质上为传统物权法中的地上权,而关于地上权的内容,有两种立法例,一种是沿袭罗马法的规定,地上权的内容以建筑物和工作物为目的,德国、意大利为其代表,[①]另一种是地上权的内容以建筑物、工作物及竹木为目的,法国为其代表。[②] 按照我国《民法典》第362条关于“宅基地使用权人有权依法利用该土地建造住宅及其附属设施”和第344条关于“建设用地使用权人有权利用该土地建造建筑物、构筑物及其附属设施”的规定,宅基地使用权和建设用地使用权不包括种植竹木的利用方式。当然,在修建房屋的过程中,可能会为了美化环境的需要而种植竹木,但不得纯以种植竹木为目的而利用宅基地和建设用地。

权利的反面即是义务,保障性宅基地使用权和资产性宅基地使用权都只能用于建造住宅及其附属设施,不得用于修建商业、经营用房等,从而使得宅基地与建设用地有所区别,这是宅基地用途管制的体现,同时,以上两种宅基地使用权都要接受并承担政府统一规划的义务等。保障性宅基地使用权人和资产性宅基地使用权人可否自己不使用土地及空间,而租赁给他人以收取租金呢?我国现行法上并没有规定。日本民法学界认为,地上权人还可以把土地租借给第三人,不存在租赁权那样有关于转让、转借方面的限制。[③] 不过,地上权的本质在于使用他人土地而取得地上建筑物、工作物等,如果地上权人取得土地或空间的使用权后仅用于租赁给他人以收取租金,就违背了设定地上权的本质,因此地上权人不得将纯土地或空间的使用权租赁给他人以谋取租金,当然,地上权人可以将建筑物或工作物连同土地或空间的使用权租

---

① 《德国民法典》第1012条规定:“土地得以此种方式设定负担,使因这一设定而享有利益的人,享用在土地的地上或地下设置工作物的可转让或可继承的权利。”《意大利民法典》第952条规定:“土地的所有人可以允许他人在自己的土地上建造、保留建筑物并且取得建筑物的所有权。”

② 《法国民法典》第553条规定,“地上或地下的任何建筑、种植物与工程,均推定是由土地所有权人以其费用所为并属于所有权人,但如有相反证据,不在此限”。

③ 参见[日]田山辉明:《物权法》(增订本),陆庆胜译,法律出版社2001年版,第202页。

赁给他人。因此,保障性宅基地使用权人和资产性宅基地使用权人不得自己不使用土地及空间而租赁给他人以收取租金。

保障性宅基地使用权与资产性宅基地使用权在权利和义务内容方面有以下不同:

第一,保障性宅基地因自然灾害等原因灭失的,宅基地使用权人可要求重新分配宅基地,这主要是因为保障性宅基地使用权具有福利性质,其设立的目的在于保障本集体经济组织成员的居住,故应当允许其请求重新分配宅基地。① 而资产性宅基地使用权有可能并不因土地的灭失而致权利消灭,当资产性宅基地使用权因空间客体灭失而不复存在时,宅基地使用权人的权利即为灭失,使用权人不得要求重新分配宅基地,这是因为资产性宅基地使用权设立的目的不在于保障,并无多少特殊性,通常应当适用物权法的一般规则,客体灭失,权利即为消灭,原出让人无义务保障权利人再次取得相同权利。

第二,保障性宅基地使用权不得自由流转,而资产性宅基地使用权可以自由流转。资产性宅基地使用权流转的主要方式包括转让、抵押两种形式。

资产性宅基地使用权作为财产权的一种,当然应当具有流通性,地上权的让与性是地上权人应有权利之一,无须经土地所有权人同意,②不过按照《城市房地产管理法》的相关规定,③禁止当事人炒地皮,作为资产性宅基地使用权的转让,对其转让也应作一定限制,比如须有一定建筑物形态的出现等。

资产性宅基地使用权既然可转让,当然也可抵押,我国《民法典》第

① 《民法典》第 364 条规定:"宅基地因自然灾害等原因灭失的,宅基地使用权消灭。对失去宅基地的村民,应当依法重新分配宅基地。"

② 《民法典》第 353 条规定:"建设用地使用权人有权将建设用地使用权转让、互换、出资、赠与或者抵押,但是法律另有规定的除外。"

③ 《城市房地产管理法》第 39 条第 2 款规定的"按照出让合同约定进行投资开发,属于房屋建设工程的,未完成开发投资总额的 25% 以上,属于成片开发土地的,未形成工业用地或者其他建设用地条件的",不得转让建设用地使用权。

353 条对此有规定,[①]资产性宅基地使用权抵押后,基于该空间土地使用权新建的建筑物或工作物不在抵押物范围之内。[②]

第三,保障性宅基地使用权实行无偿取得,而资产性宅基地使用权原则上实行有偿取得。诚如马克思所说:"不论地租有什么独特的形式,它的一切类型有一个共同点:地租的占有是土地所有权借以实现的经济形式,……地租是土地所有权在经济上的实现。"[③]地租的存在以土地所有权和使用权相分离为前提,一般意义上认为,地租是购买土地使用权的价格。[④] 地上权是利用他人土地修建建筑物及工作物等,也是土地所有权与使用权分离的结果,原则上都应当向土地所有权人支付地租,但是基于宅基地承担保障功能的需要,以及农民收入低的现实,对于保障性宅基地使用权实行无偿取得,使用人没有缴纳地租的义务,当然,从法学理论角度出发,使用他人土地是否付费,取决于土地的所有者与使用者间的合约规定,也正是基于此,地租并不是地上权的要素,只有在当事人双方有支付地租约定的前提下才发生支付义务。[⑤] 但是从经济学角度出发,土地的有偿使用可以提高土地利用效率,合理配置资源,对于资产性宅基地使用权,由于注重发挥其市场流通功能,应当通过有偿使用,运用价格标杆予以调节。因此,原则上资产性宅基地使用权人有支付地租的义务。我国很多城市都出台了地下空间权实行有偿使用的规定。[⑥]

---

① 《民法典》第 353 条规定:"建设用地使用权人有权将建设用地使用权转让、互换、出资、赠与或者抵押,但是法律另有规定的除外。"

② 《民法典》第 417 条规定:"建设用地使用权抵押后,该土地上新增的建筑物不属于抵押财产。该建设用地使用权实现抵押权时,应当将该土地上新增的建筑物与建设用地使用权一并处分。但是,新增建筑物所得的价款,抵押权人无权优先受偿。"

③ 《马克思恩格斯全集》(第 25 卷),人民出版社 1974 年版,第 714 ~ 715 页。

④ 参见石莹、赵昊鲁:《马克思主义土地理论与中国农村土地制度变迁》,经济科学出版社 2007 年版,第 62 页。

⑤ 参见[日]田山辉明:《物权法》(增订本),陆庆胜译,法律出版社 2001 年版,第 203 页。

⑥ 参见江苏省政府办公厅《关于加强城市地下空间开发利用的指导意见》(苏政办发〔2020〕58 号)及 2020 年青岛市《地下空间开发利用管理条例》中的相关规定。

三、宅基地使用权分层设立中的登记

(一)权利登记

保障性宅基地使用权和资产性宅基地使用权作为不动产物权的一种,原则上需要公示。[①] 一如上文所述,对于保障性宅基地使用权的取得,现行法上并没有强行要求以登记为要件,通常以行政审批方式取得,而对于资产性宅基地使用权的取得、转让、变更及灭失应参照国有建设用地使用权的相关规定,实行登记要件主义。[②]

(二)客体登记

按照物权公示公信原则,不动产物权发生变动需经登记,而登记内容之一就是登记的客体描述。日本《不动产登记法》第78条规定,地上权登记内容除包括登记设定目的、存续期间及地租外,还包括地上或地下一定的空间范围等。宅基地使用权分层设立后,其使用权的客体即为宅基地上下一定范围内的空间。在实践中,我国有关土地使用权登记记载的方式,主要是二维的,没有标示出土地的纵向深度或高度。一块土地上可以建造房屋的高度及层数主要是通过规划的限高和容积率等方式予以控制,随着土地使用权分层设立的明确,如何在土地登记簿上予以记载这一问题摆在了我们面前。通常来说,地上和地下土地使用权人的权利范围与地表土地使用权人的权利范围并不一致,现行国土部门对土地使用权的二维记载不能准确完整反映出地上与地下土地使用权人的权利内容,不能实现对土地使用权分层设立的权利进行清晰管理。为了使登记簿完整体现土地的不同层次和利用状况,需要对

---

① 《民法典》第209条规定,“不动产物权的设立、变更、转让和消灭,经依法登记,发生效力;未经登记,不发生效力,但是法律另有规定的除外”。

② 《民法典》第349条规定,“设立建设用地使用权的,应当向登记机构申请建设用地使用权登记。建设用地使用权自登记时设立。登记机构应当向建设用地使用权人发放权属证书”;第355条规定,“建设用地使用权转让、互换、出资或者赠与的,应当向登记机构申请变更登记”;第360条规定,“建设用地使用权消灭的,出让人应当及时办理注销登记。登记机构应当收回权属证书”。

土地空间利用的三维空间信息进行记载,实现土地空间权利的三维管理。[①]

《民法典》第 345 条仅仅表达了建设用地使用权可以在土地的地表、地上或者地下分别设立,并未明示一定的空间范围,建议增加该内容,修改为建设用地使用权人可以在土地的地表、地上或者地下一定的空间范围内分别设立。[②] 按照《民法典》第 348 条的规定,[③]一定的空间范围是根据建筑物、构筑物及其附属设施占用的空间而定,国家在出让建设用地使用权时,已经根据规划对建筑物的四至范围、高度、建筑面积等做了明确规定,并以此来确定出让金的多少。一些地方已开始试点,对建筑物的深度进行限制。因此,建设用地使用权人取得建设用地使用权时,其所享有的空间范围是可以确定的,不过,这是关于在土地空间权上并未形成建筑物情形下初始取得的规定,当土地空间权形成建筑物形态后,建筑物实际所占用的空间范围可能与初始取得的空间范围并不一致。此时,应按建筑物实际外围所占空间确定土地空间权权属范围。

当然,对于建设用地使用权人所行使的空间范围以建筑物实际所占空间为限并不能作僵化理解,建设用地使用权人不可能只在建筑物所占空间范围内行使权利,否则必将束手缚脚。诚如学者所言,"尽管建设用地使用权人所享有的空间权利应当受到规划、合同等的限制,原则上,在规划和合同没有明确规定的情况下,空间的权利应当属于所有权人,但对此应当存在一个例外,即为了保障建设用地使用权人可以完整地行使自己所享有的权利,即使在没有明确约定的情况下,其也可在合理的范围内享有对空间的一定范围内的利用权"。[④] 对于建设用地使用权行使的必要范围,日本的"利益存在的限度"较有代表性,建设用地

① 参见陈华彬:《空间建设用地使用权探微》,载《法学》2015 年第 7 期。

② 参见陈祥健:《空间地上权研究》,法律出版社 2009 年版,第 248 ~ 249 页。

③ 《民法典》第 348 条规定,采取招标、拍卖、协议等出让方式设立建设用地使用权的,当事人应当采取书面形式订立建设用地使用权出让合同,建设用地使用权出让合同包括建筑物、构筑物及其附属设施占用的空间。

④ 王利明:《物权法研究》(第 4 版,下卷),中国人民大学出版社 2018 年版,第 144 页。

使用权效力范围的大小,依据建设用地使用权人行使其权利的"利益存在限度"而判定,其具体判定标准应依据具体场合的情况、妨害形态并考虑土地的位置、形状和一般的交易观念等加以认定。例如,都市和农村的土地就截然有别,并且即便都是农村,亦有都市近郊土地与乡间农地之别,这里的"利益"包括财产利益、审美利益、将来利益等,比如采光、日照等。①

通常而言,登记空间范围需先测定空间平面面积与垂直范围,平面面积的测定通过建筑物或工作物的最大水平投影所对应的土地面积为其平面面积,而空间上下垂直范围是指两个不同高度的平行水平面之间所形成的空间范围,对于空间所涉的垂直范围的确定关键在于明确其测定的基准。从各国的规定来看,一般都从本国实际出发,规定以某地点的平均海平面为基准,比如日本规定,以日本东京湾的平均海平面为基准,确定了基准,空间高程的测定方法即可适用。②

原国土资源部 2008 年颁布的《土地登记办法》(已废止)并未单独规定土地上下空间利用的登记问题,而是引入宗地的概念,将对土地的上下空间利用的登记问题一并纳入一般土地登记范围。原《土地登记办法》第 5 条规定:"土地以宗地为单位进行登记。宗地是指土地权属界线封闭的地块或者空间。"2016 年 1 月施行的《不动产登记暂行条例实施细则》第 5 条规定,"《条例》第八条规定的不动产单元,是指权属界线封闭且具有独立使用价值的空间。没有房屋等建筑物、构筑物以及森林、林木定着物的,以土地、海域权属界线封闭的空间为不动产单元"。据此,宗地已突破了土地的平面利用范畴,而是一个立体的具有三维的空间概念。土地登记时,既要登记土地的平面四至界限,也要登记土地上下利用的三维空间,从而解决了土地上下空间利用时的土地使用权权利登记问题。2008 年 4 月 29 日,原国土资源部、国家工商行政管理总局发布了《国有建设用地使用权出让合同》示范文本(GF -

---

① 参见陈华彬:《民法典与民法物权》,法律出版社 2009 年版,第 301 ~ 302 页。

② 参见陈祥健:《空间地上权研究》,法律出版社 2009 年版,第 253 页。

2008－2601),新的合同文本明确了建设用地使用权是一个空间概念,要求签订出让合同时,要明确填写宗地的界址点坐标和上下高程,宗地空间范围是以界址点所构成的垂直面和上、下高程所在的水平面封闭形成的空间范围。合同文本同时还要求,"出让宗地的平面界限按宗地的界址点坐标填写;出让宗地的竖向界限,可以按照1985年国家高程系统为起算基点填写,也可以按照各地高程系统为起算基点填写。高差是垂直方向从起算面到终止面的距离。比如:出让宗地的竖向界限以标高+60米(1985年国家高程系统)为上界限,以标高－10米(1985年国家高程系统)为下界限,高差为70米"。2008年4月3日,原国土资源部《关于印发〈国有建设用地划拨决定书〉的通知》也有类似的规定。[①]

实际上,我国很多城市都出台了有关地下空间建设用地方面的登记规则,可资借鉴。例如,2020年的《青岛市地下空间开发利用管理条例》规定,"地下建设用地使用权登记以宗地为单位,并通过水平投影坐标、竖向高程和水平投影最大面积确定其权属范围。分层设立的地下建设用地使用权,应当在宗地图上注明层次和标高范围",2022年的《福州市城市地下空间开发利用管理办法(试行)》规定,"地下建设用地使用权登记以宗地为基本单位,并通过水平投影坐标、竖向高程和水平投影最大面积确定其权属范围"。这些规定大多通过建筑物的水平投影加纵向的起止深度方式来描述宗地的概念。

以上所有论述都同样适用于宅基地使用权分层设立时如何登记。

四、宅基地使用权分层设立中的权利冲突及其规制

按照《民法典》第345、346条关于"建设用地使用权可以分层设立,新设立的建设用地使用权不得损害已设立的用益物权"的规定,实际上也是解决空间建设用地使用权权利冲突的基本规则,基于空间的水平分割,建设用地使用权可以分层设立,但是后设立的建设用地使用权不

① 参见蔡卫华:《土地登记实务精解》,中国法制出版社2010年版,第115页。

得损害在先设立的建设用地使用权。建设用地使用权分层设立存在时间先后关系，一是已有附着地表的建设用地使用权，后再设定空间建设用地使用权，二是先设定空间建设用地使用权，后再设定其他土地用益物权。

对于第一种情况，按照物权效力实行先来后到原则，设定在先，效力在后。先设立的用益物权优先于后设立的用益物权，当然，在确立用益物权优先顺位时，应当明确各用益物权设立的时间，如果采用登记要件主义，应以登记时间为准，如果采用对抗要件主义，应以合同生效时间为准。[①] 由于地表之上已有建设用地使用权，基于法理及实务考量，该建设用地使用权的空间范围并不以建筑物实际所占空间范围为限，应以“利益存在的限度”原则确定其空间的范围，因此，同一空间里，后设立的建设用地使用权存在损害前建设用地使用权人利益之虞，故后设定的空间建设用地使用权原则上必须经前建设用地使用权人的同意。《日本民法典》第 269 条第 2 款规定，“前项地上权，即使存在第三人对土地使用或收益的权利，只要得到享有其权利或以其权利为标的权利的一切人承诺，亦得设定。此时，对土地享有使用或收益权利的人不得妨碍该项地上权的行使”。但是我国《民法典》第 345、346 条却未作此规定，主要是认为建设用地使用权的空间范围即是建筑物所占的空间范围，土地使用权分层设立后的不同空间并不存在交叉，故无须经在先建设用地使用权人的同意。不过，我国《民法典》的此规定既与理论通说的“利益存在的限度”相违，也于实践有害，必将徒增纠纷。[②]

对于第二种情况，先有空间建设用地使用权，后有其他土地用益物权，由于在先的空间建设用地使用权的空间客体范围限于“一定空间范围内”，因此在其范围之外设立的其他土地用益物权无须经在先建设用地使用权人的同意即可设立，不过其在行使权利时仍不得损害在先设立的空间建设用地使用权。[③]

---

① 参见王利明：《物权法研究》（第 4 版，下卷），中国人民大学出版社 2018 年版，第 148 页。
② 参见陈祥健：《空间地上权研究》，法律出版社 2009 年版，第 255 页。
③ 参见陈祥健：《空间地上权研究》，法律出版社 2009 年版，第 255 页。

保障性宅基地使用权与资产性宅基地使用权分层设立仍可适用上述规则,不过应考虑当前中国农村普遍现实和宅基地用途管制,即农民宅基地上已有房屋的上层空间如何利用,宅基地即便分层设立,也受用途管制,本书阐述的资产性宅基地使用权主要讲的是如何盘活农民房屋的上层空间。按照现有规则,只要是本集体经济组织成员,以户为单位即可免费获得一块宅基地并用于修建住房,在此前提下的宅基地使用权分层设立主要是指上述第一种情况,即在同一土地空间范围内,先有保障性宅基地使用权,并修建有房屋,后在其房屋上方再设立资产性宅基地使用权,而这种资产性宅基地使用权实行有偿取得上市流转,以增加集体经济组织和农民收入,主要表现在两方面:一方面,集体经济组织代表农民集体作为资产性宅基地使用权的出让方,基于出让合同收取受让方的地租理所当然。另一方面,后设立的资产性宅基地使用权需经在先的保障性宅基地使用权人农民的同意,经其同意后,保障性宅基地使用权人即负有不得妨碍其上方资产性宅基地使用权人行使权利的义务,而作为同意的代价,资产性宅基地使用权人需支付一定价款给保障性宅基地使用权人。当然,根据合同自由原则,当事人也可约定资产性宅基地使用权无偿使用。

宅基地使用权的分层设立及其住宅和附属设施的修建必须符合规划及合同约定的要求,不得随意分层设立和建设住宅等;新设立的资产性宅基地使用权也不得损害在先设立的保障性宅基地使用权。由于资产性宅基地也是用于修建筑住宅及其附属设施,而其又不能直接附着地表修建,只能是在农民原有的保障性宅基地房上往上修建房屋,农民的保障性宅基地房为其修建提供了支撑,因此农民应享受其支撑利益,并得到一定的物质补偿。物质补偿可以有两种方式,一是直接给农民金钱,然后在农房上修建房屋;二是推倒农民原有的房屋,在农民原有的宅基地上修建几层房屋,附着地表的几层无偿给农民所有,剩下的归自己所有。

基于宅基地使用权分层设立而修建的不同权利主体的住宅及附属设施,权利人在行使这些不动产时必然会发生关联,不动产的权利人之间可根据相邻关系规则和役权制度予以调整。

现行法上的相邻关系主要是调整平面不动产的相邻关系，其实立体不动产之间的相邻关系，诸如采光、通风、通行限制等仍可类推适用现行法上对平面不动产相邻关系的调整。① 虽然不动产相邻关系调整具有强制性，但是为促进不动产的利用效率，也允许当事人私法自治的空间，“关于相邻关系的规定旨在规范相邻土地所有人间利害冲突，虽涉及公益，多属间接，应容留当事人私法自治空间，自行调整其权利义务关系，较诸将其权利义务关系强行化，更能充分发挥土地的经济效用，以促进物尽其用的社会整体利益”。② 同样，保障性宅基地使用权人和资产性宅基地使用权人也可相互约定不动产间的使用及收益，并将该约定予以登记，这种约定对双方当事人具有约束力。

资产性宅基地使用权人为扩大自己不动产的使用便利，当然还可与其下的保障性宅基地使用权人约定设定空间地役权，以便保障性宅基地使用权人提供特定空间供自己行使不动产的方便。③ 比如，资产性宅基地使用权人需要在地表设定方便上下的过道就可与地表的保障性宅基地使用权人约定设定地役权，有偿取得对地表保障性宅基地的使用。

总之，只要物权法明确所有适用于“横向”不动产之间的相邻关系和地役权的规定适用于“纵向”不动产之间，那么，宅基地不同层次权利

---

① 《民法典》第288条规定，“不动产的相邻权利人应当按照有利生产、方便生活、团结互助、公平合理的原则，正确处理相邻关系”；第291条规定，“不动产权利人对相邻权利人因通行等必须利用其土地的，应当提供必要的便利”；第292条规定，“不动产权利人因建造、修缮建筑物以及铺设电线、电缆、水管、暖气和燃气管线等必须利用相邻土地、建筑物的，该土地、建筑物的权利人应当提供必要的便利”；第293条规定，“建造建筑物，不得违反国家有关工程建设标准，不得妨碍相邻建筑物的通风、采光和日照”；第295条规定：“不动产权利人挖掘土地、建造建筑物、铺设管线以及安装设备等，不得危及相邻不动产的安全。”

② 参见王泽鉴：《民法物权》（第2版），北京大学出版社2010年版，第145～146页。

③ 《民法典》第372条规定，“地役权人有权按照合同约定，利用他人的不动产，以提高自己的不动产的效益”。

人的权利和义务就可以以此来确定。①

第四节　宅基地使用权分层设立的意义

一、保障功能与资本功能并重

有关宅基地使用权能否上市流转的各种观点,其出发点要么只注重宅基地的公法保障功能,而忽视其私法资本功能,要么只注重宅基地私法上的资本功能,而忽视其公法保障功能。从中国国情出发,这两方面的功能对农民都同样重要,实行宅基地使用权的分层设立,让附着地表上下四至范围的宅基地使用权的取得仍受本集体经济组织成员身份限制,同时实行无偿取得制度,让其继续承担公法上的住房保障功能,限制其流转。对于这范围之外的宅基地使用权可通过出让方式有偿有期限取得,受让方不受身份限制,该宅基地使用权可自由上市流转,以发挥其私法上的资本功能,而这种资本功能的发挥一方面增加了集体经济组织的收益,农村集体经济组织财产收入增加,有利于改善农村公共环境、增加公共设施,提高居住品质等,另一方面也增加了农民的收入。

二、节约集约用地,避免耕地流失

当前我国农村存在一户多宅和超标占地现象,住宅空置、"空心村"等现象也仍存在。宅基地使用权的分层设立,使宅基地地表上下空间得以利用,由于宅基地上下空间也具有经济价值,在某种程度上可以抑制农民一味向平面方向发展、多占宅基地的冲动,减少一户多宅和超标占地现象的出现。同时,资产性宅基地使用权可以上市自由流转,使社

---

① 参见胡康生主编:《中华人民共和国物权法释义》,法律出版社 2007 年版,第 310 页;全国人民代表大会常务委员会法制工作委员会民法室编著:《物权法立法背景与观点全集》,法律出版社 2007 年版,第 507 页。

会资本合法进入农村,在一定程度上可以降低住宅空置率,减少“空心村”,避免土地浪费,这显然是符合中央确定的节约集约用地原则。

一些论者也认为,如果允许宅基地使用权流转,在高额利润的驱使下,农户可能会利用各种方式侵占农用地建筑房屋,获取收益,危及耕地保护。[①] 正如前文阐述的那样,宅基地作为存量的集体建设用地,其流转并不会减少耕地,保护耕地的关键在于控制农用地转化为非农建设用地的数量,而不在于是否放开宅基地的流转。但现实情况是,如果允许保障性宅基地使用权上市自由流转,农民的宅基地流转后,其住房保障不能实现时,就有可能侵占农地建房,耕地自然会减少。而按照笔者的思路,保障性宅基地不得上市自由流转,农民的住房保障自然不成问题,侵占农地建房的现象就会相应减少,这也是符合中央确定的严格的耕地保护制度精神的。

三、为城乡合作建房和解决城市居民购买农房提供了一种思路

近年来,在一些地方出现了外来人员出资金与本村居民出宅基地合作建房的形式,双方按比例占用和使用所建住房,[②]但外来人员并没有取得有保障的房屋权属证书。宅基地使用权分层设立,为城乡合作建房和解决城市居民购买农房提供了一种思路,主要表现在:一是通过宅基地使用权分层设立,由农民提供宅基地,城市居民提供资金,可以实现城乡合作立体联建房屋;二是由农民取得附着地表房屋的所有权,城市居民取得其上房屋的所有权,如此一来城市居民可住上较满意的房屋,农民的居住质量也大为改观。

按照现行法律及政策规定,城市居民购买农民在宅基地上修建的住宅,其产权不受法律的保护,不能取得房屋行政主管部门颁发的产权证书,由此引发社会纠纷,会影响社会的稳定和谐,其根本原因还是农

---

① 参见杨晓、谭和平:《宅基地使用权流转制约性因素探析》,载《改革与战略》2008 年第 10 期。

② 参见叶兴庆:《迈向 2035 年的中国乡村:愿景、挑战与策略》,载《管理世界》2021 年第 4 期。

村宅基地禁止自由转让造成的。而通过宅基地使用权分层设立方式,能部分解决此类问题。如果农民合法建有一层以上的房屋,在第一层房屋已能满足当地政府规定的农民最低居住保障情形下,对于城里人购买第一层以上的房屋,可以通过宅基地使用权分层设立方式,为城里人设定宅基地地表之上一定四至范围的资产性宅基地使用权,城里人基于该宅基地使用权可以取得楼上房屋的所有权。如此以来,农民在居住仍有保障的情形下获得了收益,城里人也取得了有保障的房屋权属证书。

小　　结

宅基地使用权兼具公法与私法的混合属性。基于公法属性,在当前中国广大农村,宅基地使用权仍然承担着住房保障的功能,必须坚持宅基地的生存保障性,宅基地使用权的制度设计必须服从于国家的公法管制。基于私法属性,宅基地使用权作为一种用益物权,应当体现其应有的私法特性,发挥其流通功能和资本功能,增加集体经济组织和农民的利益。本章通过把空间权引入宅基地使用权研究,提出农村宅基地使用权分层设立的构想,附着地表上下四至范围的宅基地使用权,实行身份限制,限制流转,让其承担公法上的住房保障功能,而对于这之外的宅基地使用权,实行身份不限,自由流通,以发挥其私法上的资本功能。农村宅基地使用权分层设立兼顾了宅基地的保障功能和资本功能,实现了宅基地使用权公法与私法属性的平衡,具有普遍的适用性。

第八章　农村宅基地产权取得及流转的实证分析[①]

前面几章从管理角度和产权角度对农村宅基地进行了系统研究，本章主要是提供一个有关农村宅基地产权取得及流转方面实证调研数据，了解农民的真实想法，以检验本文前述的一些结论是否正确，希望将纸面上的论证与行动中的实践有机结合起来。2009 年 5 月，笔者选择了四川省都江堰市的灌口镇、胥家镇和大观镇，金堂县的赵镇、淮口镇和竹篙镇，以及青白江区的清泉镇、姚渡镇和城厢镇等共 3 个区(市)县 9 个乡镇作为调研对象。本调研采用问卷发放和访谈相结合的形式，共发放“农村宅基地转让调查问卷”3000 余份，回收有效问卷 2748 份，回收率达 91.6%。笔者在调查问卷发放过程中，还与部分村民、基层干部和相关管理部门工作人员进行多次座谈和交流。

① 这是笔者在 2009 年做的宅基地转让实证调研，距今已经过去十余年，但反映的问题至今仍有现实意义。

第一节　调查区域基本情况

一、调查区域人口及收入状况

（一）都江堰市

灌口镇辖区总人口89,655人，其中现有农业人口3000余人，2008年农民人均纯收入6848元。胥家镇总人口38,313人，2005年农民人均纯收入4048元。大观镇总人口12,000人，2007年农民人均纯收入4896元。

（二）金堂县

赵镇是金堂县城所在地，全镇总人口134,238人，2004年农民年人均可支配收入3852元。淮口镇总人口70,691人，2007年农民年人均纯收入5935元。竹篙镇总人口50,500人，农民年人均纯收入4690元，常年外出务工人数在12,000人以上，有"中国打工第一镇"之称。

（三）青白江区

清泉镇总人口34,985人，农民人均纯收入3285元。姚渡镇总人口18,317人，2007年农民人均纯收入达到4954元。城厢镇总人口54,088人，2004年农民人均可支配收入3792元。

二、受访对象基本情况

在接受调查的2748人中，男性1849人，女性899人，男女比例约为2∶1；调查对象以劳动力为主，年龄20～60岁的占87%；户主和非户主比例约为2∶1；家庭年收入普遍偏低，家庭年收入在5000元以下的占比为35.98%，家庭年收入介于5001～10,000元之间的占比为38.38%；32.14%的家庭主要收入来源为农业，67.86%的家庭主要收入来源为非农业；在以非农业收入为主要来源的家庭中，46.78%的家庭为进城务工收入，26%的家庭从事个体经商，16.28%的家庭为房屋出租收入，

11.11%的家庭为土地出租收入。以上调研情况详见表8-1、图8-1。

表8-1 受访对象基本情况

		人数	比例/%			人数	比例/%
性别	男	1849	66.7	家庭人口	1~3人	1703	64.24
	女	899	23.3		4~5人	888	33.51
年龄	20以下	184	6.59		6人及以上	60	2.26
	21~30	660	23.03	家庭年收入（元）	5000以下	979	35.98
	31~40	788	28.69		5001~10,000	1044	38.38
	41~50	508	18.49		10,001~30,000	523	19.23
	51~60	433	15.76		30,001~50,000	124	4.56
	61以上	175	6.37		50,001~80,000	45	1.65
户主	是	1846	68.58		80,000以上	6	0.22
	否	846	31.42	主要收入来源	农业	1141	32.14
文化程度	小学	831	30.78		非农业	1483	67.86
	初中	1314	48.67	非农业收入来源	进城务工	842	46.78
	高中	440	16.3		个体经商	468	26
	中专	97	3.59		房屋出租	293	16.28
	大学以上	20	0.74		土地出租	200	11.11

注：由于村民在回答问题时，存在做题不规范、未选、多选等情况，加之设计的答案难以涵盖村民的所有情况，因此上述每项数据的总和并非完全一致。

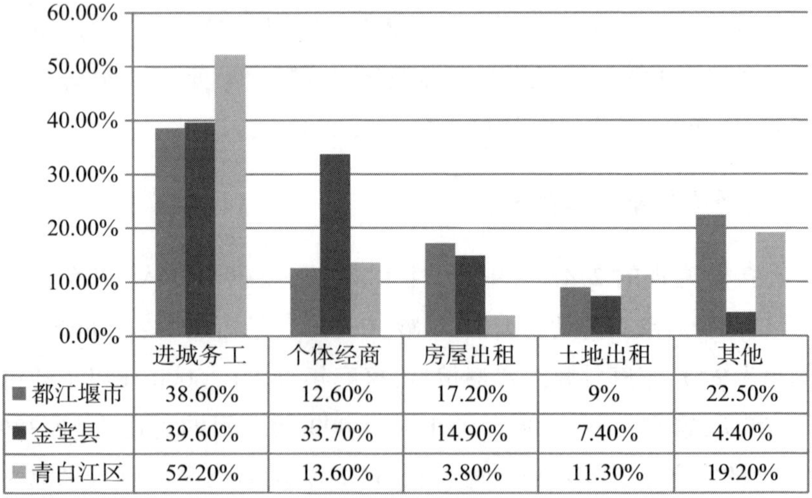

图8-1 以非农业收入为主要来源的家庭的收入方式

从以上图表可见,67.86%的家庭主要收入来源为非农业,农地的保障功能在减弱,城镇化进程明显加快,户籍制度改革的时机也已成熟。

第二节　房屋(宅基地)取得程序及使用现状

一、调查区域房屋(宅基地)取得和使用现状

(一)调查区域农户(家庭)总数和村人口总数变化情况

根据对问卷调查的数据统计,调查区域农户(家庭)总数和村人口总数变化情况是:17.36%的受访对象所在村的农户(家庭)总数在增加,但本村人口总数在减少;60.71%的受访对象所在村的农户(家庭)总数在增加,同时本村人口总数也在增加;18.36%的受访对象所在村的农户(家庭)总数在减少,但本村人口总数在增加;3.56%的受访对象所在村的农户(家庭)总数在减少,同时本村人口总数也在减少。见图8-2。

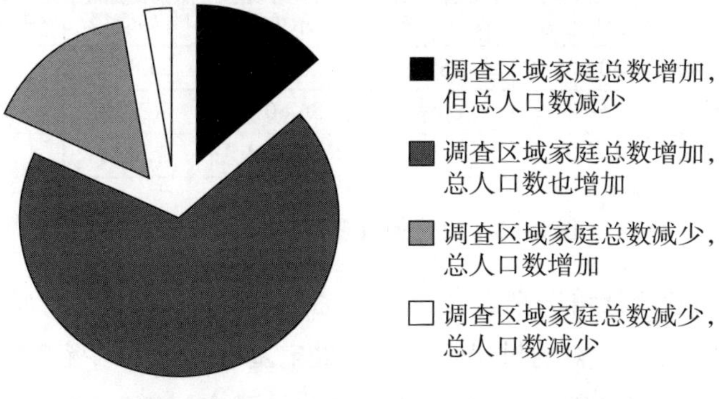

图8-2　调查区域农户(家庭)总数和村人口总数变化情况

可见,在大部分(60.71%)受访对象所在区域,无论是农户总数还是人口总数都在增加。

(二)村民拥有的宅基地数量及取得原因

根据对问卷调查的数据统计,70.37%的村民拥有一处宅基地,20.02%的村民拥有两处宅基地,8.3%的村民拥有三处宅基地,还有

1.33%的村民拥有四处宅基地。

究其拥有多处宅基地的原因，39.03%的村民是因为“原老宅基地上的房屋年久失修，另选址建房”，29.22%的村民是因为“原老宅基地的房屋仍然完好，但随着经济发展，想往村外靠近马路边建房，以方便生活及做生意”，25.03%的村民是因为“继承父母去世后的老房屋，从而取得宅基地”，4.32%的村民是因为“通过购买别人的房屋，从而取得宅基地”，0.13%的村民是因为“宅基地是无偿取得的，想多修房屋，故多申请宅基地”。另外，还有2.26%的村民选择其他原因。见图8－3。

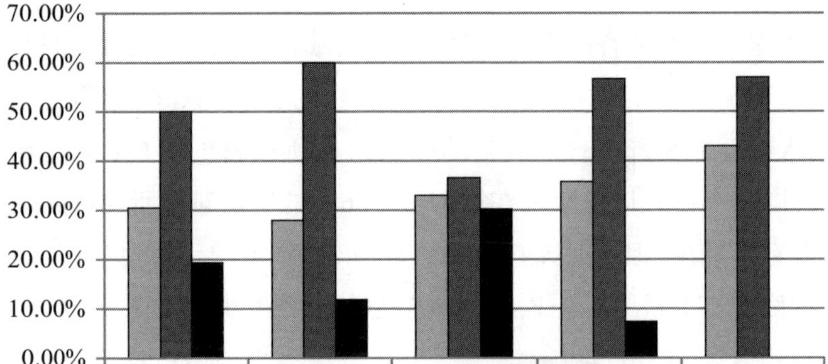

	选址建房	路边建房	继承取得	购买取得	其他原因
■都江堰市	30.50%	28%	33%	35.80%	43%
■金堂县	50%	60%	36.60%	56.70%	57%
■青白江区	19.50%	12%	30.40%	7.50%	0

图8－3　村民拥有多处宅基地的原因

根据问卷统计情况来看，“一户一宅”的政策在农村执行情况还是不错，数据显示70.37%的村民只拥有一处宅基地，“一户多宅”的原因主要是建新不拆旧，占到了68.25%，而因合法继承房屋而“一户多宅”的也占到了25.03%。笔者认为，现行法上“一户一宅”应当修改，因宅基地无偿取得刺激人们多占宅基地冲动所致的“一户多宅”仅占极少比例，为0.13%。可见，只要加强管理，宅基地无偿使用的负外部性并非部分学者们所称那么严重。

（三）调查区域耕地占用情况

根据对问卷调查的数据统计，39.95％的调查区域明确“存在占用耕地建房的情况”，29.69％的调查区域明确“不存在占用耕地建房的情况”，30.37％的受访对象对占用耕地建房没有明确的概念，选择“不清楚”。可见，宅基地的管理仍需加强。

（四）村民建房方式的选取情况

根据对问卷调查的数据统计，37.61％的村民希望“自己选址建房，独门独院”，31.53％的村民希望“自己选址建房，但要村里统一规划”，30.86％的村民则希望“参加政府的统规统建”。见图8－4。

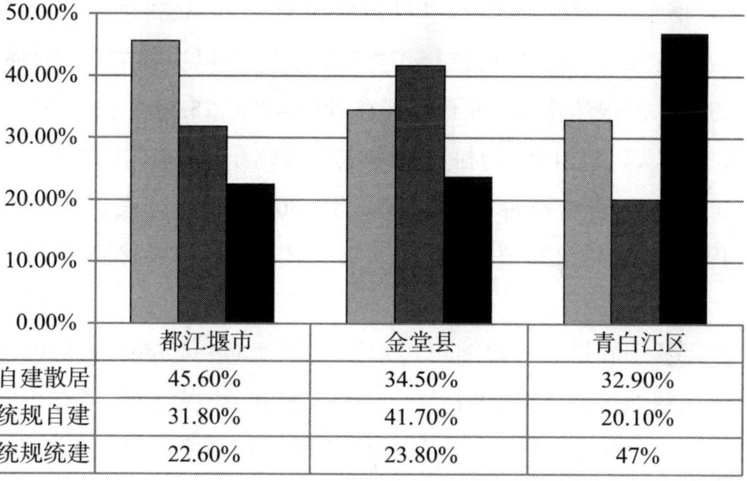

	都江堰市	金堂县	青白江区
■自建散居	45.60%	34.50%	32.90%
■统规自建	31.80%	41.70%	20.10%
■统规统建	22.60%	23.80%	47%

图8－4　村民建房方式的选取情况

可见，与集中居住相比，农民还是喜欢传统的独门独院的生活方式，这与集中居住增加生活成本，耕作不尽方便有一定关系。因此，当时成都大力推行的集中居住政策还值得进一步考量。

二、村民对于房屋（宅基地）取得的法律认知

（一）宅基地取得问题

根据对问卷调查的数据统计，在问及取得宅基地是否需交费问题时，

58.51% 的村民认为“不需交费”,21.32% 的村民认为“需交纳少量手续费”,13.31% 的村民认为应“按照一定土地市场价格购买取得”,还有 6.86% 的村民选择了“不清楚”。

在问及村民应向谁申请宅基地时,22.5% 的村民选择了“村民小组”,21.36% 的村民选择了“村民委员会”,48.86% 的村民选择了“乡镇人民政府”,还有 7.25% 的村民选择了“不清楚”。可见,农民对宅基地取得程序的认识有待加强。

在问及村民一户只能申请一处宅基地的问题时,60.99% 的村民表示知道这一法律规定,39.01% 的村民表示不知道这一规定。

在问及宅基地所有权的归属问题时,48% 的村民认为应该“归自己”,21.15% 的村民知道属于“村集体所有”,25.36% 的村民认为“属于国家”,还有 5.46% 的村民选择了“不清楚”。可见,在农村,宅基地属于私产的观念仍很严重,占到了被调查者的 48%,25.36% 的村民认为宅基地“属于国家”,21.15% 的村民认为宅基地属于“村集体所有”。

在问及宅基地是否有使用期限时,30.91% 的村民认为“有使用期限”,49.54% 的村民知道“无使用期限”,还有 20.1% 的村民选择了“不清楚”。

在问及子女婚后分户前可否申请宅基地时,34.69% 的村民认为“可以申请宅基地”,38.93% 的村民知道“不能申请宅基地”,还有 26.38% 的村民选择了“不清楚”。由于在分户前也可以取得宅基地,因此会导致“一户多宅”。

在问及是否知道当时《土地管理法》有关宅基地的取得需经乡镇人民政府审核,县级人民政府批准的法律规定时,62% 的村民表示知道这一规定,38% 的村民表示不知道这一规定。见表 8-2。

表 8－2　宅基地取得问题

问题	选项	比例	问题	选项	比例
申请宅基地是否需要交纳费用	不交费	58.51%	宅基地有否使用期限	有期限	30.91%
	交少量手续费	21.32%		无期限	49.54%
	按土地价格购买	13.31%		不清楚	20.10%
	不清楚	6.86%	宅基地所有权的归属	村民自己	48%
向谁申请宅基地	村民小组	22.50%		农村集体	21.15%
	村民委员会	21.36%		国家	25.36%
	乡镇政府	48.86%		不清楚	5.46%
	不清楚	7.25%	是否知道一户只能申请一处宅基地	知道	60.99%
子女婚后分户前能否申请宅基地	可以	34.69%		不知道	39.01%
	不能	38.93%	是否知道宅基的申请审批程序	知道	62%
	不清楚	26.38%		不知道	38%

可见，村民（受访对象）整体的法律常识水平不高，不管是宅基地使用权的申请、审批和使用，还是宅基地所有权的归属，都有不小比例的村民做出了与现有规定不一致的回答，这说明农民对宅基地的立法规定认识还不到位，还需在农村大力宣传宅基地相关法律法规。

（二）村民对宅基地使用权改革的态度

根据对问卷调查的数据统计，在问及如果改革现有的宅基地无偿分配取得制度，而要收取一定费用时，31.03%的村民表示“愿意”，48.29%的村民表示“不愿意”，还有20.66%的村民选择了“不清楚”。

在问及如果废止现行的宅基地使用权无期限制度，实行宅基地使用权有期限制度时，31%的村民表示“愿意”，47.35%的村民表示“不愿意”，14.38%的村民认为“无所谓”，还有7.31%的村民选择了“不清楚”。

在问及是否同意法律应当规定在取得宅基地使用权后，必须在一定期限内建房时，38.17%的村民表示“不同意规定期限”，41.25%的村民表示“同意规定期限，比如1年或2年等，超过此期限的，将会受到一定惩罚”，还有20.57%的村民选择了“不清楚”。见表8－3。

表 8-3　调查区域村民对宅基地使用权改革的态度

问题	回答	区(市县)		
		都江堰市	金堂县	青白江区
改革现有的宅基地无偿分配制度	愿意	36.25%	25.11%	33.38%
	不愿意	46.11%	41.91%	57.81%
	不清楚	17.64%	32.98%	8.81%
废止现行宅基地无期限制度,实行有期限制度	愿意	31.81%	32.09%	28.63%
	不愿意	50.96%	37.49%	56.24%
	无所谓	11.33%	21.98%	7.44%
	不清楚	5.54%	8.44%	7.69%
规定取得宅基地后,必须在一定期限内建房	不同意	27.03%	38.72%	49.81%
	同意	51.89%	37.47%	34.13%
	不清楚	21.08%	23.81%	16.06%

可见,大部分村民的收入并不高,仍希望维持现行的宅基地无偿无期限的制度,因此在农村全面推行宅基地有偿使用为时过早,宅基地的福利性仍需坚持。

(三)对闲置宅基地的处理

根据对问卷调查的数据统计,在问及村里有无闲置的宅基地时,51.12%的村民选择了“有”,28.89%的村民选择了“无”,还有19.91%的村民表示“不清楚”。

在问及村集体对闲置宅基地如何处理时,29.58%的村民选择“由村里收回”,22.4%的村民选择“无人管理,任其荒废”,23.13%的村民选择“复垦为耕地”,5.87%的村民选择“用作村公共建设”,还有19.03%的村民则表示“不清楚”。

可见,超过一半的被访者回答村里有闲置宅基地,而对于闲置宅基地的处理,仅有29.58%的村民选择了由村里收回,有23.13%的村民选择“复垦为耕地”,估计村民是考虑增加自身收益。但仍有大量宅基地处于闲置状态,说明宅基地退出的激励机制缺乏,宅基地任凭闲置,村民也不愿退出。从总体来看,该地农村宅基地闲置状况比较严重,节约集约利用化水平不高。

第三节　调查区域房屋所有权(宅基地使用权)流转情况[①]

一、农村房屋转让的现状

根据对问卷调查的数据统计,在问及村里是否有转让房屋的事情时,37.16%的村民选择"有",33.69%的村民选择"无",还有29.03%的村民回答"不清楚"。

在问及所转让房屋的受让人中是否有城镇居民时,31.21%的村民回答"有城镇居民",43.28%的村民回答"没有城镇居民",还有21.84%的村民表示"不清楚"。

可见,农村房屋转让虽然面临诸多制度限制,但是村民私下转让房屋已不是罕见的现象,而且受让人属于城镇居民的也占到了相当大的比例,农村房屋的资本功能凸显,现行制度的农房限制转让规定值得反思和检讨。

二、村民转让房屋的意愿及原因分析

在问及村民是否有房屋转让意愿时,42.02%的村民选择"愿意",39.73%的村民选择"不愿意",还有18.2%的村民未予明确表态,选择"不清楚"。

可见,总的来看42.02%的村民愿意转让房屋,尤其是旅游胜地都江堰市,接近一半的村民表达了其转让房屋的意愿,因此房屋转让意愿与当地经济水平相关。

在问及村民转让房屋的原因时,35.41%的村民表示是因为"有多处

① 参见刁其怀:《农村房屋产权流转:一个实证描述及分析——以成都市三区(市)县九乡镇为例》,载《西南民族大学学报(人文社会科学版)》2010年第6期。

住房”,29.88%的村民表示是因为“已在城市居住”,20.75%的村民表示是因为“生病或子女上学急需用钱”,8.65%的村民表示是因为“建新房,旧房闲置”,还有5.31%的村民未予表态,选择了“不清楚”。见图8-5。

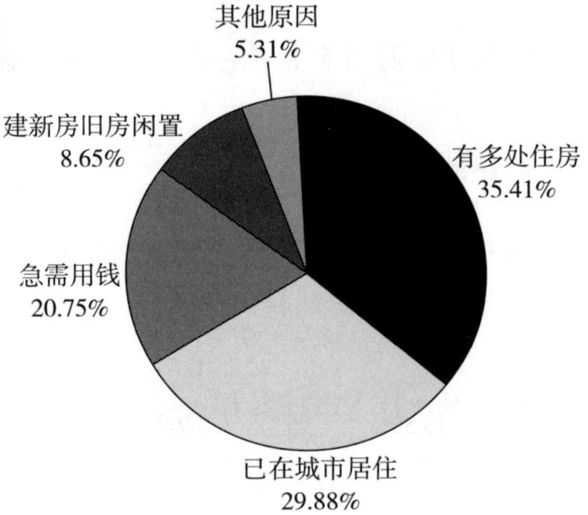

图8-5 村民转让房屋的原因

可见,究其村民转让房屋的原因,73.94%(35.41%+29.88%+8.65%)的村民要么是已在城市居住,要么是有多套房屋。不过,仍有20.75%的村民是因为生病或子女上学急需用钱而转房,一旦放开农房流转,此部分人失房后的保障将成问题。

在问及村民房屋转让后居住问题如何解决时,39.98%的村民选择“到城镇居住”,35.62%的村民选择“继续留在村里,租其他人的房子住”,10.66%的村民选择“找村集体解决居住”,4.58%的村民希望“政府帮助解决居住”,还有9.16%的村民没有考虑过房屋转让后如何解决居住的问题,选择了“不清楚”。见图8-6。

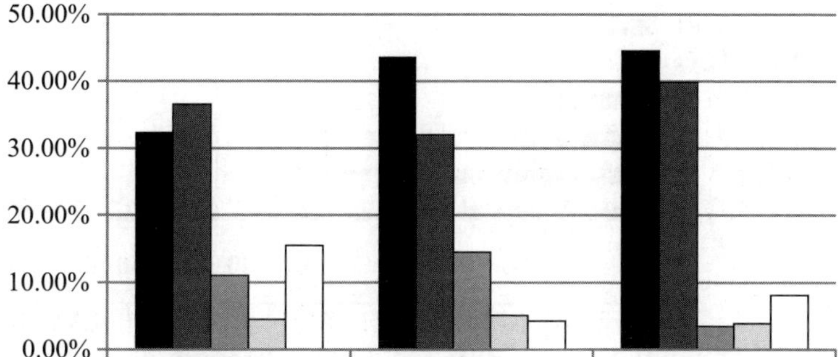

	都江堰市	金堂县	青白江区
■到城镇居住	32.43%	43.64%	44.64%
■租村里房子住	36.58%	32.06%	39.82%
■找集体帮助解决	11.02%	14.50%	3.50%
□找政府帮助解决	4.47%	5.08%	3.90%
□尚未考虑	15.50%	4.24%	8.10%

图8－6　村民房屋转让后居住问题解决方式

可见,39.98%的村民表示已有“到城镇居住”的打算,而金堂县和青白江区的这一比例更是达到44%,说明有相当一部分农民已融入城市生活。然而现行制度又限制自由转让农村房屋和宅基地,因此,有必要建立宅基地附条件的退出机制,鼓励农民退出闲置宅基地,并给予其合理补偿。

在问及村民不愿意转让房屋的原因时,44.32%的村民表示是因为“担心转让后,没房子住了”,22.51%的村民表示是因为“不习惯陌生人在村里住”,15.57%的村民表示是因为“担心无法落叶归根”,8.52%的村民表示是因为“宅基地是祖产,转让后会被说成是败家子”,4.92%的村民表示是因为“宅基地风水好,转让后怕影响后人发展”,余下4.15%的村民表示是由于其他原因。见图8－7。

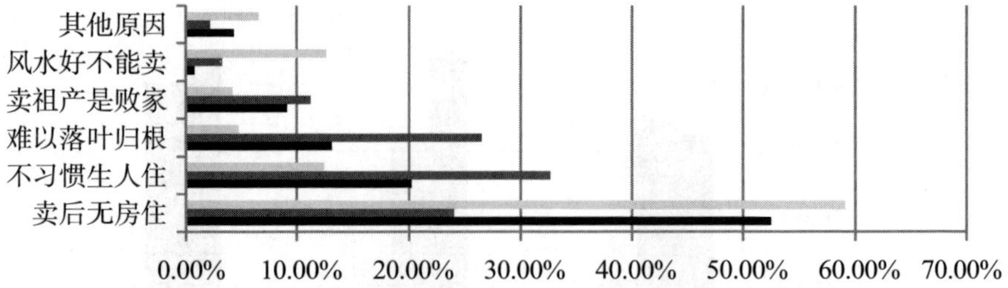

	卖后无房住	不习惯生人住	难以落叶归根	卖祖产是败家	风水好不能卖	其他原因
都江堰市	52.51%	20.21%	13.13%	9.14%	0.74%	4.28%
金堂县	24.04%	32.67%	26.50%	11.25%	3.24%	2.16%
青白江区	59.09%	12.45%	4.74%	4.15%	12.65%	6.52%

图 8－7　村民不愿意转让房屋的原因

可见,对于不愿转让房屋的这部分村民,虽然也受“不习惯陌生人到村里住”、“担心以后无法落叶归根”、“卖祖产是败家子”以及“自家房屋风水好,卖了影响后代发展”等传统观念制约,但对于都江堰市和青白江区的受访村民而言,将“房屋变卖后无房居住”才是最大原因。因此,在严格执行“一户一宅”政策的情况下,考虑到失房后的居住问题,农民一般不会出售其房屋,这同时也显示出了当前农村房屋住房保障体系有待完善。

三、村民对房屋自由转让的态度

当问及农村房屋只能在本集体经济组织内部转让而不能对外转让的法律规定是否合理时,34.72% 的村民认为“合理”,50.04% 的村民认为“不合理”,还有 15.24% 的村民选择了不清楚。见图 8－8。

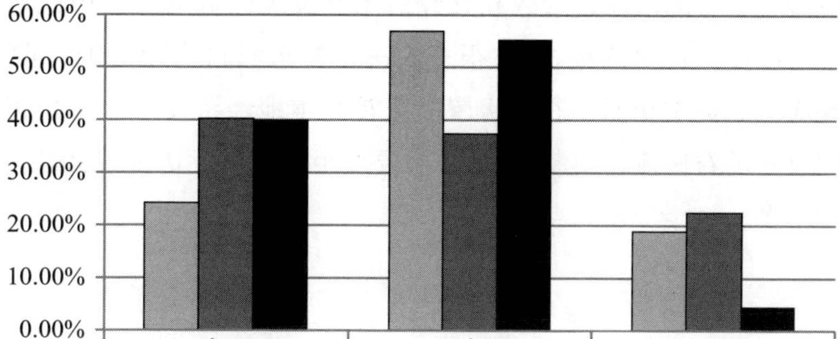

	合理	不合理	不清楚
都江堰市	24.20%	56.90%	18.89%
金堂县	40.22%	37.38%	22.40%
青白江区	40.05%	55.30%	4.65%

图8－8　村民对房屋不能对外转让的看法

在问及如果全面放开房屋转让的限制村民对此的态度时，51.74%的村民表示“赞成”，26.13%的村民表示“不赞成”，还有22.13%的村民对此比较漠然，选择了“不清楚”。见图8－9。

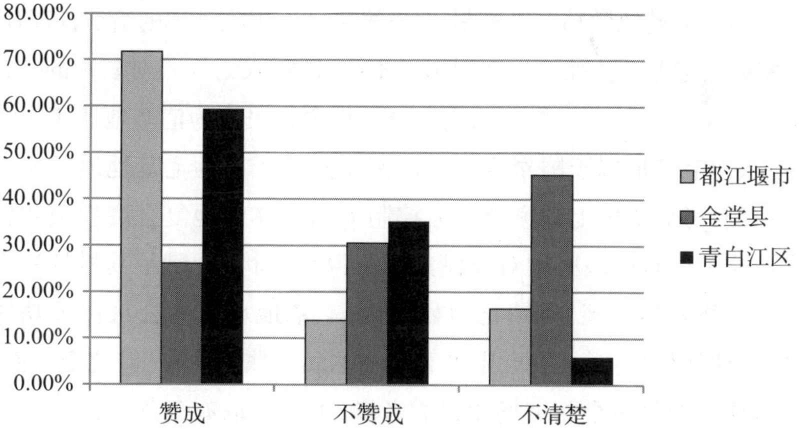

图8－9　村民对全面放开房屋转让限制的态度

50.04%的村民认为现行的“房屋只能在本集体经济组织内部转让，禁止城里人到农村购房”的法律规定是不合理的；51.74%的村民赞成“全面放开房屋转让的限制”，特别是在都江堰市这一比例更高达

70.58%,这与都江堰是景区和其经济水平发展较高有关。由此可见,与城市房屋可以自由流转相比,很多农民也要求农村房屋“同证同权”,以实现房屋的资本功能。农村房屋的流转与本地经济发展水平呈正相关,即便放开了农房流转限制,交易也主要发生在经济发达区域,偏远地区交易并不多。

小 结

通过本章的实证调研,笔者发现,在宅基地管理方面,“一户一宅”执行情况总体不错,但也有基于继承等合法原因导致的“一户多宅”现象,因此现行法上的“一户一宅”应当修订,农民建房占用耕地也应有一定比例,耕地保护还需加强,应当考虑农民的实际,尊重农民的选择,不宜盲目推行集中居住,宅基地的福利性仍需坚持,不宜全面推行宅基地的有偿使用;当宅基地闲置比较普遍时,应当加强宅基地整理,提高节约集约化利用水平,同时应当建立宅基地激励退出机制,对农民主动退出宅基地的给予合理补偿,农民掌握的宅基地法律法规知识水平不高,还需大力加强对农民的农村宅基地普法知识培训。在宅基地产权方面,很多农民认为宅基地属于个人私产,但认为宅基地属于国家所有的比例竟然高于认为宅基地属于集体所有的比例,可见历史上国家公权力控制下的集体土地复合产权模式仍有强大影响力。现阶段必须对农民集体予以私法构造,赋予其村社法人地位。在经济发达地区,城镇化明显加快,宅基地承担的公法保障功能下降,宅基地使用权流转活跃,财产和流通的私法属性彰显,但就全国而言,宅基地使用权是否全面市场化仍需考量,可否采取有条件进入市场的模式,比如已有其他稳定的住所等,但这些条件在实务操作中往往不易判别。

第九章　研究结论与立法建议

第一节　坚持渐进式改革

中国农村宅基地管理及产权制度完善和创新的前提条件是坚持渐进式改革。

渐进式改革在中国取得了巨大成功,并仍将坚持下去,中国选择渐进式改革的原因主要有:一是改革具有探索性,改革的初始条件影响改革进路的选择;二是改革具有复杂性,中国人多地广,各地发展仍不平衡,只能因地制宜,不能同步推进;三是改革是摸着石头过河,具有试验性,需要通过试验改革获得经验支持和改革动力;四是改革要保持社会稳定,避免社会震荡。渐进式改革有以下几个特点:第一,做大蛋糕,增大经济总量,改革具有"帕累托改进"的性质;第二,增量改革,保留改革旧体制的同时,不断引入新体制;第三,试验推广,在小范围试点,由点及面,取得经验后逐步推广;第四,非激进改革,避免与既有的制度规定直接抵触,保证改革的平稳推进。①

总之,中国的基本国情决定了中国必须实行渐进式的改革,中国实行的是土地国家所有和农民集体所

---

① 参见林毅夫、蔡昉、李周:《中国的奇迹:发展战略与经济改革》(增订版),上海人民出版社2014年版,第191~195页。

有的社会主义土地公有制,这一基本制度不可动摇。中国人多地少,必须实行最严格的耕地保护制度,严格控制农用地转为非农用地。土地用途管制是任何一个国家的通例,我国也不例外,必须加强宅基地的用途管制,农民收入有限,城乡差距进一步扩大,必须重视宅基地资本功能,增加农民收入,保护农民利益。与此同时,农村的整体社会保障体制还不健全,宅基地仍承担着一定的保障功能,必须兼顾宅基地的资本功能和保障功能,有限度地引入市场机制,渐进式对宅基地制度进行创新。

第二节　研究结论与立法建议

一、研究结论

(一)公法控制(管理制度)方面的完善

1.加强乡村规划,助推乡村振兴

健全村庄建设规划和土地利用总体规划,防止乱占乱建现象发生,村庄建设要因地制宜,分类指导,尊重当地习俗,保护乡村传统,体现乡村风貌和农村特色,提倡住宅建筑风格多元化,农房建设的本地化和个性化;加强公共配套基础设施建设,适度推动农村住宅建设产业化发展,注重生态环境保护,方便群众生活,提升生活质量。

2.加强宅基地用途管制,保障居有其屋

宅基地规划管理是宅基地用途管制的基础,用途管制应成为我国宅基地利用管理的核心,当事人应严格以规划确定的用途使用宅基地,禁止在宅基地上开发“小产权房”;一般的集体建设用地的利用以发挥土地的资本功能为主,而在现阶段,宅基地的利用仍需坚持其保障功能,宅基地制度设计的基本目标是居有其屋,解决广大农民的居住问题。

3. 立足内涵挖潜，稳妥推进集中

积极开展宅基地整理工作，提高宅基地节约集约利用化水平，规范开展城乡建设用地增减挂钩试点工作，合理分配土地指标流转中的增值收益，维护农村和农民利益。要与当地经济发展水平和产业发展相适应，充分尊重农民意愿，考虑农民实际，不作强行安排，稳妥推进农民集中居住，严禁盲目大拆大建和强迫农民上楼。

4. 建立宅基地退出机制，给予合理补偿

国家鼓励有条件的农民自愿退出宅基地，以减少宅基地闲置现象，退出的宅基地纳入集体建设用地储备，并给予退出人以合理补偿，补偿标准不得低于当地征地补偿标准。大力加强农村住房保障体系建设，为农民退出宅基地提供动力。

（二）私法方面的完善

1. 明晰宅基地的所有权主体，以社区法人理论重构集体土地所有权

正确理解从归属到利用的物权法思潮，辩证看待和借鉴产权理论，抛弃虚化所有权做实使用权论调。集体土地所有权主体的界定不容回避，应将其纳入科学的民法理论予以重构，回归其法律上的民事主体资格。产权的清晰界定并不能推导出产权的私有化，国有产权、集体产权以及个人产权，只要产权主体是明确的，都是清晰的产权，产权的界定要充分考虑政治、经济、历史等各方面因素，中国土地制度从古至今都是一种复合的产权，传统的村社一直影响着中国农村土地制度的建构，重构我国集体土地所有制，仍需尊重集体对土地权利的拥有，从现代科学的民法理论出发，借鉴村社所有权立法，结合我国社团法人理论，以农村社区法人取代农民集体所有。

2. 维护现有宅基地产权制度，兼顾宅基地的保障功能与资本功能，建立以宅基地使用权分层设立为中心的利用模式

立足于我国国情，宅基地的保障功能和资本功能对农民都很重要，必须兼顾。根据土地空间权理论以及《民法典》有关建设用地使用权分层设立的规定，建立宅基地使用权的分层设立制度，兼顾宅基地的保障

功能和资本功能。

对于附着地表上下四至一定范围内的宅基地确定为保障性宅基地使用权,只能由具有本集体经济组织成员身份的农民取得,仍实行无偿、70 年的有期限制度(届满后可自动续期),限制其流转,让其继续承担住房保障功能。

在保障性宅基地确定的上下四至范围之外,宅基地地表之上或地表之下的空间四至范围确定为资产性宅基地使用权,取得人不受身份限制,实行有偿、70 年的有期限制度(届满后可自动续期),资产性宅基地使用权可上市流转,以发挥其资本功能,增加集体经济组织和农民收益。

3. 区分宅基地使用权的单独流转和宅基地上建有房屋后因房屋处分导致的宅基地使用权流转,引入租赁权制度,重构农房交易房地异主问题

现有宅基地使用权的交易限制主要针对单纯的宅基地使用权,而在宅基地上建有房屋后,因房屋处分而导致宅基地使用权的流转如何规制,现有法律并未明确,这就为制度创新提供了空间。现行法律并未禁止农房上市流转,我国在法律层面关于房地一体交易的立法规定,主要是针对国有土地及其地上的房屋,对于集体土地上的房屋却未作规定。我国立法一贯承认土地和房屋可分别成为所有权客体,应当适度分离房地一体捆绑交易规则,权利人应可分别处分,当分别交易后出现房地权属主体不一致时,通过地上权或租赁权予以调适。由于我国法律上的农村宅基地使用权本质上是传统法上的地上权,即利用农民集体的土地修建住房的权利,考虑用益物权性质的宅基地使用权(地上权)取得受身份属性的限制,通过引入租赁权制度,农村房屋的受让人可基于债权性质的宅基地使用权租赁权取得房屋的所有权。

4. 宅基地"三权分置"下的土地利用结构为"土地所有权—土地使用权—次级土地使用权",对应的"三权"应为"宅基地所有权、宅基地使用权和宅基地地上权"

宅基地"两权分置"仍是常态,仅当涉及流转情形下,才存在宅基地

"三权分置",宅基地"三权分置"针对的是农户已建有房屋,因房屋的流转而产生的宅基地权利分置。中央文件提出宅基地"三权分置",并非另起炉灶,要消灭代替现有的宅基地"两权分置"制度,也不是要减损农户已有的宅基地权利,而是在完善现有宅基地制度上的创新。中央文件提出的宅基地"三权分置"是政策术语,应当将其转化为严谨的法律术语,宅基地"三权分置"下的土地利用结构为"土地所有权—土地使用权—次级土地使用权",对应的"三权"应为"宅基地所有权、宅基地使用权和宅基地地上权"。中央文件中提出的"宅基地资格权"应理解为设立了次级宅基地使用权后权能受限的现行法上的宅基地使用权,不应再单列宅基地资格权。中央文件中提出的"放活的宅基地使用权"不具有成员身份属性,它派生于具有成员身份的农户宅基地使用权,可以将其命名为宅基地地上权。

5. 以私法理论重构宅基地的若干微观机制

第一,强化宅基地使用权登记的物权效力。我国在宅基地使用权登记上要转变立法观念,从重行政管理转变到重登记的私法意义,强化宅基地使用权登记私法上的物权效力,加强对登记权利人的私法保护,维护物权秩序,保护交易安全。

第二,改革宅基地使用权取得的审批制度,通过他物权理论重构宅基地使用权取得的私法结构。宅基地使用权的母权是农民集体土地所有权,宅基地使用权的取得是通过农民与农民集体签订合同予以设立,农民取得宅基地使用权无须支付合同的对价,它是农民基于集体经济组织成员应享的权利。

第三,确立宅基地使用权的有期限性。参照国有土地上住宅建设用地使用期限的规定,农民宅基地使用权的期限确定为70年,自宅基地使用权得到批准之日起算,考虑到社会稳定与城乡建设用地规则的一致,仍可规定农村住房宅基地使用权期满的,自动续期。

第四,明确宅基地使用权的权利主体为"户"内的家庭成员。农村村民的房屋可以继承,继承房屋的同时取得房屋下面的宅基地使用权,宅基地使用权不得单独继承。

第五,改一户只能拥有一处宅基地为一户只能申请一处宅基地。一户一宅是宅基地初始取得时的限制规定,而非宅基地使用权继受取得的限制性规定,法律不应限制农民基于合法原因取得两处以上的宅基地使用权。

(三)配套制度方面的完善

1. 加强农村社会保障体系建设,弱化宅基地的社会保障功能

在宅基地仍主要承担着住房保障功能的前提下,宅基地上市流转的成本极高,土地自然难于流动,虽然宅基地承担保障功能一定程度实现了农村社会的稳定,但是也影响了宅基地的利用效率。社会保障本是国家或社会组织的职能,而非土地等生产要素的职能,因此加强农村社会保障,剥离土地保障功能的替代安排,恢复土地生产要素本来面目,发挥其资本功能。

应从以下几个方面加强农村社会保障体系建设:第一,改革户籍制度,实现城乡居民的双向自由流动,制定鼓励农民进城的配套政策;第二,完善农村住房保障体系,解决农村低收入农民的住房困难;第三,完善农村社会养老保险制度;第四,完善农村合作医疗保障制度,提高农村合作医疗的补贴标准和待遇水平;第五,建立失地农民专项保险机制;第六,建立健全覆盖城乡的促进就业长效机制,完善就业及救助等社会保障体系。

2. 健全乡村治理结构,保护农民土地权益①

第一,推进乡镇综合改革,转变乡镇政府职能。积极推进乡镇机构分类改革和管理,转变乡镇政府职能,完善乡村社会的公共管理和公共服务体系,努力建设乡镇服务型政府;完善乡镇政府的社会管理职能,加强农村矛盾纠纷的调处,加强农村人口的管理,维护农村社会的稳定和谐;加强对新农村建设的规划,落实政府的各种惠农政策,引导农民应用先进农业技术等。

---

① 参见陈锡文、赵阳、罗丹:《中国农村改革30年回顾与展望》,人民出版社2008年版,第499~508页。

第二，完善村级治理机制，加强村民自治建设。要理顺村委会与乡镇间的关系，明确乡镇政府与村委会的权力边界，乡镇要尊重村委会的地位，尊重村民的自治权利，扩大村民自治范围；要理顺村委会与集体经济组织间的关系，剥离村委会对村集体经济组织土地及其他财产的控制权，使其成为以提供公共服务为主的组织；理顺村委会与村民的关系，限制村委会过度干预农民土地的权利，切断村民对村委会的依附关系，将村委会改造成为真正意义上的社区群众组织。

第三，培育农民自治组织，维护农民权益。当前，农民的权利意识、民主意识普遍提高，农民对知情权、参与权、表达权和监督权的需求欲望强烈，各种村民自治组织都有了一定发展，在征地拆迁、维护社会稳定、增加农民收入等方面发挥了重要作用。政府要扶持农民自治组织的建立，提高其作为一个整体的谈判能力，通过农民组织来维护农民个体的利益，也减轻了国家管理农村社会的成本。

3. 建立宅基地流转收益分配机制，助推宅基地流转

宅基地使用权流转收益分配涉及政府、农民集体和农民，他们对于宅基地使用流转收益分配都各持有据。政府代表国家，是国家领土主权的代表，土地的价值提升与国家的投资建设密不可分，政府参与宅基地使用权流转收益分配也是其行使土地管理职能的表现。农民集体是宅基地的法定所有权人，而所有权的权能之一即是收益权能，因此其参与分配也是理所当然。农民作为宅基地的使用权人，其参与收益分配更是不容置疑。应当在这三者之间构建一套公平合理的收益分配机制。

就宅基地使用权初次流转而言，农民取得宅基地使用权一般是无偿的，不存在流转收益分配的问题。宅基地使用权的再次流转主要是针对宅基地上建有房屋，因房屋流转所致宅基地使用权的流转，由于农房流转的价值实际包含了宅基地的价值，因此存在政府、农民集体和农民三者对农房流转收益的分配问题。政府不宜直接参与流转收益的分配，其收益应通过税收形式体现，农民集体可考虑将取得10%左右的流转收益用于集体公共设施建设等，其余90%左右的流转收益都应归农

民所有。

二、立法建议

《土地管理法》再次修订时,根据本书的研究,建议完善增加以下内容:

第一,实行土地整理,加强宅基地节约集约利用,稳妥推进农村村民集中居住,逐步实现小城镇建设。

第二,无房居住的农村村民,宅基地面积少于规定标准的,已经分户的,现有宅基地低于分户标准的等情形可以申请宅基地使用权。

第三,农村村民可与集体经济组织签订合同取得宅基地使用权,该合同应经乡(镇)人民政府审核批准后生效。

第四,宅基地使用权的期限为70年,自宅基地使用权得到批准之日起算,农村住房宅基地使用权期满的,自动续期。

第五,国家鼓励有其他居住条件的农民自愿腾退宅基地并给予奖励,退出的宅基地纳入集体建设用地储备,农村村民退出宅基地的补偿,不得低于当地征地补偿标准。

第六,农村村民向金融机构贷款的,可以宅基地上的房屋抵押,利用宅基地上的房屋进行抵押的,宅基地使用权一并抵押。禁止宅基地使用权单独抵押。

第七,农村村民的房屋可以继承,继承房屋的同时继承取得房屋下面的宅基地使用权,宅基地使用权不得单独继承。

第八,因农村住房出售、抵押导致房屋所有权转移,受让人不是本集体经济组织成员的,受让人可基于债权性质的宅基地使用权租赁权取得房屋的所有权。

第九,宅基地使用权可以在土地的地表、地上或者地下一定的空间范围内分别设立。新设立的宅基地使用权,不得损害已设立的用益物权。

第十,农村村民一户只能申请一处符合法定面积标准的地表宅基地,其地表宅基地的面积不得超过省、自治区、直辖市规定的标准,农村村民出售、出租、赠与住宅后，再申请宅基地的，不予批准。

第十一，地表宅基地使用权只能分配给本集体经济组织成员。地表宅基地因自然原因灭失的，对失去宅基地的集体经济组织成员，应当重新分配地表宅基地。地表宅基地使用权人经本集体经济组织同意，可以将其宅基地向符合宅基地申请条件的本集体经济组织成员转让、赠与或者出租。农村村民在转让、赠与或者出租地表宅基地后，再申请地表宅基地的，不予批准。

第十二，地上或地下宅基地使用权，可以采取出让有偿等方式设立，取得方不受身份限制，地上或地下宅基地使用权人有权将宅基地使用权转让、互换、赠与、出租或者抵押。地上或地下宅基地使用权的取得、行使和转让，可参照《民法典》中建设用地使用权的规定。

参考文献

一、著作类

[1]毕宝德主编:《土地经济学》(第7版),中国人民大学出版社2016年版。

[2]陈小君等:《农村土地法律制度的现实考察与研究》,法律出版社2010年版。

[3]陈小君等:《我国农村集体经济有效实现的法律制度研究——理论奠基与制度构建》,法律出版社2016年版。

[4]陈华彬:《物权法》,法律出版社2004年版。

[5]陈华彬:《民法典与民法物权》,法律出版社2009年版。

[6]陈锡文、赵阳、罗丹:《中国农村改革30年回顾与展望》,人民出版社2008年版。

[7]陈祥健:《空间地上权研究》,法律出版社2009年版。

[8]蔡卫化:《土地登记实务精解》,中国法制出版社2010年版。

[9]蔡继明、邝梅主编:《论中国土地制度改革——中国土地制度改革国际研讨会论文集》中国财政经济出版社2009年版。

[10]柴荣:《中国古代物权法研究——以土地关

系为研究视角》,中国检察出版社 2007 年版。

[11]崔建远等:《中国房地产法研究》,中国法制出版社 1995 年版。

[12]邓建鹏:《财产权利的贫困——中国传统民事法研究》,法律出版社 2006 年版。

[13]费孝通:《乡土中国》,天地出版社 2020 年版。

[14]费孝通:《江村经济》,生活·读书·新知三联书店 2021 年版。

[15]高富平《土地使用权和用益物权——我国不动产物权体系研究》,法律出版社 2001 年版。

[16]郝益东:《中国住房观察与国际比较》,中国建筑工业出版社 2009 年版。

[17]黄薇主编:《中华人民共和国民法典物权编解读》,中国法制出版社 2020 年版。

[18]黄薇主编:《中华人民共和国民法典总则编解读》,中国法制出版社 2020 年版。

[19]黄宗智:《清代的法律、社会与文化:民法的表达与实践》,上海书店出版社 2007 年版。

[20]韩松、姜战军、张翔:《物权法所有权编》,中国人民大学出版社 2007 年版。

[21]韩俊主编:《中国农村土地问题调查》,上海远东出版社 2009 年版。

[22]胡康生主编:《中华人民共和国物权法释义》,法律出版社 2007 年版。

[23]金俭:《不动产财产权自由与限制研究》,法律出版社 2007 年版。

[24]纪敏编著:《中国房地产政策法规与实践》,学苑出版社 1991 年版。

[25]蒋省三、刘守英、李青:《中国土地政策改革:政策演进与地方

实施》，上海三联书店2010年版。

[26]刘俊：《中国土地法理论研究》，法律出版社2006年版。

[27]林毅夫、蔡昉、李周：《中国的奇迹：发展战略与经济改革》（增订版），上海人民出版社2014年版。

[28]梁慧星主编：《中国物权法研究》（下），法律出版社1998年版。

[29]梁慧星主编：《民商法论丛》（第46卷），法律出版社2010年版。

[30]梁启超：《饮冰室合集》（文集第6册），上海中华书局1936年版。

[31]黎世衡：《中国古代公产制度考》，世界书局1922年版。

[32]《马克思1844年经济学哲学手稿》，人民出版社2018年版。

[33]《马克思恩格斯选集》（第3卷），人民出版社1972年版。

[34]《马克思恩格斯全集》（第19卷），人民出版社1963年版。

[35]《马克思恩格斯全集》（第25卷），人民出版社1974年版。

[36]《马克思恩格斯全集》（第28卷），人民出版社1973年版。

[37]《马克思恩格斯全集》（第46卷），人民出版社1979年版。

[38]全国人民代表大会常务委员会法制工作委员会民法室编著：《物权法立法背景与观点全集》，法律出版社2007年版。

[39]孙宪忠：《争议与思考——物权立法笔记》，中国人民大学出版社2006年版。

[40]孙宪忠：《论物权法》（修订版），法律出版社2008年版。

[41]孙宪忠：《德国当代物权法》，法律出版社1997年版。

[42]苏力：《法治及其本土资源》（修订版），中国政法大学出版社2004年版。

[43]盛洪主编：《现代制度经济学》（上下卷），北京大学出版社2003年版。

[44]石莹、赵昊鲁：《马克思主义土地理论与中国农村土地制度变迁》，经济科学出版社2007年版。

[45]史尚宽:《物权法论》,中国政法大学出版社2000年版。

[46]宋志红:《中国农村土地制度改革研究:思路、难点与制度建设》,中国人民大学出版社2017年版。

[47]魏莉华等:《新〈土地管理法〉学习读本》,中国大地出版社2019年版。

[48]王利明:《物权法研究》(第4版,下卷),中国人民大学出版社2018年版。

[49]王利明主编:《物权法名家讲坛》,中国人民大学出版社2008年版。

[50]王利明:《物权法研究》(修订版,下卷),中国人民大学出版社2007年版。

[51]王建平:《民法学》(上),四川大学出版社1994年版。

[52]王泽鉴:《民法物权》(第2版),北京大学出版社2010年版。

[53]王卫国:《中国土地权利研究》,中国政法大学出版社1997年版。

[54]吴易风、关雪凌等:《产权理论与实践》,中国人民大学出版社2010年版。

[55]谢在全:《民法物权论》(上册),中国政法大学出版社2011年版。

[56]尹田:《物权法理论评析与思考》,中国人民大学出版社2004年版。

[57]杨遂全:《比较民商法》(修订版),法律出版社2007年版。

[58]杨立新主编:《民商法理论争议问题——用益物权》,中国人民大学出版社2007年版。

[59]杨德才主编:《新制度经济学》(第2版),中国人民大学出版社2019年版。

[60]朱岩、高圣平、陈鑫:《中国物权法评注》,北京大学出版社2007年版。

[61]周枏:《罗马法原论》(上册),商务印书馆2014年版。

[62]周其仁:《城乡中国》(修订版),中信出版集团2017年版。

[63]周其仁:《产权与制度变迁》(增订本),北京大学出版社2004年版。

[64]郑玉波:《民法物权》(修订版),台北,三民书局1992年版。

[65]郑天挺主编:《及时学人谈丛》,中华书局2002年版。

[66]赵冈、陈钟毅:《中国土地制度史》,新星出版社2006年版。

[67]张五常:《经济解释卷四:制度的选择》(神州增订版),中信出版社2014年版。

[68]张群:《居有其屋——中国住房权历史研究》,社会科学文献出版社2009年版。

[69]张广荣:《我国农村集体土地民事立法研究论纲》,中国法制出版社2007年版。

[70]张荣顺主编:《中华人民共和国民法总则解读》,中国法制出版社2017年版。

[71]最高人民法院民法典贯彻实施工作领导小组主编:《中华人民共和国民法典总则编理解与适用》(上),人民法院出版社2020年版。

[72]最高人民法院物权法研究小组编著:《〈中华人民共和国物权法〉条文理解与适用》,人民法院出版社2007年版。

[73]中国民法典草案建议稿课题组负责人梁慧星主编:《中国民法典草案建议稿附理由:物权编》,法律出版社2013年版。

[74]中国物权法研究课题组负责人梁慧星主编:《中国物权法草案建议稿附理由》(第2版),社会科学文献出版社2007年版。

[75]中国社会科学院农村发展研究所宏观经济研究室编:《农村土地制度改革:国际比较研究》,社会科学文献出版社2009年版。

[76][德]黑格尔:《法哲学原理》,杨东柱、尹建军、王哲编译,北京出版社2007年版。

[77][德]卡尔·拉伦茨:《德国民法通论》(上册),王晓晔等译,法律出版社2004年版。

[78][德]汉斯-贝恩德·舍费尔、克劳斯·奥特:《民法的经济分

析》(第4版),江清云、杜涛译,法律出版社2009年版。

[79][法]狄骥:《拿破仑法典以来之私法的普通变迁》,徐砥平译述,上海社会科学院出版社2017年版。

[80][荷]何·皮特:《谁是中国土地的拥有者?——制度变迁、产权和社会冲突》,林韵然译,社会科学文献出版社2008年版。

[81][美]R.科斯、A.阿尔钦、D.诺斯等:《财产权利与制度变迁——产权学派与新制度学派译文集》,刘守英等译,上海人民出版社1994年版。

[82][美]道格拉斯·C.诺思:《制度、制度变迁与经济绩效》,杭行译,上海人民出版社2008年版。

[83][美]道格拉斯·C.诺思:《经济史中的结构与变迁》,陈郁、罗华平等译,三联书店上海分店1991年版。

[84][美]格瑞特·汤姆森:《洛克》,袁银传、蔡红艳译,清华大学出版社2019年版。

[85][美]阿列克斯·施瓦兹:《美国住房政策》,黄瑛译,中信出版社2008年版。

[86][美]A.米切尔·波林斯基:《法和经济学导论》(第3版),郑戈译,法律出版社2009年版。

[87][美]哈罗德·J.伯尔曼:《法律与革命:西方法律传统的形成》(中文修订版,第1卷),高鸿钧等译,法律出版社2008年版。

[88][美]哈罗德·J.伯尔曼:《法律与革命:新教改革对西方法律传统的影响》(第2卷),袁瑜琤、苗文龙译,法律出版社2008年版。

[89][美]罗伯特·考特、托马斯·尤伦:《法和经济学》,张军译,上海三联书店1994年版。

[90][美]理查德·波斯纳:《法律的经济分析》(第7版,中文第2版),蒋兆康译,法律出版社2012年版。

[91][美]约翰·G.斯普兰克林:《美国财产法精解》(第2版),钟书峰译,北京大学出版社2009年版。

[92][美]D.布迪、C.莫里斯:《中华帝国的法律》,朱勇译,江苏人

民出版社 2010 年版。

[93][美]路易斯·亨利·摩尔根:《古代社会》(下册),杨东莼、马雍、马巨译,商务印书馆 2009 年版。

[94][美]伯纳德·施瓦茨:《美国法律史》,王军、洪德、杨静辉译,法律出版社 2018 年版。

[95][美]劳伦斯·弗里德曼:《美国法律史》,周大伟译,北京大学出版社 2020 年版。

[96][美]史蒂文·N. 杜尔劳夫、劳伦斯·E. 布卢姆主编:《新帕尔格雷夫经济学大辞典:第六卷》(第 2 版),经济科学出版社 2016 年版。

[97][南]斯韦托扎尔·平乔维奇:《产权经济学——一种关于比较体制的理论》,蒋琳琦译,经济科学出版社 1999 年版。

[98][日]田山辉明:《物权法》(增订本),陆庆胜译,法律出版社 2001 年版。

[99][日]速水佑次郎、[美]弗农·拉坦:《农业发展的国际分析》(修订扩充版),郭熙保、张进铭等译,中国社会科学出版社 2000 年版。

[100][英]亨利·萨姆奈·梅因:《古代法》,沈景一译,商务印书馆 2009 年版。

二、论文类

[1]艾琴、梁丹辉、张光宏:《建设新农村视角下宅基地使用权制度研究》,载《理论与改革》2008 年第 6 期。

[2]白呈明:《"农户"内部法律关系解析》,载《法学论坛》2003 年第 5 期。

[3]陈小君、蒋省三:《宅基地使用权制度:规范解析、实践挑战及其立法回应》,载《管理世界》2010 年第 10 期。

[4]陈小君:《宅基地使用权的制度困局与破解之维》,载《法学研究》2019 年第 3 期。

[5]陈小君、肖楚钢:《农村土地经营权的法律性质及其客体之

辨——兼评〈民法典〉物权编的土地经营权规则》,载《中州学刊》2020年第12期。

[6]陈小君:《论传统民法中的用益物权及其现实意义》,载《法商研究(中南政法学院学报)》1995年第4期。

[7]陈华彬:《空间建设用地使用权探微》,载《法学》2015年第7期。

[8]陈华彬:《我国民法典物权编立法研究》,载《政法论坛》2017年第5期。

[9]陈柏峰:《农村宅基地限制交易的正当性》,载《中国土地科学》2007年第4期。

[10]陈荣文:《生存保障 vs. 资源优化:我国农村宅基地使用权制度的解构与重建》,载《福建政法管理干部学院学报》2007年第2期。

[11]陈庆:《成都试验》,载《四川党的建设(城市版)》2010年第9期。

[12]陈利根、李新庄:《小产权房的困惑与求解》,载《现代经济探讨》2009年第12期。

[13]程世勇:《"地票"交易:模式演进和体制内要素组合的优化》,载《学术月刊》2010年第5期。

[14]蔡继明:《中国土地私有的分步改革方案》,载蔡继明、邝梅主编:《论中国土地制度改革:中国土地制度改革国际研讨会论文集》,中国财政经济出版社2009年版。

[15]蔡立东:《宅基地使用权取得的法律结构》,载《吉林大学社会科学学报》2007年第3期。

[16]常钦:《让闲置农房成为"黄金屋"》,载《农村·农业·农民(A版)》2018年第8期。

[17]崔建远:《民法分则物权编立法研究》,载《中国法学》2017年第2期。

[18]程雪阳:《体系解释视角下农村违法占地建房执法权限争议的解决》,载《政治与法律》2022年第10期。

[19]都江堰市国土资源局:《灾区房屋联建发出首张"土地证"标志着成都在灾后重建中又向城乡土地"同证同权"迈出坚实一步》,载《资源与人居环境》2009 年第 2 期。

[20]丁文:《论"三权分置"中的土地经营权》,载《清华法学》2018 年第 1 期。

[21]戴孟勇:《城镇居民购买农村房屋纠纷的司法规制》,载《清华法学》2009 年第 5 期。

[22]丁肇辉:《农村宅基地及住房确权登记存在问题和解决建议》,载《中国住宅设施》2022 年第 6 期。

[23]党国英:《土地制度改革要坚持用途管制》,载《中国土地》2010 年第 6 期。

[24]方绍伟:《科斯定理对吗?》,载盛洪主编:《现代制度经济学》(下卷),北京大学出版社 2007 年版。

[25]付鹏:《城市化进程中农村宅基地使用权制度创新》,载《地方财政研究》2009 年第 1 期。

[26]冯兆蕙:《乡村振兴法治化的时代价值、基本框架与实现机制》,载《法律科学(西北政法大学学报)》2022 年第 6 期。

[27]樊文强、谢志杨、莫东:《宅基地管理存在的问题及建议》,载《四川农业与农机》2021 年第 6 期。

[28]郭军卓、蔡继明:《农地制度安排与村民集体行动——小产权房问题探析》,载《财经研究》2009 年第 5 期。

[29]关涛:《大陆法系民法中的人役权——兼论民法典中的用益物权体系》,载《法学论坛》2003 年第 6 期。

[30]桂华、贺雪峰:《宅基地管理与物权法的适用限度》,载《法学研究》2014 年第 4 期。

[31]高圣平:《宅基地制度改革与民法典物权编编纂——兼评〈民法典物权编(草案二次审议稿)〉》,载《法学评论》2019 年第 4 期。

[32]高圣平、刘守英:《宅基地使用权初始取得制度研究》,载《中国土地科学》2007 年第 2 期。

［33］高圣平：《〈民法典〉与农村土地权利体系：从归属到利用》，载《北京大学学报（哲学社会科学版）》2020 年第 6 期。

［34］高圣平：《宅基地制度改革试点的法律逻辑》，载《烟台大学学报（哲学社会科学版）》2015 年第 3 期。

［35］韩康：《宅基地制度存在三大矛盾》，载《人民论坛》2008 年第 14 期。

［36］韩长赋：《中国农村土地制度改革》，载《农业经济问题》2019 年第 1 期。

［37］韩松：《论乡村振兴背景下农民户有所居的住房保障》，载《法律科学（西北政法大学学报）》2022 年第 2 期。

［38］韩松：《坚持农村土地集体所有权》，载《法学家》2014 年第 2 期。

［39］韩松：《国家所有权和集体所有权、私人所有权》，载王利明主编：《物权法名家讲坛》，中国人民大学出版社 2008 年版。

［40］韩世远：《宅基地的立法问题——兼析物权法草案第十三章“宅基地使用权”》，载《政治与法律》2005 年第 5 期。

［41］韩立达、李谱：《四川省农村宅基地问题调查与思考》，载《农村经济》2009 年第 8 期。

［42］韩娜、曹君、褚茜：《关于宅基地回购制度的构建设想》，载《重庆科技学院学报（社会科学版）》2008 年第 2 期。

［43］何宝玉：《我国农村集体经济组织的历史沿革、基本内涵与成员确认》，载《法律适用》2021 年第 10 期。

［44］黄永：《基层宅基地审批管理存在的风险及化解建议——以浙江省乐清市为例》，载《农村经营管理》2022 年第 10 期。

［45］黄延信：《发展农村集体经济的几个问题》，载《农业经济问题》2015 年第 7 期。

［46］黄经南、贺耀庭：《乡村振兴：东亚经验及其启示》，面向高质量发展的空间治理——2020 中国城市规划年会论文集，2021 年 9 月于成都。

[47]胡胜、肖荣武:《村干部审批宅基地中收受财物构成非国家工作人员受贿罪》,载《人民司法(案例)》2016 年第 32 期。

[48]江平:《中国民法典的三个创新》,载《政法论坛》2022 年第 1 期。

[49]蒋亚平、叶红玲:《樊纲访谈录:经济学家眼里的农民、土地与房地产》,载《国土资源》2008 年第 5 期。

[50]蒋青、吴建瓴:《探索促进农民变市民的机制》,载《成都发展改革研究》2007 年第 4 期。

[51]李永军:《集体经济组织法人的历史变迁与法律结构》,载《比较法研究》2017 年第 4 期。

[52]李昌平:《扩大农民地权及其制度建设》,载《中国图书评论》2009 年第 1 期。

[53]李萍、胡雯:《统筹城乡发展中的政府与市场关系:成都例证》,载《改革》2010 年第 1 期。

[54]李孟然、汪立军:《看起来很美——安徽省宣城市农屋抵押贷款调查》,载《中国土地》2008 年第 10 期。

[55]李蕾、陈成:《西班牙〈土地法〉介绍及其对我国〈土地管理法〉修改的启示》,载《国土资源情报》2007 年第 10 期。

[56]李婷婷、龙花楼、王艳飞:《中国农村宅基地闲置程度及其成因分析》,载《中国土地科学》2019 年第 12 期。

[57]李政清:《新型城镇化进程中农村宅基地制度改革探析》,载《城乡建设》2021 年第 6 期。

[58]李威:《空间利用权:土地分层与空间分层的立体利用》,载《中国社会科学院研究生院学报》2014 年第 4 期。

[59]李仁熙、张立:《韩国新村运动的成功要因及当下的新课题》,载《国际城市规划》2016 年第 6 期。

[60]李水山:《韩国的新村运动》,载《中国改革(农村版)》2004 年第 4 期。

[61]刘凯湘:《法定租赁权对农村宅基地制度改革的意义与构

想》,载《法学论坛》2010 年第 1 期。

[62]刘英全:《农村私有房屋转让中涉及的相关法律问题》,载《法律适用》2008 年第 11 期。

[63]刘守英:《中国土地制度改革:上半程及下半程》,载《国际经济评论》2017 年第 5 期。

[64]刘云生:《农村土地所有权国有化的必要性与可能性探析》,载《河北法学》2006 年第 5 期。

[65]刘国栋:《论宅基地三权分置政策中农户资格权的法律表达》,载《法律科学(西北政法大学学报)》2019 年第 1 期。

[66]刘继来、刘彦随、李裕瑞:《2007—2015 年中国农村居民点用地与农村人口时空耦合关系》,载《自然资源学报》2018 年第 11 期。

[67]刘黎明、Rim SangKyu:《韩国的土地利用规划体系和农村综合开发规划》,载《经济地理》2004 年第 3 期。

[68]刘小萌:《清前期北京旗人满文房契研究》,载《民族研究》2001 年第 4 期。

[69]龙花楼:《中国农村宅基地转型的理论与证实》,载《地理学报》2006 年第 10 期。

[70]龙花楼:《论土地整治与乡村空间重构》,载《地理学报》2013 年第 8 期。

[71]吕月珍、吴宇哲:《农村宅基地储备制度初探》,载《西北农林科技大学学报(社会科学版)》2008 年第 6 期。

[72]林毅夫:《关于制度变迁的经济学理论:诱致性变迁与强制性变迁》,载[美]R. 科斯、A. 阿尔钦、D. 诺斯等:《财产权利与制度变迁——产权学派与新制度学派译文集》,刘守英等译,上海人民出版社 1994 年版。

[73]卢玉志、顾维萍、贾哲:《韩国新村运动对我国实施乡村振兴战略的启示与借鉴》,载《河北金融》2017 年第 7 期。

[74]孟勤国:《物权法开禁农村宅基地交易之辩》,载《法学评论》2005 年第 4 期。

[75]马俊驹、王彦:《解决小产权房问题的理论突破和法律路径——结合集体经营性建设用地平等入市进行研究》,载《法学评论》2014年第2期。

[76]欧阳安蛟、蔡锋铭、陈立定:《农村宅基地退出机制建立探讨》,载《中国土地科学》2009年第10期。

[77]潘磊、葛幼松:《"小产权房"的产生原因、影响以及解决方法探讨——基于保障性住房体系的视角》,载《现代城市研究》2014年第4期。

[78]钱忠好:《中国农村土地制度历史变迁的经济学分析》,载《江苏社会科学》2000年第3期。

[79]曲颂、仲鹭勍、郭君平:《宅基地制度改革的关键问题:实践解析与理论探释》,载《中国农村经济》2022年第12期。

[80]邱道持、赵亚萍、胡蓉:《农村宅基地产权制度建设探讨》,载《中国发展》2008年第4期。

[81]瞿理铜:《日韩住宅用地制度的启示》,载《中国国情国力》2016年第10期。

[82]宋志红:《宅基地使用权流转的困境与出路》,载《中国土地科学》2016年第5期。

[83]宋志红:《宅基地"三权分置"的法律内涵和制度设计》,载《法学评论》2018年第4期。

[84]宋志红:《论农村集体经济组织对集体土地所有权的代表行使——〈民法典〉第262条真义探析》,载《比较法研究》2022年第5期。

[85]孙宪忠:《推进农地三权分置经营模式的立法研究》,载《中国社会科学》2016年第7期。

[86]孙宪忠:《推进我国农村土地权利制度改革若干问题的思考》,载《比较法研究》2018年第1期。

[87]孙宇、冯向辉:《宅基地优先购买权初探》,载《中国农村观察》2007年第5期。

[88]孙建伟:《宅基地"三权分置"中资格权、使用权定性辨析——

兼与席志国副教授商榷》,载《政治与法律》2019 年第 1 期。

[89]沈永敏:《农村宅基地使用权抵押问题探讨》,载《东南大学学报(哲学社会科学版)》2008 年第 S2 期。

[90]苏红键:《中国城镇化改革红利:一个量化空间分析》,载《中国农村经济》2022 年第 11 期。

[91]苏勇、黄志勇:《小产权房转化为保障性住房的路径选择》,载《现代经济探讨》2011 年第 2 期。

[92]史卫民、曹姣:《论农村闲置宅基地与农房收储的制度构建》,载《经济纵横》2021 年第 10 期。

[93]宋旭明:《我国农村集体土地所有权制度之积弊及其改革》,载《江西社会科学》2009 年第 5 期。

[94]申卫星:《物权法定与意思自治——解读我国〈物权法〉的两把钥匙》,载《法制与社会发展》2013 年第 5 期。

[95]申欣欣:《宅基地使用权审批制度研究》,载《中国农业大学学报(社会科学版)》2006 年第 1 期。

[96]史晋川:《法律经济学评述》,载《经济社会体制比较》2003 年第 2 期。

[97]盛荣:《借鉴美国经验,构筑中国农村住房扶助体系》,“中国农村建筑与环境技术创新学术研讨会”会议论文,2006 年 11 月于北京。

[98]唐黎标:《英、韩、美如何帮低收入者买房》,载《上海房地》2006 年第 4 期。

[99]屠世超、许金标:《农村建设用地使用权流转的法经济学分析》,载《福建论坛(人文社会科学版)》2007 年第 4 期。

[100]王利明、周友军:《论我国农村土地权利制度的完善》,载《中国法学》2012 年第 1 期。

[101]王卫国、朱庆育:《宅基地如何进入市场?——以画家村房屋买卖案为切入点》,载《政法论坛》2014 年第 3 期。

[102]王崇敏:《论我国宅基地使用权制度的现代化构造》,载《法

商研究》2014 年第 2 期。

[103]王阳、白楚玄:《小产权房野蛮生长屡见纠纷,如何整治考验政府智慧》,载《决策探索(上)》2020 年第 8 期。

[104]魏西云、唐健:《新形势下的农村宅基地管理》,载《中国土地》2006 年第 4 期。

[105]王艳西:《农村宅基地有偿使用渐进市场化路径构建》,载《西北农林科技大学学报(社会科学版)》2022 年第 3 期。

[106]王伟彬:《中国土地私有化的意义、时机及阶段》,载蔡继明、邝梅主编:《论中国土地制度改革:中国土地制度改革国际研讨会论文集》,中国财政经济出版社 2009 年版。

[107]王家范:《中国传统社会农业产权"国有"性质辩证》,载《华东师范大学学报(哲学社会科学版)》1999 年第 3 期。

[108]王桂芳:《美国家宅财产制度的启示》,载《山西农业大学学报(社会科学版)》2017 年第 5 期。

[109]王鹏、刘勇:《日韩乡村发展经验及对中国乡村振兴的启示》,载《世界农业》2020 年第 3 期。

[110]王兆林、朱婉晴、杨庆媛:《近 30 年中国合村并居研究综述与展望》,载《中国土地科学》2021 年第 7 期。

[111]王守军、杨明洪:《农村宅基地使用权地票交易分析》,载《财经科学》2009 年第 4 期。

[112]武建东:《小产权房僵局或破?》,载《中国土地》2008 年第 2 期。

[113]文贯中:《市场畸形发育、社会冲突与现行的土地制度》,载《经济社会体制比较》2008 年第 2 期。

[114]文一智、青木正夫、竹下辉和:《"农宅改善示范村"的实施——台湾农村居住环境改善事业研究(一)》,载《建筑学报》1993 年第 4 期。

[115]汪秀莲:《韩国土地管理法律制度》,载《中国土地科学》2003 年第 3 期。

[116]魏晖、巩前文:《农村宅基地闲置的主要类型及分类治理对策》,载《世界农业》2020 年第 10 期。

[117]吴珮君:《区分地上权之探讨——以物权编修正草案为中心》,载《月旦法学杂志》2001 年第 69 期。

[118]谢在全:《担保物权制度的成长与蜕变》,载《法学家》2019 年第 1 期。

[119]谢鸿飞:《〈民法典〉中土地经营权的赋权逻辑与法律性质》,载《广东社会科学》2021 年第 1 期。

[120]解玉娟:《农村宅基地使用权取得制度的研究》,载《安徽农业科学》2008 年第 7 期。

[121]席志国:《民法典编纂视域中宅基地"三权分置"探究》,载《行政管理改革》2018 年第 4 期。

[122]席志国:《土地经营权性质的法解释论及其制度构造》,载《河南师范大学学报(哲学社会科学版)》2022 年第 6 期。

[123]许鸿宝:《云南少数民族父系家庭公社的考察》,载《史学月刊》1964 年第 11 期。

[124]杨亚楠:《农村宅基地闲置状况研究综述》,载《现代农业科技》2008 年第 14 期。

[125]杨雅婷:《我国宅基地有偿使用制度探索与构建》,载《南开学报(哲学社会科学版)》2016 年第 4 期。

[126]杨继瑞:《中国农村集体土地制度的创新》,载《学术月刊》2010 年第 2 期。

[127]杨继瑞:《我国农村集体土地所有权改革的探析与思考》,载《农村经济》2008 年第 5 期。

[128]杨遂全:《论宅基地资格权确权及其法理依据——以财产属性为视角》,载《中国土地科学》2020 年第 6 期。

[129]杨遂全:《农村个人房地产产权的制度缺陷与补漏》,载《中国房地产》2009 年第 3 期。

[130]杨立新:《关于完善物权法用益物权体系的若干意见》,载杨

立新主编:《民商法理论争议问题——用益物权》,中国人民大学出版社 2007 年版。

[131]杨立新:《民法分则物权编应当规定物权法定缓和原则》,载《清华法学》2017 年第 2 期。

[132]杨振红:《秦汉"名田宅制"说——从张家山汉简看战国秦汉的土地制度》,载《中国史研究》2003 年第 3 期。

[133]杨祝辉等:《农村宅基地登记发证工作调研报告》,载韩俊主编:《中国农村土地问题调查》,上海远东出版社 2009 年版。

[134]杨中旭:《确权难题待深解》,载《财经》2011 年第 1 期。

[135]杨晓、谭和平:《宅基地使用权流转制约性因素探析》,载《改革与战略》2008 年第 10 期。

[136]于建嵘:《土地问题已经成为农民维权抗争的焦点——关于当前我国农村社会形势的一项专题调研》,载《调研世界》2005 年第 3 期。

[137]余永和:《农村宅基地退出试点改革:模式、困境与对策》,载《求实》2019 年第 4 期。

[138]岳永兵、刘向敏:《宅基地有偿使用改革的探索与思考》,载《中国土地》2017 年第 12 期。

[139]袁铖:《城乡统筹发展背景下农村宅基地使用权流转问题》,载《贵州财经学院学报》2009 年第 1 期。

[140]喻中:《"小产权"为什么"小"》,载《读书》2009 年第 4 期。

[141]于毅:《标本兼治:论小产权房问题的解决路径》,载《农村经济》2009 年第 12 期。

[142]叶剑平、金晓月:《中国农村土地管理制度的建构》,载中国社会科学院农村发展研究所宏观经济研究室编:《农村土地制度改革:国际比较研究》,社会科学文献出版社 2009 年版。

[143]叶兴庆:《迈向 2035 年的中国乡村:愿景、挑战与策略》,载《管理世界》2021 年第 4 期。

[144]余仕伟:《"三个集中"下的民生谋划》,载《四川党的建设

(城市版)》2010 年第 9 期。

[145]严焰、虞晓芬:《美国农村住宅金融体系及对我国的几点启示》,载《中国房地产金融》2004 年第 1 期。

[146]姚先国、盛乐:《资源约束、需求约束,孰重孰轻?——香港土地资源集约利用的启示》,载《浙江经济》2006 年第 5 期。

[147]张晓山:《推动城乡融合发展　促进乡村全面振兴——学习〈乡村振兴促进法〉》,载《农业经济问题》2021 年第 11 期。

[148]张曙光:《论制度均衡和制度变革》,载盛洪主编:《现代制度经济学》(下卷),北京大学出版社 2003 年版。

[149]张待水:《农民宅基地使用权流转法律制度探析》,载《江西社会科学》2004 年第 3 期。

[150]张清、杜辉、仲济香:《农村宅基地制度:变迁、绩效与改革——基于权利开放与封闭的视角》,载《农业经济问题》2021 年第 4 期。

[151]张奇:《农村宅基地法律问题探析》,载《财贸研究》2005 年第 2 期。

[152]张晓冰:《美国宅地豁免制度及其对我国的启示》,载《法律适用》2017 年第 5 期。

[153]张开泽:《香港"丁屋政策"与内地农村住房制度之比较》,载《理论与改革》2006 年第 2 期。

[154]张勇、周丽、贾伟:《农村宅基地盘活利用研究进展与展望》,载《中国农业大学学报》2020 年第 6 期。

[155]张群:《中国古代的住房权问题》,载《南京大学法律评论》2007 年第 Z1 期。

[156]张克俊、付宗平:《"三权分置"下适度放活宅基地使用权探析》,载《农业经济问题》2020 年第 5 期。

[157]赵之枫:《城市化背景下农村宅基地有偿使用和转让制度初探》,载《农业经济问题》2001 年第 1 期。

[158]赵云旗:《论唐代均田制下的土地买卖》,载《社会科学战线》

1998 年第 2 期。

[159]赵海怡:《农村宅基地流转法律制度的经济分析》,载《西北大学学报(哲学社会科学版)》2008 年第 2 期。

[160]赵思凡:《对集约用地内涵的再思考——基于对香港城市土地集约利用模式的分析》,载《中国土地科学》2009 年第 8 期。

[161]周洪亮、陈晓筠:《从"一户一宅"的视角探讨农村宅基地使用权取得》,载《中国农业大学学报(社会科学版)》2007 年第 1 期。

[162]周静:《农村闲置宅基地盘活利用的意愿、障碍及其改革重点分析》,载《华中农业大学学报(社会科学版)》2022 年第 6 期。

[163]朱岩:《"宅基地使用权"评释　评〈物权法草案〉第十三章》,载《中外法学》2006 年第 1 期。

[164]郑天挺:《清代的土地制度》,载郑天挺主编:《及时学人谈丛》,中华书局 2002 年版。

[165]郑尚元:《宅基地使用权性质及农民居住权利之保障》,载《中国法学》2014 年第 2 期。

[166]曾育裕:《中国集体土地所有权与使用权探讨》,载《东海法学研究》1998 年第 13 期。

[167][美]E. G. 菲吕博腾、S. 配杰威齐:《产权与经济理论:近期文献的一个综述》,载[美]R. 科斯、A. 阿尔钦、D. 诺斯等:《财产权利与制度变迁——产权学派与新制度学派译文集》,刘守英等译,上海人民出版社 1994 年版。

[168][美]阿曼 · 阿尔奇安:《产权经济学》,载盛洪主编:《现代制度经济学》(上卷),高增祺译,北京大学出版社 2003 年版。

[169][美]H. 登姆塞茨:《关于产权的理论》,载[美]R. 科斯、A. 阿尔钦、D. 诺斯等:《财产权利与制度变迁——产权学派与新制度学派译文集》,刘守英等译,上海人民出版社 1994 年版。

[170][美]T. W. 舒尔茨:《制度与人的经济价值的不断提高》,载[美]R. 科斯、A. 阿尔钦、D. 诺斯等:《财产权利与制度变迁——产权学派与新制度学派译文集》,刘守英等译,上海人民出版社 1994 年版。

[171][美]L. E. 戴维斯、D. 诺斯:《制度变迁的理论:概念与原因》,载[美]R. 科斯、A. 阿尔钦、D. 诺斯等:《财产权利与制度变迁——产权学派与新制度学派译文集》,刘守英等译,上海人民出版社 1994 年版。

[172][美]L. E. 戴维斯、D. 诺斯:《制度创新的理论:描述、类推与说明》,载[美]R. 科斯、A. 阿尔钦、D. 诺斯等:《财产权利与制度变迁——产权学派与新制度学派译文集》,刘守英等译,上海人民出版社 1994 年版。

[173][美]V. W. 拉坦:《诱致性制度变迁理论》,载[美]R. 科斯、A. 阿尔钦、D. 诺斯等:《财产权利与制度变迁——产权学派与新制度学派译文集》,刘守英等译,上海人民出版社 1994 年版。

[174][美]A. 阿尔钦:《产权》,薛兆丰译,载[美]史蒂文 · N. 杜尔劳夫、劳伦斯 · E. 布卢姆主编:《新帕尔格雷夫经济学大辞典:第六卷》(第 2 版),经济科学出版社 2016 年版。

三、报纸类

[1]邓红阳:《政策缺失致都市村庄自建房"疯长"》,载《法制日报》2011 年 3 月 1 日,第 4 版。

[2]光宇:《解决低收入者住房,各国各有招》,载《中外房地产导报》2006 年第 7 期。

[3]梁小琴:《城乡统筹的改革样本——成都市统筹城乡发展、推进城乡一体化调查报告》,载《人民日报》2010 年 3 月 2 日,第 1 版。

[4]徐涵、乔金亮等:《耕地问题调查》,载《经济日报》2022 年 2 月 14 日,第 1 版。

[5]肖华:《农宅入市,为谁松闸?》,载《南方周末》2007 年 3 月 29 日,第 C18 版。

[6]夏珺、梁小琴:《落实科学发展观的生动实践——成都统筹城乡综合配套改革试验的调研与思考》,载《人民日报》2011 年 2 月 28 日,第 1 版。

[7]叶兴庆:《宅基地的产权重构》,载《中国经济时报》2015 年 5 月 15 日,第 5 版。

[8]朱建波:《建立农村宅基地腾退机制——重庆市垫江县农村集体建设用地调查》,载《中国国土资源报》2008 年 12 月 8 日,第 7 版。

[9]《耕地上建住宅,谁有职责查处》,载《检察日报》2022 年 2 月 17 日,第 7 版。

[10]《穿着"风衣"农民进城不失地》,载《成都商报》2010 年 11 月 17 日,第 3 版。

四、外文类

[1]Sargeson S. Subduing, "*The Rural House-building Craze*": *Attitudes Tow Ards Housing Construction and Land-use Controls in Four Zhe Jiang Villages*, China Quarterly, 2002, P. 172: 927 – 955.

[2]Joseph E. Stiglitz, *Whither Socialism*?, MIT press, 1994, p. 262.

后　记

本书是在我的博士论文基础上修改而成的。博士论文完成于 2011 年，距今已逾十年。在这十余年间，新《土地管理法》和《民法典》先后颁布实施，但相较于原《土地管理法》和《物权法》中有关宅基地的规定，除在管理制度方面，比如将宅基地审批权下放至乡（镇）人民政府及农业农村部门负责宅基地管理工作外，宅基地产权制度立法尚未有实质性进展，相反在政策层面，2018 年中央一号文件提出了宅基地“三权分置”改革方案，这是以前没有的新规定。因此，本书在十年前就宅基地制度的相关研究在今天仍有现实意义，当然，根据新的文献，本书在原博士论文基础上进行了增删修改，特别增加了宅基地“三权分置”方面的相关研究。

提笔写后记，回想往事，博士考学，论文选题、写作……，个中往事，历历在目，渐渐清晰起来。

自本科研习法律以来，我一直就对不动产物权领域有浓厚兴趣，硕士毕业后工作于房地产主管部门，专职从事不动产登记的理论与实务工作。2005 年底，在完成市委目标督查办下达的成都市农村房屋流转课题研究后，我对不动产宅基地领域有了初步的认识。2007 年，成都获批全国统筹城乡综合配套改革试验区，2008 年初，成都开展了以农村土地和房屋确权颁证为基础，农村土地和房屋流转为核心的产权制度改革,我有幸全程参与了农村房屋产权制度改革,作为改革的践行者,虽然掌握了一些实务材料,但要将之抽象为理论,进而制度设计以指导实践,还差之甚远,这或许就是博士应该做的事吧。

2008 年,我的导师杨遂全教授首招法经济学方向博士生,为进一步提高自己,当年遂报考,回想那些时日,白天农村调研,晚上写调研报告,还得抽出时间备考,很是忙碌,但也充实与快乐。阳春三月,春暖花开,游走于各个乡村,一望无际的油菜花映入眼帘,久居城市之困顿解,傍晚都江堰杨柳河边小坐也是别有一番情致,那深山中的人家,纯朴的乡情……这一切的过与往,都令人怀念。

在调研过程中,一些地方乡村规划落后,人去楼空,宅基地闲置,一些地方是农民集中居住小区增多,乡村逐渐消失,一些地方农房私下租赁买卖,一些地方城里人在农民房上建房,如此种种,显然都与现行的宅基地制度相关。正是在都江堰的调研过程中,2008 年 5 月 12 日,大地震突发,山河失色,生灵涂炭,死者长息!生者还得继续,房子没了,宅基地还在,为支持灾后重建,宅基地抵押、联建等政策应运而生,宅基地制度被创新。但是,要将实务感观素材上升为理性认知,还得花一番工夫,而本书就是此番煎熬逼仄的结果。本书中的部分章节经改编后曾发表于《农村经济》《西南民族大学学报(人文社会科学版)》《中国不动产法研究》《中国土地》《中国房地产》《中国不动产》《当代社会科学》等期刊上,对这些期刊和编辑表示衷心的感谢。

在此,我要感谢我的导师杨遂全教授,每次与他沟通,都能启发我的思维,虽然我们时有争论,但正是有了争论,才让我的思维更加活跃。他虽遍访欧美、身处学府,却时刻关注中国民生,所著所言,直指社会现实,倡导实践民法,并努力践行之,真正体现了一个学者的社会责任与担当!

最后,我要感谢我的家人,感谢我的父母,父母对我付出了大量心血,没有他们的含辛茹苦,我也不会走到今天,可是在我还没有好好回报父母时,他们却已经离我而去,让我深深体会到子欲养而亲不待的遗憾!感谢我的妻子李斐女士对我科研工作的理解与支持,两个孩子尚小时大多由你在照料,那是最辛苦的时候!感谢我岳父岳母不远千里帮助我们照看小孩、料理家务,为我们解决后顾之忧!感谢我的一双儿女轩轩和渊渊,看着你们健康成长,给了我很大的欣慰!

2023 年 2 月 10 日于二十四城